Körperbilder zwischen Natur und Kultur

Hildegard Macha · Claudia Fahrenwald
(Hrsg.)

Körperbilder zwischen Natur und Kultur

Interdisziplinäre Beiträge
zur Genderforschung

Leske + Budrich, Opladen 2003

Gedruckt auf säurefreiem und alterungsbeständigem Papier.

Die Deutsche Bibliothek – CIP-Einheitsaufnahme
Ein Titeldatensatz für die Publikation ist bei
Der Deutschen Bibliothek erhältlich

ISBN 3-8100-3679-X

© 2003 Leske + Budrich, Opladen

Das Werk einschließlich aller seiner Teile ist urheberrechtlich geschützt. Jede Verwertung außerhalb der engen Grenzen des Urheberrechtsgesetzes ist ohne Zustimmung des Verlages unzulässig und strafbar. Das gilt insbesondere für Vervielfältigungen, Übersetzungen, Mikroverfilmungen und die Einspeicherung und Verarbeitung in elektronischen Systemen.

Satz: Verlag Leske + Budrich, Opladen
Druck: DruckPartner Rübelmann, Hemsbach
Printed in Germany

Inhalt

Vorwort 7

1. Körperbilder in systematischer Perspektive: Der Körper im Diskurs

Hildegard Macha und Claudia Fahrenwald
Körper, Identität und Geschlecht zwischen Natur und Kultur 15

Elisabeth Tuider
Körpereventualitäten.
Der Körper als kultureller Konstruktionsschauplatz 43

Elisabeth Naurath
Theologie zwischen Leibfeindlichkeit und Körperboom.
Aspekte christlicher Anthropologie 69

Birgit Schaufler
Körperbiografien. Geschlecht und leib-körperliche Identität 83

2. Körperbilder in historischer Perspektive: Der Körper in der Geschichte

Veit Rosenberger
Die schöne Leiche. Lucretia und der römische Mythos von der
Vertreibung der Könige 103

Christine Werkstetter
... da ich mich leider mit meines Meisters Tochter in Puncto Sexti
verfehlet. Überlegungen zur geschlechtsspezifischen Ehre im
Zunfthandwerk des 18. Jahrhunderts 117

Simone Hess
Die Entfaltung eines gefühlten Ich. Neue Bildungsanforderungen
zwischen Körper, Geschlecht und Biografie 133

3. Körperbilder in existenzieller Perspektive: Der Körper in der Lebenswelt

Petra Strehmel
Wohlbefinden und Gesundheit junger Frauen in verschiedenen
Lebensmustern 153

Carola Merk-Rudolph
Sportgeschichte aus Frauenperspektive. Geschlechtsspezifische
Identitätsfindung im Rahmen des Schulsports 167

Marion Speth-Schuhmacher
Geschlechtsspezifische Risikofaktoren bei der Behandlung und
Bewältigung von Krankheiten 183

Die Autorinnen und Autoren 199

Vorwort

Das Thema Körper avancierte in den letzten Jahren zu einem zentralen Untersuchungsgegenstand innerhalb der sozial- wie kulturwissenschaftlichen Diskussion. International ist eine nahezu unübersehbare Zahl an Publikationen in den verschiedensten wissenschaftlichen Disziplinen dazu erschienen und ein Ende dieses Trends ist noch nicht in Sicht. Nun ist die Auseinandersetzung mit dem menschlichen Körper keineswegs neu: Seit es schriftlich überlieferte Zeugnisse gibt, ist eine Beschäftigung mit (Körper-)Themen wie Gesundheit und Krankheit, Jugend und Alter, Männlichkeit und Weiblichkeit zu verzeichnen. Menschliche Selbst- wie Welterfahrung vollzieht sich in genuiner und unhintergehbarer Art und Weise über den Körper. Für die interdisziplinäre Genderforschung war es daher naheliegend, insbesondere den Zusammenhang zwischen Körper und Geschlecht einer kritischen Analyse zu unterziehen: Natur und Kultur des Menschen sind hierbei gleichermaßen an der Konstruktion von Geschlecht beteiligt und nehmen so über den Körper auch Einfluss auf die Identität eines Menschen. In der Begegnung der wissenschaftlichen Disziplinen, die sich mit dem Thema Körper, Leib und Geschlecht befassen, entfaltet sich auf diese Weise eine spannende Auseinandersetzung.

Der Grenzverlauf zwischen Natur und Kultur ist dabei keineswegs so eindeutig, wie es auf den ersten Blick erscheinen mag. Gerade in der erziehungswissenschaftlichen Genderforschung haben sich in den letzten Jahren entlang dieser Grenze heftige Kontroversen entfacht, die lange Zeit gültige Festschreibungen prinzipiell in Frage stellten und völlig neue Diskussionsfelder eröffneten. Insbesondere der Körper als eine fundamentale Kategorie der geschlechtlichen Identitätszuschreibung geriet dabei in das Zentrum widerstreitender theoretischer Konzepte. So wurde im Zuge des konstruktivistischen Paradigmas Anfang der 1990er Jahre die ‚natürliche' Geschlechterdifferenz zunehmend in Frage gestellt und als eine gesellschaftlich konstruierte analysiert: Körper und Natur erwiesen sich damit als keineswegs ursprünglich gegebene Realitäten, sondern als das Ergebnis gesellschaftlich-kultureller Prozesse der Klassifikation und Zuschreibung. Die aus dieser Erkenntnis resultierende Differenzierung zwischen *sex* (biologisches Geschlecht) und *gender* (soziales Geschlecht) sollte fortan der Tatsache Rechnung tragen, dass biologische Gegebenheiten des Körpers (z.B. die weibliche Gebärfähigkeit) nicht zwingend in gesellschaftliche Identitätsmuster (z.b. eine daraus abgeleitete Prädestination für die Kindererziehung) überführt werden müssen, sondern vielmehr historisch entstandene und somit prinzipiell revidierbare Rollenzuschreibungen darstellen. Die grundsätzliche, durch den Körper quasi auf ‚natürliche' Weise repräsentierte Zweigeschlechtlichkeit blieb mit diesem Modell jedoch unangetastet, und die dieser Aufteilung inhärente traditionelle Hierarchisierung unberührt.

Die jüngste Kontroverse im Bereich einer genderorientierten Körperforschung verläuft im Zuge einer Rezeption dekonstruktivistischer Theoreme im Verlauf der neunziger Jahre (wieder einmal) entlang der Grenze Natur und Kultur: Repräsentiert der Körper die materielle Projektionsfläche für eine biologische Festschreibung von Geschlecht im Sinne von *sex* und stellt damit ein (quasi natürliches) Gegengewicht zu der kulturell definierten Aufgabe einer Herstellung von sozialem Geschlecht im Sinne von *gender* dar? Oder unterliegt eine solche Auffassung nicht einem essentialistischen Trugschluss, der die vielfältigen Rolleneinschreibungen und Identitätsmuster bereits auf der Ebene des Körpers übersieht und durch die polarisierende Differenzierung von *sex* und *gender* Übergänge, Verwerfungen und Mehrdeutigkeiten ausblendet und dadurch traditionelle Hierarchisierungen wiederholt? Neuere Ergebnisse der Naturwissenschaften in der Gen- oder Hirnforschung haben hier die Frage nach der materiellen Determiniertheit von Körper und Geschlecht wieder in den Mittelpunkt der Diskussion gerückt. Auf der anderen Seite nimmt die in den letzten Jahren im Zuge der poststrukturalistischen Diskussion verstärkt wieder aufgekommene Debatte um die Bedeutung des Körpers für die Kodierung und das Selbstverständnis von geschlechtlicher Identität eher eine gegenteilige Position ein und proklamiert die radikal kulturelle und sprachlich-diskursive Determiniertheit jeglicher Körpererfahrung, die jeweils eng mit den Macht- und Herrschaftsstrukturen der Gesellschaft verknüpft ist.

Der vorliegende Band versammelt ausgewählte Projekte der Genderforschung, die interdisziplinär das Thema ‚Körper und Geschlecht' behandeln und will damit exemplarisch die Vielfalt der Diskurse zu Wort kommen lassen, die sich mit diesem Thema auseinandersetzen. WissenschaftlerInnen aus den Bereichen der Pädagogik, Soziologie und Theologie, der Altphilologie, Geschichte und der Sportwissenschaft stellen ihre unterschiedlichen Forschungsansätze und Perspektiven auf das Thema vor. Im ersten Teil der Aufsatzsammlung werden Körperbilder in systematischer Perspektive untersucht. Dabei wird zunächst die Terminologie der unterschiedlichen Wissenschaftsdisziplinen aufgegriffen und strukturiert. *Hildegard Macha* und *Claudia Fahrenwald* klären in ihrem einführenden Beitrag zentrale Begriffe und Theorien der feministischen Debatte zum Thema Leib/Körper, Identität und Geschlecht:

Die für die zeitgenössische Theorie relevante Tradition der Pädagogischen Anthropologie wird am Beispiel von Plessner und Merleau-Ponty diskutiert, daran schließt sich das Thema des Körpers in der Frauengeschichtsforschung an, in einem weiteren Punkt wird die Debatte um den Dekonstruktivismus in ihren Grundpositionen skizziert, und am Ende steht ein Ausblick auf die aktuelle Theorieentwicklung in den Naturwissenschaften. Das Plädoyer dieses Beitrags gilt dabei einer zukünftig stärkeren Beachtung der subjektiven Komponenten in der Herstellung von Körperidentitäten jenseits von Idealismus, Essentialismus und (De-)Konstruktion. *Elisabeth Tuider* analysiert das Thema der körperlichen Konstruktion von Geschlecht am Beispiel der Performativitätsthese Judith Butlers und des Habituskonzepts Pierre Bourdieus und perspektiviert als Fazit der Gegenüberstellung dieser beiden Konzepte ein auch politisch relevantes ‚queeres' Modell der Geschlechtsidentität jenseits traditioneller Dichotomien. Das Subjekt und sein Körper werden dabei als Konstruktions- und Interpretationsschauplatz für die Erprobung neuer Identitätsformationen verstanden. Im Beitrag von *Elisabeth Naurath* geht es um Leiblichkeit und Spiritualität. Aus der Sicht der christlichen Anthropologie werden die Wurzeln des traditionellen Dualismus von Geist und Körper aufgedeckt, der zu einer geradezu skurrilen Ambivalenz zwischen Leibfeindlichkeit, bzw. Verdrängung des Körpers in Grenzsituationen des menschlichen Lebens wie Altern oder Tod auf der einen Seite und nahezu beliebiger Manipulation des Körpers im gegenwärtigen ‚Körperboom' auf der anderen Seite geführt hat. Zentrales Anliegen einer feministischen Theologie muss es von daher sein, Geschöpflichkeit, Leiblichkeit und Geschlechtlichkeit als genuin theologische Themen wieder neu zu entdecken. *Birgit Schaufler* untersucht die biographische Bedeutung des Körpers für die Entwicklung und Definition von Identität im Lebenslauf von Frauen und Männern heute. Sie rekurriert dabei neben anthropologischen und pädagogischen Theorien auch auf konkrete Erfahrungsdimensionen körperlicher Identität wie physiologische Vorgänge, kulturelle Praktiken und sozial vermittelte Körpererfahrungen. Dabei kommt sie zu dem Ergebnis, dass die individuelle, leib-körperliche Identität das Ergebnis eines Zusammenwirkens von biologischen, soziokulturellen und psychischen Faktoren ist, die durch den konkreten Umgang mit dem Körper, beispielsweise durch bestimmte Spielmöglichkeiten im Kindesalter oder Bewegungsangebote im Sport oder in der Medizin, individuell und daher auch geschlechtsspezifisch beeinflusst werden kann.

Im zweiten Teil des Bandes werden Körperbilder in historischer Perspektive betrachtet. *Veit Rosenberger* greift dazu den römischen Mythos der Lucretia auf, die sich selbst entleibt, weil sie entehrt wurde und demonstriert an diesem Beispiel die Instrumentalisierung des Frauenkörpers in der römischen Antike, der in seiner symbolischen Funktion auch weitreichende politische Konsequenzen besaß. *Christine Werkstetter* zeigt anhand von historischen Quellen zum Ehrbegriff im Zunfthandwerk der frühen Neuzeit, dass die Ehre von Frauen seinerzeit weitgehend über ihren Körper definiert war.

Das bedeutete einerseits eine strenge Reglementierung des körperlichen Verhaltens, ermöglichte es den Frauen jedoch andererseits, ihre Rechte gegenüber männlichen Zunftangehörigen, beispielsweise im Falle einer unehelichen Schwangerschaft, einzuklagen. Auf diese Weise waren auch Männer im Falle ‚unehrenhaften' Verhaltens von disziplinarischen Maßnahmen durch die Zunft betroffen. *Simone Hess* stellt in ihrem Beitrag einige konzeptionelle Überlegungen zur Neufassung eines Bildungsbegriffs in der Spätmoderne vor, der die körperliche Dimension menschlicher Erfahrungen stärker integriert. Ausgehend von historischen und anthropologischen Untersuchungsergebnissen zur Bedeutung des Körpers für die eigene Biographie fordert sie eine prinzipielle Berücksichtigung der Körpergebundenheit des Menschen in der Formulierung und Durchführung zukünftiger Bildungsangebote.

Ein dritter, stärker an der körperlichen (Er-)Lebenswelt ausgerichteter Teil der Textsammlung, stellt praxisrelevante Beispiele im persönlichen Umgang mit dem Körper vor. *Petra Strehmel* untersucht anhand von empirischen Daten das körperliche und gesundheitliche Befinden junger Frauen in verschiedenen Lebensmustern zwischen Familie und Beruf. Dabei zeigen sich Unterschiede zwischen berufstätigen Frauen und Hausfrauen in Bezug auf Zufriedenheit, Belastbarkeit und Krankheitsanfälligkeit, die jedoch individuell stark differieren und einen komplexen Zusammenhang zwischen unterschiedlichen Faktoren wie Bildungsvoraussetzungen, Arbeitsbedingungen, persönlichen Zielen sowie sozialen und persönlichen Ressourcen erkennen lassen.

Carola Merk-Rudolph thematisiert die verschiedenen körperlichen Erfahrungen von Mädchen und Jungen im Schulsport. Am Beispiel einer empirischen Fallstudie verdeutlicht sie, wie die kritische Reflexion überlieferter weiblicher Bewegungsmuster im Sport und die spielerische Auseinandersetzung mit historischen Vorbildern jungen Schülerinnen von heute ihre eigenen Vorurteile in Bezug auf weibliche Rollenfixierungen bewusst machen kann und sie dadurch in der Erprobung von neuen körperlichen Erfahrungsweisen innerhalb des Sportunterrichts ermutigt.

Marion Speth-Schuhmacher thematisiert abschließend konkrete gesundheitsrelevante Aspekte des Körperempfindens im Hinblick auf die als dramatisch zu verzeichnende Zunahme von Herzinfarkten in der Gruppe der Frauen. Dabei zeigt sich, dass sich die diagnostische Situation von Männern nicht so einfach auf Frauen übertragen lässt, da Frauen gesundheitliche Belastungen anders erleben und bewältigen als Männer. Es wäre daher auch für die medizinische Forschung wünschenswert, verstärkt eine genderbewusste Perspektive in ihre Untersuchungs- und Behandlungsmethoden zu integrieren.

In Anbetracht der thematischen Breite der wissenschaftlichen Beschäftigung mit dem Körper müssen Körperlichkeit und Geschlechtlichkeit in der gegenwärtigen Diskussion in jedem Fall sowohl als anthropologische Konstanten wie auch als relationale Kategorien der menschlichen Welterfahrung thematisiert werden, die je nach Fachdisziplin und wissenschaftlichem Ansatz sehr stark in ihrer Konzeption divergieren und sich auch teilweise unversöhnlich gegenüberzustehen scheinen. Das aus dieser Divergenz erwachsende Spannungsfeld verdeutlicht jedoch gerade eindringlich die Aktualität und Brisanz des Themas für jede Form der Neuverhandlung individueller wie gesellschaftlicher Identitäten am Beginn des neuen Jahrhunderts in einer Gesellschaft, die es mit der Freiheit ernst meint.

Hildegard Macha
Claudia Fahrenwald

Körperbilder in systematischer
Perspektive: Der Körper im Diskurs

Hildegard Macha und Claudia Fahrenwald

Körper, Identität und Geschlecht zwischen Natur und Kultur

Die Vielstimmigkeit des Körperdiskurses

Dieser Beitrag versteht sich als ein Versuch, die neuere interdisziplinäre Forschung zum Thema Körper und Geschlecht aus erziehungswissenschaftlicher Perspektive zu strukturieren und gleichzeitig eigene Akzente für eine zukünftige zu Diskussion setzen. Ausgangspunkt sind dabei zum einen Ansätze aus der Pädagogik, der Pädagogischen Anthropologie, der Biographieforschung und der erziehungswissenschaftlichen Frauenforschung, zum anderen aus der Dekonstruktivismusdebatte in der Soziologie, der Philosophie, der Literaturwissenschaft, der Genderforschung und nicht zuletzt den Naturwissenschaften. In all diesen Disziplinen werden der Körper, bzw. der Leib und das Geschlecht zum Thema gemacht und aus den unterschiedlichen wissenschaftstheoretischen Traditionen der Fächer heraus beleuchtet. Dabei zeigt sich, dass die Einstellungen und Ausgangsprämissen der Forscherinnen und Forscher ihre Interpretationen und Ergebnisse jeweils mit beeinflussen, bzw. in ihrer Tendenz ko-konstruieren. Aus diesem Grund sollen hier zum Einstieg in die Thematik wichtige wissenschaftliche Traditionen, Standpunkte und Diskussionsfelder der Körperforschung im Überblick skizziert werden, weil sowohl die Begrifflichkeiten als auch die Inhalte der Forschung auf diesem Gebiet teilweise sehr unübersichtlich und in ihrer Komplexität schwer nachvollziehbar sind.

Aus erziehungswissenschaftlicher Sicht ist der Körper zunächst das Medium des In-der-Welt-Seins (Alheit mit Merleau-Ponty 1999: 7). So werden in Bildungsprozessen stets auch individuelle Weisen des Erlebens und Fühlens, der Körpererfahrung und der Leiblichkeit angeeignet und im Ich verarbeitet (Macha 1989, 2003). Der Körper – oder, wie es in der Tradition der Pädagogischen Anthropologie heisst, der Leib als die ureigene Erfahrungsbasis eines Menschen – vertritt dabei die materiale Seite von Bildung. Erfahrungen werden immer auch körperlich vermittelt: Über die Wahrnehmung, die Sinne, die Haut, über interaktive Reaktionen und Reize. Die Dekodierung dieser Reize und deren Verarbeitung findet wiederum im Gehirn statt als der materialen Basis sowohl von Gefühl und Erleben, als auch von Rationalität und kognitiven Prozessen (Damasio 2000). Diese Materialität der Körper in

Bildungsprozessen und der Zusammenhang von Körper und Geist wurden in der Folge der dualistischen europäischen Philosophietradition tendenziell wenig beachtet oder sogar geleugnet (Macha 2003). Neuerdings wird jedoch in vielen Wissenschaftsbereichen der Körper in seiner Bedeutung wieder aufgewertet und intensiv erforscht.[1] Begrifflich wird dabei die Einheit von Körper und Leib meist durch eine gemeinsame Verwendung der Wörter gekennzeichnet, wie sie von Plessner bereits 1928 vorgeschlagen und später wieder aufgegriffen wurde (vgl. Plessner 1975; Schaufler 2002).

Mit einer Debatte über den Körper ist sowohl in biologischer als auch in sozialer Hinsicht die Frage nach dem Geschlecht eng verbunden: Das biologische Geschlecht (*sex*) eines Menschen schien dabei traditionell eine scheinbar zuverlässige Quelle für die ausschließliche Zuordnung von Frauen und Männern in das gesellschaftliche „System der Zweigeschlechtlichkeit" (Hagemann-White 1984) zu sein. Von Frauenforscherinnen wird dagegen das biologische Geschlecht als ein Kontinuum gesehen, das durchaus auch Zwischenformen aufweist und es nahelegt, die strikte Dichotomie von ‚weiblich' und ‚männlich' aufzubrechen. Auch die Trennung in *sex* als dem biologischen und *gender* als dem sozialen Geschlecht wird zunehmend in Frage gestellt, da gesellschaftliche Vorgaben für Konstruktionsprozesse der geschlechtstypischen Identität mittlerweile auch als konstitutiv für das biologische Geschlecht angesehen werden (Fausto-Sterling 2002).

Leib/Körper und Geschlecht in ihrer wechselseitigen Abhängigkeit und konstitutionellen Bedingtheit zu reflektieren ist daher ein zentrales Anliegen der gegenwärtigen interdisziplinären Frauenforschung. Hier soll nun im Folgenden sowohl aus historischer als auch aus systematischer Perspektive untersucht werden, in welchem Verhältnis Leib/Körper und Geschlecht im Licht der neueren Forschung zueinander stehen, und wie dieses Verhältnis durch eine Dekonstruktion der Begrifflichkeiten gegebenenfalls auch theoretisch neu und anders gefasst werden muss. Im ersten Kapitel werden zentrale Begriffe aus der Sicht unterschiedlicher wissenschaftlicher Disziplinen definiert, im zweiten Kapitel erfolgt ein Rückblick auf die anthropologische Tradition der Leib/Körper-Diskussion, im dritten Kapitel wird die gegenwärtige Forschung zur Geschichte des Körpers exemplarisch dargestellt, um dann abschließend im vierten und fünften Kapitel die Dekonstruktivismusdebatte und aktuelle Tendenzen in der Körperforschung der Naturwissenschaften zu skizzieren. Auf diese Weise sollen Argumentationszusammenhänge in ihrem historischen und interdisziplinären Kontext verdeutlicht werden.

---

1 Einen guten interdisziplinären Forschungsüberblick geben zum Beispiel Lorenz 2000, Gransee 1999, Pasero/Gottburgsen 2002, Lemmermöhle u.a. 2000.

1. Begriffe, Strukturen und Theorien zum Thema Körper

Mit dem körperlichen Erleben werden von den ersten Tagen im Leben eines Menschen an immer auch normative und ideologische Implikationen aufgenommen. Erfahrungen sind niemals neutral, sondern angereichert mit Bedeutungen, Regeln, Vorurteilen, Normen und Handlungsanweisungen. Sprachliche Erfahrungen werden im Medium signifikanter Symbole vermittelt und unterliegen damit Interpretationen und auch Missverständnissen.

Körper selbst können nicht reflektieren, sondern reagieren über Gefühle als der ihnen eigenen, unmittelbaren Weise der Verarbeitung von Reizen. Damit steht Menschen neben der Rationalität auch eine körperliche Ausgangsbasis zur Überprüfung von Erfahrungen und Befindlichkeiten zur Verfügung. Gefühle und Reize aus körperlichen Erfahrungen werden erst nachträglich im kognitiven Apparat entschlüsselt und analysiert. Dieser doppelte Mechanismus in der Verarbeitung von Wahrnehmungen sowohl von außen als auch im Inneren des Körpers durch das Gehirn bewirkt, dass Menschen auch sehr stark den impliziten Normen ausgeliefert sind, die mit einer Wahrnehmung oder einer verbalen Äußerung einhergehen. Nicht zuletzt die Geschlechternormen sind in ihrer Wirkung auf die Identitätsentwicklung empirisch heute sehr gut belegt (vgl. z.B. Horstkemper/Zimmermann 1998; Scarbath/Schlottau u.a. 1999).

Die Ausdifferenzierung der Geschlechtlichkeit zu der Form, wie wir sie heute als männliche und weibliche Körper kennen, vollzog sich erst ab dem 18. Jahrhundert (vgl. Duden 1991). Körper und Geschlecht haben dabei in der Geschichte oftmals zu einer unseligen Verbindung gefunden: ‚Anatomie als Schicksal‘ (vgl. Bast 1988) war häufig für die biologische Abwertung von Frauen aufgrund ihres Körper verantwortlich. Die scheinbare Schwäche oder die ‚Andersartigkeit‘ des weiblichen Körpers, der am Maßstab des männlichen gemessen wurde, führte ab dem 18. und insbesondere im 19. Jahrhundert zu der Annahme eines defizitären Status der weiblichen Körperlichkeit. Erst die Frauenforschung des 20. Jahrhunderts hat mit ihrer Weigerung, Weiblichkeit und Männlichkeit als eindeutige Polaritäten anzusehen, zunehmend Erkenntnisse über die Differenzen der Körper auch innerhalb eines Geschlechts erbracht. Mit dem Konzept der Konstruktion von Geschlecht, das sich an Erkenntnisse des Konstruktivismus anlehnt und mit der Übertragung auf die Geschlechterverhältnisse im Konzept des *doing gender* wurde die soziale und kulturelle Konstruktion von Geschlecht betont und damit tendenziell der Einfluss des anatomischen bzw. biologischen Geschlechts negiert. Eine weitere De-naturalisierung der körperlichen Geschlechtlichkeit erfolgte im Zuge der dekonstruktivistischen Diskussion der 1990er Jahre. So wurde für eine Weile der wissenschaftliche Diskurs über die Materialität der Körper marginalisiert, und es kam zu einer theoretischen „Entkörperlichung", bzw. „Entnaturalisierung" des Menschen (Gransee 1999: 9, 15). Den Körper und sein Erfahrungspotenzial vollständig zu diskursivieren bringt jedoch die Gefahr mit sich, seine materiale Basis zu vernachlässigen.

Insgesamt werden in der wissenschaftlichen Auseinandersetzung um den Körper immer wieder einige zentrale Topoi, Theorien und Begriffe verwendet, die in den verschiedenen Disziplinen mit unterschiedlichen Bedeutungen verbunden sind. Sie sollen an dieser Stelle kurz in ihrer zeitlichen Abfolge dargestellt werden. So wird unter anderem unterschieden zwischen

– Essentialismus versus geschlechtstypische Sozialisation

Essentialistische Theorien gehen davon aus, dass ein Determinismus besteht im Hinblick auf das biologische, binär definierte Geschlecht von Männern und Frauen, und dass sich daraus auch empirisch nachweisbare Verhaltensunterschiede ableiten lassen. Aus diesen werden dann wiederum normative Schlüsse gezogen (vgl. Lorenz 2000: 42ff). Kollektive anthropologische oder körperliche Konstanten werden auf diese Weise für das Verhalten verantwortlich gemacht. Der Historiker Shorter geht z.B. noch Anfang der 1980er Jahre davon aus (vgl. Lorenz 2000: 45), dass die Geburt ein grundsätzlich pathologischer Vorgang sei und dass die Anatomie des Uterus ein biologisches Manko darstelle, und daraus wird dann explizit die Geschlechterhierarchie begründet. Diese Argumentationsfigur, aus dem andersartigen Körperbau und den unterschiedlichen Funktionen von Menstruation und Geburt anatomische Defizite bei Frauen abzuleiten und in der Folge das männliche Geschlecht für überlegen zu erklären, ist seit dem 19. Jahrhundert gebräuchlich und wird trotz gegenteiliger empirischer Befunde auch weiterhin benutzt. So werden heute Geschlechterdifferenzen vermehrt in der Struktur und Funktion des Gehirns gesucht (vgl. Schmitz/Schinzel 2002; Maurer 2002).

In der Frauenforschung wurden zunächst Einflüsse der Sozialisation auf die geschlechtstypische Identität erforscht. Es wurde unterschieden zwischen *sex* als dem körperlichen Aspekt von Sozialisation, der sozialisatorisch nicht weiter beeinflussbar sei und *gender* als dem sozial normierten Aspekt. Empirisch belegbare Verhaltensunterschiede zwischen den Geschlechtern resultieren demnach aus der Tatsache, dass die in der Sozialisation erfahrenen Rollen, Normen und sozialen Einflüsse Mädchen und Jungen dazu bringen, unbewusst die geltenden Stereotype zu übernehmen und in ihre eigene Identität zu integrieren. Intelligenz, Kompetenzen und Potenziale der Geschlechter seien dagegen aber im Wesentlichen gleich, geringe Unterschiede im Bereich des räumlichen Sehvermögens oder in Bezug auf die größere Aggressionsbereitschaft von Jungen lassen sich mit den immer noch bestehenden Unterschieden in der Erziehung begründen (Tillmann 1997).

– Konstruktion von sozialem Geschlecht und doing gender

Im Gegensatz zu essentialistischen Ansätzen der geschlechtstypischen Sozialisation vertreten konstruktivistische Theoretikerinnen die Ansicht, dass die sozialen Einflüsse in der Weise auf die Identität einwirken, dass sie nicht nur passiv aufgenommen, sondern auch aktiv im Handeln selektiert und angeeignet werden (vgl. Klika 2000, Kahlert 2000, Hopfner 2000). Sie betonen also die aktive und individuelle Komponente von Sozialisation. Mit dem Konzept des *doing gender* wird diese Theorie der Konstruktion auf die Geschlechterverhältnisse übertragen und dabei sowohl die Tatsache des kulturellen und gesellschaftlichen ‚Gemacht-Werdens' der Geschlechter beschrieben, dem der/die Einzelne sich kaum entziehen kann, als auch die Tatsache des individuellen ‚Machens' der Identität als Frau oder Mann betont.

– Inkarnierung von sozialen Einflüssen

Das Modell der Konstruktion von *gender* wird heute auch auf das biologische Geschlecht ausgeweitet: Demzufolge sind das biologische Geschlecht (*sex*) und das individuelle Bewusstsein davon ebenfalls kulturell konstruiert (vgl. Haraway 1995, Gransee 1999, Rendtorff 1999, Lemmermöhle 2000, Fausto-Sterling 2002). Mit *Inkarnierung* wird der Prozess der körperlichen Konstruktion von Geschlecht bezeichnet. Der Begriff Inkarnierung bedeutet, dass die individuelle Übernahme von geschlechtstypischen Normen durch ein unbewusstes ‚Einschreiben' in den Körper geschieht. Der Prozess der Inkarnierung verläuft über das Erleben und das Empfinden von geschlechtstypischen Normen in Bildungsprozessen. Individuelle Erfahrungen der Identität werden zu Körperhaltungen umgeformt, so dass sie letztlich den Normen entsprechen oder aber auch durch Reflexion diese Normen und Rollenvorschriften zurückweisen können. Zum Beispiel werden Mädchen in der Regel dazu angehalten, ihren Körper stets daraufhin zu kontrollieren, ob die Haltung dem ‚fremden' (männlichen) Blick angemessen sei. Bestimmte Techniken der Körperkonstruktion werden dadurch gefördert: Der Gang, das Bücken oder die Sitzhaltung z.B. werden auf diese Weise unbewusst so gestaltet, dass niemand daran Anstoß nehmen kann. Mit Inkarnierung ist kein zwingender Determinismus der Einflüsse gemeint, sondern eine individuelle, aktive, aber unbewusste körperliche Handlung.

– Dualismen, Dichotomien, binäre Codes:
 Das System der Zweigeschlechtlichkeit

In den Diskursen über Körper und Geschlecht sind binäre Codes und polare Begrifflichkeiten weit verbreitet, die von vornherein ein gesellschaftliches System der Zweigeschlechtlichkeit unterstellen und nur in Gegensätzen zu denken gestatten. Dichotomien sind dabei meist eng mit Herrschaft und Macht verbunden (vgl. Fox Keller 1986, Harding 1994). So unterscheidet ein dichotom strukturiertes System meist hierarchisch zwischen unter- bzw. überlegenen Gruppierungen und Geschlechtern. Auch die im Geschlechterdiskurs vorherrschenden Dichotomien von Natur/Kultur, Körper/Geist, *sex/gender* und Frau/Mann sind von einem binären Denken getragen und reproduzieren insofern die Annahmen von einer Unter- bzw. Überlegenheit eines bestimmten Aspekts, hier z.B. Geist, Kultur und Mann gegenüber Natur, Körper und Frau. Die Zuordnung der Begriffe innerhalb dieses Schemas erfolgte in der Wissenschaftsgeschichte des 19. Jahrhunderts und wurde erst durch den Dekonstruktivismus des späten 20. Jahrhunderts in ihrer scheinbaren ‚Natürlichkeit' in Frage gestellt. Als Alternative wurde die Theorie vom „Kontinuum der Geschlechter" (Hagemann-White 1984) entwickelt, die Polaritäten zugunsten einer graduellen Unterschiedlichkeit von Menschen vermeidet.

In den verschiedenen wissenschaftlichen Disziplinen, die sich mit dem Körper unter dem Aspekt des Geschlechts befassen, erfolgt immer wieder eine Auseinandersetzung mit Hilfe der gleichen dichotomen Begrifflichkeiten. NaturwissenschaftlerInnen untersuchen dabei meistens die biologischen Prämissen von Geschlecht, SozialwissenschaftlerInnen und Feministinnen dagegen eher die gesellschaftlichen und kulturellen Konstruktionen, die den geschlechtstypischen Identitäten zugrunde liegen. Gransee (1999) und Fausto-Sterling (2002) versuchen, die Sinnlosigkeit solcher Dichotomien zu entlarven. In diesem Beitrag wird das Thema aus einer ‚doppelten' Perspektive angegangen, d.h. es soll sowohl der Aspekt des leiblichen Erlebens berücksichtigt als auch auf das Problem der Konstruktion eingegangen werden. Das impliziert die Annahme, dass es gesellschaftliche Vorgaben für die Konstruktion von Geschlecht gibt, aber auch individuelle leibliche Erfahrungen, die zu subjektiven Transformationen dieser Konstruktionen führen können. Menschen besitzen immer auch ein Stück Entscheidungsfreiheit, ob sie den herrschenden Normen folgen wollen oder sie zurückweisen.

– Wissenschaftskritik und Körper

Fox Keller (1986), Harding (1994), Haraway (1995) und andere haben dargestellt, wie auch in den Wissenschaften selbst das Geschlecht zu Normierungen geführt hat und belegen einen einseitig männlichen Blickwinkel in der Forschung. So hat beispielsweise Gilligan (1984) in ihrer Kritik an der Forschung zur moralischen Entwicklung nachgewiesen, dass diese auf einer einseitigen Auswahl von männlichen Probanden beruhte, und die Aussagen der Empirie dann gleichwohl zu Verallgemeinerungen ohne Berücksichtigung des Geschlechts geführt haben.

– Körper, Gefühle und Begehren als Desiderate der Forschung

Es scheint außerdem bemerkenswert, dass die primären Qualitäten des Körpers, wie z.B. die Gefühle und das Begehren, in der Frauenforschung bis heute wenig thematisiert werden. Fast ausschließlich werden kognitive Prozesse höher bewertet. Bei Lindemann wird der Aspekt des Begehrens in Bezug auf Transsexualität thematisiert (Lindemann 1993).

2. Leib und Leiblichkeit in der Tradition der pädagogischen Anthropologie: Innerlichkeit und Weltbezug

In der Tradition der Pädagogik und der Pädagogischen Anthropologie des 20. Jahrhunderts hat der Leib/Körper vor allem in zwei unterschiedlichen Theorien eine Bedeutung gewonnen. Dabei wird auf zwei verschiedene Weisen versucht, den Dualismus von Leib und Geist in Frage zu stellen. Um eine Grundlage für die spätere Diskussion dieses Themas zu schaffen, sollen hier zunächst die Ursprünge des Dualismus und erste Versuche zu seiner Überwindung thematisiert werden:

- *Verleiblichung:* In der Tradition des Idealismus stehen die Schriften Helmuth Plessners, Max Schelers und Arnold Gehlens, auf denen später Heinrich Roth und andere aufbauen, in letzter Zeit auch wieder die Biographieforschung. ‚Leib' wird hier in die ‚Ganzheit des Ich' einbezogen, der Dualismus von Leib und Geist wird aufgehoben und der Leib in seiner Bedeutung für den Menschen dadurch aufgewertet.
- *Weltbezug:* In der Tradition der Sozialität wird Identität primär aus dem Bezug zum Anderen definiert. Hier ist die Phänomenologie von Maurice Merleau-Ponty wichtig, die dann von Käte Meyer-Drawe für die Pädagogik adaptiert wurde.

Beide Richtungen beziehen sich allerdings nicht ausdrücklich auf den Zusammenhang von Leib/Körper und Geschlecht, sondern befassen sich ausschließlich mit der für die anthropologische Forschung zentralen Bedeutung des Leibes/Körpers für das Subjekt. Die spätere feministische Forschung zu Leib/Körper und Geschlecht basiert jedoch stets auf diesen Grundlagen, meist ohne sie bewusst zu reflektieren. Deshalb soll diese Tradition hier explizit angesprochen werden. Beide Positionen versuchen auf ihre Weise, den Dualismus der europäischen Philosophie aufzulösen, doch erst heute können mit Hilfe feministischer Wissenschaftskritik Begriffe und Theorien grundsätzlich in Frage gestellt und dekonstruiert werden.

Der Dualismus der europäischen Tradition

Der Dualismus der europäischen Tradition hat Geist und Körper voneinander abgespalten und den Geist bei der Definition des Subjekts aufgewertet. Plessner und Merleau-Ponty legen zu Beginn des 20. Jahrhunderts erste theoretische Versuche vor, diesen Dualismus zu überwinden. Bei Plessner wird das Ich zwar noch in der idealistischen Tradition gesehen, die den Geist betont, doch findet sich bereits auch eine Definition des Ich, die auf die ‚Ganzheitlichkeit' von Leib und Geist verweist. Schulz charakterisiert diesen Ansatz als zwischen „Vergeistigung" und „Verleiblichung" stehend (Schulz 1980: 433ff.). Mit dem Begriff des ‚Lebens' und ‚Erlebens' aus dem Leib wird bei Plessner eine neue, körperliche Bezugnahme zur Welt gewonnen und das Ich aus seiner Isoliertheit von der Welt gelöst. Anders als z.b. bei Leibniz in der Konzeption des Ich als Monade, die von der Welt abgeschlossen lebt, wird einerseits die Innerlichkeit des Erlebens thematisiert, andererseits jedoch auch der Weltbezug über den Leib für wichtig gehalten.

Die gegenläufige Tradition ist die Vorstellung von einer Allmacht des Systems und des Bezugs zur Welt durch den sozialen Einfluss der Anderen. Meyer-Drawe hat mit Merleau-Ponty diese Polarität nach der Seite der Sozialität aufzubrechen versucht, doch wird dabei das Subjekt in seiner individuellen Gestaltungskraft praktisch außer Kraft gesetzt. Nur in der Interaktion mit den Anderen aktualisiert sich in dieser Konzeption das Ich. Eine Individualität oder ein autonomes Subjekt als Handlungszentrum wird nicht angenommen.

Die exzentrische Positionalität des Menschen: Verleiblichung

Plessner geht insofern über Merleau-Ponty hinaus, als er die Leiblichkeit in das Ich integriert. Er hat in seiner Schrift *Die Stufen des Organischen und der Mensch* von 1928 einen Versuch unternommen, die traditionell eher leibfeindliche Pädagogik durch eine Integration der Leiblichkeit in die Theorie des Ich mit den beiden Seiten des Menschen – Leiblichkeit und Geistigkeit – zu versöhnen und dadurch zu einer Abkehr vom cartesischen Dualismus zu führen. Plessner gilt als ein Grenzgänger, der Alltagsphänomene und Lebenserfahrung mit philosophischen Theorien zu verbinden weiß und dem es gelingt, hermeneutische Geisteswissenschaft und Naturwissenschaft zusammenzubringen. Sein Werk ist in den letzten Jahren wieder verstärkt ins Gespräch gekommen (vgl. Haucke 2000: 7). Mehr noch als Scheler und Gehlen, die zeitgleich an der selben Thematik zur Stellung des Menschen im Zusammenhang aller Lebewesen arbeiteten (Scheler 1928, Gehlen 1947), hat Plessner die Frage der Leiblichkeit auch erkenntnistheoretisch behandelt und in den Kontext einer umfassenden Theorie des Ich gestellt. Das ‚reine Ich' bei Plessner ist – bei aller Betonung der Bedeutung des Leibes – auf die Annahme einer absoluten Freiheit des Ich, sich selbst als bewusstes Ich zu definieren, gegründet. Zugleich holt Plessner als Existenzphilosoph jedoch auch den Weltbezug wieder in die Theorie des Ich mit hinein, der im Idealismus fast ganz aufgegeben worden war zugunsten eines sich selbst absolut setzenden Ich (Fichte, Schelling). Insofern ist Plessners Ansatz umfassender und wird dem menschlichen Subjekt eher gerecht als der Ansatz Merleau-Pontys.

Plessner geht auf den Dualismus der Philosophie seit Descartes ein und versucht, aus der Existenzphilosophie heraus und in der Sprache der Philosophie des 19. Jahrhunderts das Prinzip der Vernunft und der Vergeistigung des Menschen zugunsten von Sinnlichkeit und Leiblichkeit zu ergänzen (Schulz 1980: 369ff.). Dabei baut er auf philosophischen Vorläufern auf, zum Bei-

Körper, Identität und Geschlecht

spiel auf Feuerbach, der explizit die Sinnlichkeit thematisiert oder den späten Schelling, der den ‚Willen' als Energiequelle des Geistes untersucht, bis hin zu Kierkegaard und seinem Begriff der ‚Angst' als zentralem Erlebnis des Menschen. Damit wird gleichzeitig der Leib als Energiequelle für den Geist neu entdeckt (vgl. Macha 1989: 77). Diese Frage nach der *Energie*, die dem Geist des Menschen in seinen Handlungen zur Verfügung steht, beschäftigt auch Scheler. Da der Geist jedoch traditionell als ein Prinzip gilt, das zum Leiblichen in keiner direkten Beziehung steht, taucht erstmalig in der Biologie dieser Zeit die Frage auf, woher denn Menschen die Energie für ihr Handeln nehmen. Diese Fragestellung wird zentral für die weitere Diskussion und ist zusätzlich durch die Triebtheorie Freuds inspiriert worden. Auch Schopenhauer und Nietzsche betonten bereits die Bedeutung des Leibes als Ort, an dem der Wille als Triebkraft des Handelns entsteht.

Plessner trennt begrifflich zwischen Leib und Körper: Der ‚beseelte Leib' ist bei ihm eine Totalität ganzheitlichen Erlebens, eine Bedeutung, die schon in dem germanischen Ursprung des Begriffs ‚lîˋp' enthalten ist. Er verweist so mit dem Begriff des Leibes in den Bereich einer personalen Pädagogik, die den Menschen als ganzheitlich erlebendes und reflektierendes Ich betrachtet. Der Körper hingegen ist nach Plessner der instrumentalisierbare Organismus bestehend aus Muskeln, Knochen und Nerven, der dem Menschen zur Verfügung steht und über den er verfügen kann. Auch Gabriel Marcel unterscheidet zwischen ‚Leib sein' und ‚Körper haben' (Macha 1989: 63, 57, 64).

Plessner steht in dieser Diskussion zwischen Scheler und Gehlen. Er stellt wie Scheler eine Stufenordnung des Lebendigen auf: Auf der ersten Stufe in der Entwicklung der Lebewesen befindet sich die Pflanze, auf der zweiten das Tier, und auf der dritten und höchsten Stufe der Mensch. Aber mit seinem zentralen Begriff der *exzentrischen Positionalität* geht Plessner über die Ausführungen Schelers hinaus und charakterisiert die spezifische Lebensweise des Menschen als Handlungszentrum oder ‚Mitte'. Das Tier lebt nach Plessner zentrisch „aus seiner Mitte heraus, in seine Mitte hinein", aber es lebt nicht selbst als Mitte, „es erlebt nicht – sich" (Plessner 1975: 288). Mit dem Begriff ‚zentrisch', ist die unbewusste körperliche Daseinsweise des Tieres bezeichnet, mit ‚Mitte' dagegen die menschliche Qualität des reflexiven Selbstbewusstseins und zugleich auch des leiblichen Erlebens als Handlungssubjekt. Der Mensch, sagt Plessner, weiß um sich als eine Mitte des Erlebens im und durch den Leib und seine Gefühle, er erfährt sich auf diese Weise als Zentrum seines Handelns (Plessner 1975: 290). Er ist mit sich identisch und hat doch gleichzeitig eine Distanz zu sich selbst: Das kennzeichnet nach Plessner seine ‚exzentrische Positionalität'. Er kann über sich reflektieren und dadurch erkennen, welches seine Motive und Gedanken sind. Plessner konzipiert den Menschen dialektisch: Um sich als Subjekt des Handelns und des Bewusstseins erleben zu können, muss man zunächst durch das Erleben des Leibes (Gefühle und Erfahrungen) hindurch gehen und es reflektieren. Man gewinnt so ein Bewusstsein seiner selbst als ‚Mitte' der Existenz. Durch diese Erfahrung des Selbstbewusstseins kann der Mensch zwischen sich und sein Erleben eine Distanz setzen (Plessner 1975: 291). Er ist dadurch weltoffen und nicht wie das Tier an eine bestimmte Umwelt gebunden. Der Mensch ‚hat Welt', d.h., er kann sich Welten erschließen und mehr noch: Er kann zu sich selbst Ich sagen: „Es (das Ich, H.M.) hat sich selbst, es weiß um sich, es ist sich selbst bemerkbar und darin ist es Ich" (Plessner 1975: 290). Das Zentrum des Ich bildet dabei das leibliche Erleben, erst in einem zweiten Schritt folgt die Reflexion. Leiblichkeit macht sozusagen das Ich in seinem Kern aus (Macha 1989: 233ff.).

Die Komplexität des Zusammenhangs zwischen Leib/Körper und Geist

Plessner hat damit die Grundproblematik der idealistischen Philosophie aufgegriffen, aber noch nicht vollständig gelöst: In seinem System setzt sich das Ich selbst ständig als das sich Setzende in der Handlung voraus. Das Ich ist damit die Bedingung seiner selbst, es ist nicht objektivierbar und empirisch erfassbar: Es ist ‚reines Ich'. Es erlebt sich nur selbst im Hier und Jetzt, in seinem Handeln (Schulz 1980: 435). Daraus ergibt sich das Problem, dass das Ich zwar eine Einheit darstellt, sich jedoch gleichzeitig auch differenzieren muss: Nur durch den Hiatus, den Bruch der Einheit im ‚leeren Hindurch der Vermittlung' existiert das Ich. Damit meint Plessner, dass mit der leiblichen Erfahrung eine vermittelnde Instanz gegeben ist, die das Ich an die Welt bindet.

Indem nun Plessner seine Konzeption von Leiblichkeit und Ich aus der Existenzphilosophie heraus begründet, trägt er erneut eine Spaltung hinein. Denn der Doppelaspekt von der Einheit des Ich und dem notwendigen Verlust der Einheit in der exzentrischen Positionalität ist unaufhebbar. Dem Menschen ist „der Umschlag vom Sein innerhalb des eigenen Leibes zum Sein außerhalb des Leibes ein unaufhebbarer Doppelaspekt der Existenz, ein wirklicher Bruch seiner Natur. Er lebt diesseits und jenseits des Bruches, als Seele und als Körper *und* als die psychophysisch neutrale Einheit dieser Sphären (…) Positional liegt ein Dreifaches vor: Das Lebendige ist Körper, im Körper (als Innenleben oder Seele) und außer dem Körper als Blickpunkt" (Plessner 1975: 292f.). Bei Plessner fehlt grundsätzlich nicht mehr der Bezug zur Welt, zum Anderen und zu den Dingen durch körperliches Erleben. Aber dieser Weltbezug ist noch nicht ganz überzeugend in einer Theorie des Ich verankert, das heißt, die letztlich idealistische Konzeption des Ich bewirkt, dass nicht erklärt werden kann, *wie* das Ich sich zur Welt, zu den Anderen und zu den Dingen verhält und *wie* es an sie gebunden ist.

Mit der Konzeption des Leibes als ‚Mitte des Seins', derer man sich durch die Distanz der exzentrischen Positionalität vergewissern kann, und mit dem Körper als organischer Bedingung für Energie und Handeln wird bei Plessner eine Art ‚negative Metaphysik' begründet, durch die sich die Subjektivität des Menschen und das Ich auf das leibliche Erleben stützen und nicht mehr allein auf die Rationalität oder den Glauben. Die reflexive Distanz des Menschen zu seinem subjektiven Erleben ist hier leiblich fundiert und bildet damit die Grundlage des Ich. Der Mensch kann sowohl unbewusst im Hier und Jetzt leben als auch aus dieser so genannten ‚Mitte' heraustreten. Damit werden die Reflexivität und die Rationalität als Grundlage des Ich wenigstens teilweise ergänzt durch die sinnliche Erfahrungsbasis des Leibes. Dieser Gedanke stellte einen wichtigen theoretischen Schritt dar auf dem Weg zum Postulat eines autonomen Individuums.

Die Adaption und Weiterentwicklung der Leibthematik durch Heinrich Roth

Heinrich Roth hat später den Gedanken der Vermittlung von Energie an das Ich aufgegriffen und mit der Konzeption Freuds verbunden. Auch er sieht die Entstehung von Handlungsenergie durch den Willen, die Triebe und die Gefühle gegeben. Er unterteilt das Ich in zwei Instanzen, die ‚Tiefenperson', die leiblich bestimmt wird und durch das Unbewusste und die Gefühle gesteuert wird, und die ‚Oberperson', die das bewusste Steuerungszentrum des Ich im Handeln repräsentiert (vgl. Roth 1976; Macha 1989: 186). Die Energie für das Handeln stammt aus dem Leib, sagt Roth eindeutig, ohne weiter einen Bruch des Erlebens zu behandeln. Auch er spricht davon, dass mit dem Begriff der Person eine ‚zentrale Mitte' impliziert sei, von der ausgehend Menschen willentlich Handlungen organisieren können. Der Wille ist hier das vermittelnde Element zwischen der Triebenergie des Leibes und den Handlungen. Das bewusste Ich verfügt nur mit Hilfe weitgehend unbewusster Triebe über die Energie für seine Handlungen. Die ‚Es-Anteile' der unbewussten Tiefenperson zählt Roth dabei nicht zum bewussten, handlungssteuernden Ich. Wie bei Max Scheler wird die Frage der Vermittlung von – leiblicher – Energie an das Ich mit einer Differenzierung bzw. Aufspaltung von Ich-Anteilen gelöst. Die Rationalität des Ich bleibt auch hier unangefochten die höher bewertete Instanz des Ich. Der Leib ist zwar im Vergleich zu früheren Theorien stark aufgewertet worden, dennoch werden die Impulse des Leibes als dem bewussten Ich zu unterwerfende definiert.

Damit bleiben sowohl Plessner als auch Roth letztlich in idealistischen Konzeptionen befangen, die dadurch gekennzeichnet sind, dass das handelnde Ich durch seinen monopolistischen Anspruch auf Verfügungsgewalt über die Vernunft als ein ‚Geistwesen' definiert wird, wohingegen die Gefühle und Erfahrungen des Leibes als tendenziell unbeherrscht und unbeherrschbar abgewertet werden: „Es fühlt in mir" (Roth 1971: 3, 398f.). Diese Ontologisierung der Geistigkeit des Ich hat eine Weiterentwicklung dieser Theorie verhindert[2]. Eine Weiterentwicklung könnte nur darin bestehen, dass die gleichberechtigte Einheit von Leib und Geist als Handlungszentrum betont wird. Der Leib stellt dabei die unmittelbare Bindung an die Welt dar, und der Geist agiert in Kooperation mit dieser leiblichen Materialität des Erlebens. Eine Trennung von leiblichem Erleben und Rationalität erscheint dagegen artifiziell (Macha 1989: 192ff.). Wahrnehmungen, Gefühle, Empfindungen und auch Bedeutungen sind körperliche Eindrücke, die dem Ich – bruchlos – zur Verfügung stehen, und es scheint nicht sinnvoll, hier eine Priorität zugunsten der Rationalität zu setzen (Macha 1991). Damit wäre auch eine Beziehung zu den Anderen und zur Welt der Dinge hergestellt. Der Hiatus im Ich bei Plessner könnte überwunden werden, wenn Leib und Ich nicht als Gegensätze gesehen werden, sondern „das Ich als eine mit dem Körperlichen unmittelbar verbundene Instanz gebildet wird, als eine sozial und kulturell erzeugte Konstruktion, die nur analytisch vom Körper getrennt werden kann" (Wulf 2003: 209).

Der Körper im sozialen Vollzug: Weltbezug

Eine zweite Forschungsrichtung einer Theorie der Leiblichkeit beruft sich auf die angloamerikanische Tradition des Pragmatismus im Sinne George Herbert Meads. Hier wird der Mensch radikal anders definiert, nämlich statt aus einem idealen ‚Ich' heraus aus seiner Beziehung zum Anderen her, aus der Inter-Subjektivität. Auf diese Weise wird der Bezug des Menschen zur Welt in den Mittelpunkt einer Subjekttheorie gestellt. Die phänomenologische Studie Meyer-Drawes zur Intersubjektivität „Leiblichkeit und Sozialität" (1987) bezieht sich auf Merleau-Ponty: „Mit der Grundstruktur des Zur-Welt-Seins ist das Bewusstsein als leiblich inkarniertes endliches Bewusstsein bestimmt, in dem sich Natur und Geist durchdringen, das also nie nur Idee noch Faktum ist" (Meyer-Drawe 1987: 137). Inter-Subjektivität bedeutet, dass im Handeln Identität hergestellt wird. Identität wird hier verstanden als ein Aushandeln von sozialen Bezügen, denn es ist „entscheidend, was sich zwischen den Subjekten ereignet" (Meyer-Drawe 1987: 129). Die idealistische Freiheit des Subjekts, die sich auf eine ontologisierte ‚Geistigkeit' berief, wird jetzt zugunsten einer wechselseitigen Einflussnahme von in Interaktionen begriffenen (Handlungs-)Partnern aufgelöst, wodurch Realität erst entsteht. Das abstrakte ‚freie Ich' bei Plessner im Sinne einer geistigen Instanz in einer Eigensphäre (Meyer-Drawe 1987: 133) wird als ein Konstrukt entlarvt, das sich so nicht länger halten lässt.

Andererseits werden bei Meyer-Drawe die Selbstgestaltung des Ich als Subjekt und das Erleben des Ich als Handlungszentrum aus dem Leib heraus und als Leib überhaupt nicht thematisiert. Das Ich droht in seinen sozialen

---

2   Zur Kritik vgl. Macha 1989: 86; Wulf 2003: 208f.

Bezügen vollständig aufzugehen, seine Freiheit ist nur mehr in der Anpassung an ein übermächtiges System gegeben (Hopfner 2000: 77). Es wird der Begriff der ‚Interkorporeität' eingeführt, der im Sinne Merleau-Pontys bedeutet, dass Interaktionspartner eine neue, körperliche Realität erschaffen. Nach Meyer-Drawe wird mit der Annahme der Interkorporeität ein Bruch ins Ich getragen. Sie bezieht sich dabei auf Merleau-Ponty, Levinas und Buber: „Das ‚Zwischen' ist der Ursprung, der das Ich als Ich und das Du als Du ‚ordiniert', was selbstverständlich wiederum nicht als etwaige dritte Instanz, als Subjekt oder als Substanz, die hier eine Vermittlerrolle spielten, zu verstehen sei. *Dieser Ansatz bedeutet nicht nur den Bruch mit der Psychologie, sondern auch mit den ontologischen Begriffen sowohl der Substanz wie auch des Subjekts; eine neue Modalität des Zwischen wird bejaht, die sowohl Ontologie als auch Seelenleben der Mitgegenwart und der Sozialität bedeutet" (Levinas 1981: 79, Herv. von K. M.-D.).* Die Suche nach dieser ‚dritten Dimension' des *Zwischen* ist das zentrale Thema dieser Perspektive in der Körperforschung. Das individuelle Bewusstsein wird auf diese Weise „geschwächt" (Waldenfels, zit. nach Meyer-Drawe 1987: 142) und dezentriert: „Durch unsere Inkarnierung existieren wir in sinnhafter Symbiose mit Anderen und mit der naturhaften und kulturellen Welt" (Meyer-Drawe 1987: 142).

Optionen für ein zukünftiges Subjektmodell

Für ein zukünftiges Subjektmodell stellen beide Theorien eine theoretische Herausforderung dar: Zwischen den Polen einer abstrakten Freiheit (Plessner) und einer absoluten Gebundenheit an das System der Gesellschaft und die Anderen (Merleau-Ponty) gilt es, das Ich als ein Handlungszentrum mit einer materialen Basis zu definieren, die es an die Welt bindet, ohne es vollständig zu determinieren. Im sozialen Vollzug von Interaktionen unterliegt das Subjekt Einflüssen, besitzt jedoch auch Handlungsspielräume. Momente von Freiheit werden nicht zuletzt auch durch den Leib eröffnet, das betonte Plessner, der die leibliche Existenz als Grundlage für das Ich und seine Entscheidungen ansah. Subjekt und Handlung müssen daher neben der Sozialität an die Materialität des Leibes rückgebunden werden, um der Allmacht des sozialen Einflusses zu entgehen. Die Basis für eine in dieser Weise verstandene Subjektivität ist dabei das leibliche Erleben. Der Leib kann als eine ‚Mitte' erlebt werden, in der man sich selbst ganz subjektiv wahrnimmt und eine subjektive, emotionale und willensmäßige Grundlage für sein Handeln gewinnt. Körperliche Wahrnehmungen und Reaktionen führen zu Gefühlen als unmittelbaren Interpretationen und Bewertungen von Situationen. Die Beziehung zwischen der Außenwelt und der Innenwelt wird in dieser Weise primär über den Körper vermittelt. Handlungsoptionen erfolgen durch die Freisetzung von körperlicher Energie (Macha 1989: 310, 315).

Die Wiederentdeckung des Körpers in der Biographieforschung

Auch in der neueren Biographieforschung wird die Leiblichkeit wieder verstärkt thematisiert (Alheit u.a.1999; Rittelmeyer 2002). Auch der Begriff des Ich wird unter Bezugnahme auf die Existentialisten wieder eingeführt (Fischer-Rosenthal 1999: 15). Dieses Ich wird auf einem ‚Körper-Leib' fundiert: „Ich *bin* mein Leib" (ebd.). Damit knüpft die Forschung zugleich an die Diskussion in der Pädagogischen Anthropologie an (vgl. Macha u.a. 2000). Die Aufgabenstellung der Biographieforschung, die sich auf den Körper bezieht ist es, die im Lebenslauf feststellbaren Einflüsse des Körpers auf die Entwicklung der Identität zu rekonstruieren. Dabei wird der Körper zunächst nicht in seiner biologischen Dimension, sondern in der Dimension der kulturellen Konstruktion gesehen (Alheit u.a. 1999: 8). Mit der ‚Biographisierung' der modernen Existenz obliegt dem Einzelnen die Planung seiner individuellen Entwicklung, wenn auch regulierende Lebenszeitschemata für ‚normale' Entwicklungs-, Bildungs- und Karrierewege quasi institutionalisiert werden (Alheit u.a. 1999: 7). Auch Körper werden in dieser Perspektive zum gestaltenden und gestaltbaren Werk. Hier ergeben sich auch neue Herausforderungen für die Genderthematik. Die Biographieforschung im Umfeld der Forschungen von Alheit und Dausien betrachten den Körper und den Leib jedenfalls in der Tradition der Pädagogischen Anthropologie als ‚unveräußerliche, ureigene Dimension unserer Existenz'.

3. Körper als Thema der Frauengeschichtsforschung: Essentialismus, Konstruktion und Inkarnierung

Unter ‚Körpergeschichte' versteht man die „*Historisierung* des und dies bedeutet *der* pluralen Körper in der Geschichte der Menschheit" (Lorenz 2000: 10). Der physische Körper wird dabei nicht als eine monolithische, anthropologische Konstante verstanden, sondern kann nur vor dem Hintergrund sich wandelnder und gleichzeitig miteinander konkurrierender Definitionen und Bedeutungen beschrieben und interpretiert werden. Grundsätzlich wird der Körper durch Sprache, Mimik und Gestik erfahrbar und vermittelbar: „Die physische Materialität, die doch selbst ständigem Wandel unterworfen ist, wird dabei nicht verleugnet" (Lorenz 2000: 11). Lorenz unterscheidet in der Körpergeschichtsforschung zwischen konstruktivistischen und essentialistischen Ansätzen. Auch hinter der Debatte um eine Geschichte des Körpers verbergen sich dabei zentrale philosophische Diskurse, die weit in die Ideengeschichte der Philosophie hineinreichen (Maihofer 1994a: 237, zit. nach Gransee 1999, Fausto-Sterling 2002, Schaufler 2002, Macha 2003), so der Dualismus von Natur und Kultur, die Dichotomie von Geist und Körper oder

Körper, Identität und Geschlecht

auch die Antinomie von Leib, Gefühl und Willen auf der einen und Rationalität, Lernen und Urteil auf der anderen Seite. Diese klassischen abendländischen Dichotomien spiegeln sich auch in den Diskursen der Frauengeschichtsforschung wider, denn sie dienten häufig in der Geschichte dazu, aus der Anatomie und den vorgegeben Begrifflichkeiten die Polaritäten der Geschlechtscharaktere zu begründen.

Essentialistische Theorien postulieren bis heute unter Bezugnahme auf die unterschiedlichsten Wissenschaftsbereiche den menschlichen Körper als eine feste anthropologische und damit universelle, kulturübergreifende Konstante (vgl. dazu Gransee 1999, Lorenz 2000). Gleichzeitig werden damit Aussagen über biologische Geschlechtsunterschiede verbunden. Es können jedoch – trotz einiger in den Medien stark beachteter Ergebnisse zu scheinbaren Funktionsunterschieden weiblicher und männlicher Gehirne, die dann in unzulässiger Weise verallgemeinert werden – keine ernstzunehmenden empirischen Ergebnisse für diese These vorgewiesen werden. Auf diese Weise werden jedoch sowohl das System der Zweigeschlechtlichkeit als auch historisch begründete Differenzen zwischen den Geschlechtern anthropologisiert und an der Anatomie festgemacht. Auch Humanbiologie, Gen- und Hormonforschung treten immer wieder mit Versuchen, die in diese Richtung gehen, an die Öffentlichkeit (Lorenz 2000: 23). Auch die Psychoanalyse hat sich in ihren Anfängen an dichotomen Geschlechterbildern orientiert.

Konstruktivistische Theorien gehen dagegen von einer Definitionsmacht verbaler, mimischer und gestischer Vermittlungsmechanismen von geschlechtstypischen Normen auf den Körper aus, die auf unbewusste Weise zu einer ‚Einschreibung' in den Körper führen. Es werden, ausgehend von den Kulturwissenschaften, historische und gesellschaftliche Bedingungen analysiert, unter denen sich bestimmte Strukturen der kulturellen Erinnerung und geschlechtsspezifischer Muster ausbilden, die dann jeweils bestätigt, modifiziert oder auch verworfen werden können: „Der Körper wird hierbei als jenes ‚Symbolisierungsfeld' betrachtet, an dem sich Spuren solcher Verfahren kultureller Sinn- und Bedeutungsstiftung entziffern lassen, und zwar in *entstellter* Form" (Öhlschläger/Wiens 1997: 15). Die zentrale These der Frauengeschichtsforschung zum Thema Körper geht davon aus, dass die Konstruktion von Geschlecht nicht nur ein verbaler und bewusster Konstruktionsprozess ist, sondern dass auch eine unbewusste körperliche *Inkarnierung* von geschlechtstypischen Normen geschieht. Die Fiktion eines dem Kulturellen vorgängigen Geschlechtskörpers wird dabei als ein Effekt von Bedeutung konstituierenden Diskursen angesehen (Öhlschläger/Wiens 1997: 15). Normative Vorgaben der Gesellschaft durch Schrift, Bild, Sprache, Mimik und Gestik produzieren die Bilder von Weiblichkeit und Männlichkeit, die von den einzelnen Menschen wahrgenommen und selektiv internalisiert werden. Diese Internalisierung von Normen, die in der Sozialisation und in Bildungsprozessen zusammen mit anderen Inhalten transportiert werden, wurde dagegen traditionell im Sinne *bewusster* Lernprozesse definiert. Mit dem Konzept der Inkarnierung werden so die Dichotomien von Geist/Körper und Leiblichkeit/Rationalität aufgegeben zugunsten der Vorstellung einer gegenseitigen Durchdringung und Einflussnahme, wie sie schon seit langem in verschiedenen Disziplinen der Pädagogik und auch in anderen Wissenschaften gefordert wurde (Gransee 1999, Lorenz 2000, Macha 1989, 2003).

Der subjektive Gestaltungsspielraum bei der Identitätskonstruktion

An dieser Stelle bietet sich ein Rekurs auf die eingangs formulierte These von subjektiven Wahlmöglichkeiten in Bezug auf den Geschlechterdiskurs an: Auch die körperliche Geschlechtsidentität wäre demnach zum Teil ein gestaltbares und selbst gestaltetes Werk des Menschen (dazu auch Alheit u.a. 1999: 7). Hier könnte man in der Argumentation auch an Plessner anschließen: Der subjektive Anteil bei der Konstruktion von Geschlechtsidentität entsteht dann durch die jeweils individuell erlebten körperlichen Wahrnehmungen und Erlebnisse und deren Verarbeitung und Interpretation auf der Basis von Gefühlen und Reflexion. Jedes Handeln setzt zunächst ein Deuten und Erleben voraus. So kann der Vorgang der Inkarnierung verstanden werden als ein Akt der Wahrnehmung von Normen in ihrer sprachlichen, mimischen oder gestischen Vermittlung, die dann jeweils individuell dekodiert, gefühlt, erlebt und anschließend aufgrund der bereits vorhandenen Deutungsmuster mit subjektiver Bedeutung versehen werden. Sowohl die Wahrnehmungspsychologie als auch der kognitive Konstruktivismus betonen, dass es keine *direkte* Inkarnierung fremder, normativer Bedeutung geben kann, auch nicht vermittelt über Bilder oder Zeichen (vgl. Macha 2003). Vielmehr ist der Akt des Wahrnehmens, des Denkens und des Handelns immer selektiv und beruht auf subjektiven Zuschreibungs- und Deutungsprozessen.

Identität kann demnach grundsätzlich, ebenso wie Geschlechtsidentität, als ein über den Körper und das Erleben vermittelter narrativer Konstruktions- und Gestaltungsprozess verstanden werden, in dem die kulturellen Setzungen ein zwar wesentliches, aber nicht das *einzige* Element darstellen. Anders käme es auch zu keiner Weiterentwicklung und Neuformulierung von Normen. Insbesondere in der Sozialpsychologie wurden in den letzten Jahren die narrativen Elemente bei der Herstellung von Identität beschrieben. Demnach ist die Konstruktion von Identität im wesentlichen ein Prozess der sprachlichen Symbolisierung, der in Interaktionen ausgehandelt wird und zu *Feedback*-Reaktionen im Individuum führt (Keupp 1999). Das bedeutet, auch Erfahrungen und Gefühle gehen in die Konstruktion von Identität mit ein und führen über den Körper und seine Reaktionen zu einer permanenten Revision von narrativ entworfener Identität. Bedingung für diese subjektive Selektion von Einflüssen ist die Fähigkeit des Menschen zur Selbstdistanzierung, von Helmut Plessner beschrieben als ‚positionaler Charakter' des Ich.

4. Der Körperdiskurs des Dekonstruktivismus

Einen grundlegenden Einschnitt in den Körperdiskurs stellte die Rezeption dekonstruktivistischer Theoreme im Verlauf der 1990er Jahre dar, die mit ihrer radikalen Verabschiedung essentialistischer Konzepte zu einer zunehmenden De-naturalisierung des Körpers führten und eine grundsätzliche Neudefinition des Verhältnisses von Körper und Geschlecht erforderten. Die Dekonstruktion strebt eine prinzipielle Infragestellung und Verschiebung klassischer binärer Oppositionen wie z.B. Natur und Kultur an und dreht daher auch die traditionelle Unterscheidung zwischen *sex* und *gender* einfach um: Nicht nur die soziale Geschlechtsidentität, sondern auch die körperliche Geschlechtsidentität sind aus dekonstruktivistischer Perspektive gesellschaftlich und damit *diskursiv* konstruiert. „Der Begriff ‚Dekonstruktion' ist aus der aktuellen Frauen- und Geschlechterforschung nicht wegzudenken," heißt es in einem neueren Sammelband zur Dekonstruktionsdebatte in der erziehungswissenschaftliche Geschlechterforschung (Kahlert 2000: 30). Von Anfang an gab es eine starke Affinität von feministischer Theoriebildung und Dekonstruktion, da die Dekonstruktion eine Befreiung des Denkens aus traditionellen gesellschaftlichen Zwängen und Machtstrukturen, wie sie sich z.B. in den Geschlechterrollen manifestieren, anstrebt und vehement auf Marginalisierungstendenzen des westlichen, männlich dominierten Denkens aufmerksam macht. In den letzten Jahren hat daher parallel zu poststrukturalistischen Reflexionsansätzen in den Kultur- und Sozialwissenschaften der Gedanke einer Körperidentität als sozialer Konstruktion und eine daraus resultierende Notwendigkeit zu deren Dekonstruktion die feministische Diskussion beschäftigt.

Der Begriff der *Dekonstruktion* geht zurück auf den französischen Philosophen Jacques Derrida (vgl. Engelmann 1990). Die Dekonstruktion ist am ehesten zu beschreiben als eine subversive Praxis der Lektüre, die überlieferte kulturelle Muster einer fundamentalen Kritik unterzieht. Der dieser Konzeption zugrunde liegende Textbegriff ist allerdings nicht in einem traditionellen Sinn aufzufassen, sondern bezieht quasi alle kulturellen Manifestationen bis in die Alltagswelt mit ein. Ein *Außerhalb* des Textes existiert praktisch nicht. Eine dekonstruktive (Re-)Lektüre traditioneller Begrifflichkeiten geht nun grundsätzlich von einer ‚Logik des Supplements' aus, die den Begrifflichkeiten und Deutungsmustern, mit denen wir unsere Lebenswelt strukturieren, immanent ist, ohne dass wir das gemeinhin reflektieren und hinterfragt aus dieser Perspektive zentrale Prämissen und Konzepte des westlichen Denkens. Der Versuch einer Neudefinition von Körper und Geschlecht aus der Perspektive der Dekonstruktion ist daher prinzipiell verbunden mit einer Kritik binärer Ordnungen, z. B. der Aufspaltung in Natur und Kultur, Körper und Geist oder Mann und Frau, da diese ihrer Logik nach immer auf hierarchisch aufgebauten Begriffsoppositionen beruhen: ‚Frau-Sein' stellt in dieser Lesart eine Ergänzung (*supplément*) des hierarchisch höher angesiedelten Begriffs ‚Mann-Sein' dar und definiert sich so begriffslogisch durch Abgrenzung von diesem. Mit dem Aufdecken der nach diesem Muster sozialen, kulturellen und diskursiven Konstruiertheit von Geschlechtsidentität eröffnet sich ein ganz neues Feld der Auseinandersetzung um Themen wie körperliche und geschlechtliche Identität. Besonders auf diesem sensiblen Gebiet stellte die Rezeption dekonstruktivistischer Denkmodelle für eine feministischen Theorie der Körperidentität jedoch auch eine besondere Provokation dar.

Die radikale Verschiedenheit der Körper bei Luce Irigaray

Eine der ersten und exponiertesten Vertreterinnen des dekonstruktivistischen ‚Denkens der Differenz' in Bezug auf die ‚Differenz der Geschlechter' (Kimmerle 2000: 162) ist Luce Irigaray, für die das westliche Denken in seinen Grundstrukturen patriarchalisches Denken ist. Es gibt für sie daher folgerichtig nur *ein* Geschlecht, nämlich das männliche, denn innerhalb der hierarchisch organisierten, binären, phallogozentrischen Bezeichnungssysteme erscheint das Weibliche stets nur als das Untergeordnete und Marginalisierte, als das schlechthin *Andere* des herrschenden Diskurses. In ihrem Buch *Das Geschlecht, das nicht eins ist* (1979) erhebt sie den Anspruch, dass die Frau nicht das andere, zweite Geschlecht gegenüber dem ersten männlichen ist, sozusagen seine Gegenseite und sein Gegenpol. Ihrem Verständnis nach ist das weibliche Geschlecht nicht einmal überhaupt nur *ein* Geschlecht, das sich aus einem wie auch immer gearteten Verhältnis gegenüber einem anderen Geschlecht definiert, sondern sie beschreibt es als in sich selbst vielfältig. Denn die Tendenz zur Vereinheitlichung und zur Konfrontation mit einem *Anderen* ist bereits als solche wieder phallogozentrisch. Die Geschlechterdifferenz muss vor diesem Hintergrund auf eine neue und grundsätzlich *verschiedene* Weise gedacht werden. Denn das *Anderssein* des Weiblichen gegenüber dem Männlichen kann für Irigaray niemals aus der Perspektive des Mannes definiert werden, wie es bis hin zu Sigmund Freud erfolgt ist, der das Weibliche von einem Mangel gegenüber dem Männlichen her definiert.

Irigaray geht es daher in ihrem Schreiben um ein dekonstruktives Offenlegen dieser Denkstrukturen, so in *Speculum. Spiegel des anderen Geschlechts* (1980), in dem sie das traditionelle metaphysische Denken in einer Art ‚Spielgelstadium' befangen sieht, in dem sich das männliche Subjekt durch eine Spiegelung im Prinzip des Weiblichen überhaupt erst konstituiert: Ohne diesen weiblichen Spiegel verlöre das männliche Selbstverständnis seine Erkenntnisgrundlage und seine Legitimationsbasis. Mit Hilfe dieser Spiegelmetapher stellt sie das phallogozentrische Denksystem in Frage und holt das verdrängte Weibliche wieder in den Diskurs zurück. Die Frau darf nach Irigaray nicht länger als das *Andere* des Mannes definiert werden, sondern ihre Andersheit muss in einer radikalen Differenz zum männlichen Prinzip gedacht werden. Und diese Differenz manifestiert sich vehement auch in der Neuinterpretation körperlicher Attribute: Die binär kodierte Differenz der Geschlechter, die zwischen dem Phallus und der (sehr viel kleineren) Klitoris verläuft, *verschiebt* sich dabei in etwas ganz *Anderes*: „Die Frau ‚berührt sich' immerzu, ohne dass man ihr das von außen her verbieten könnte, denn ihr Geschlecht besteht aus zwei Lippen, die sich ununterbrochen küssen. So ist sie, in sich, schon zwei – aber ohne teilbar zu sein in einzelne –, die sich affizieren" (Irigaray, 1979: 24). Damit ist weibliche Identität in einer völlig neuartigen und nicht auf das männliche Prinzip rückführbaren Weise definiert. Diese körperlichen Merkmale besitzen für Irigaray gleichzeitig auch einen symbolischen Charakter, denn die „Lippen, die sich berühren" sind gleichzeitig auch „Lippen, die sich sprechen" (ebd.: 203-217), d.h., der weiblichen Sexualität entspricht auch eine andere Weise der Sprache, eine andere Ethik und eine andere Weise des Eros in einem nicht männlich-triebhaft konzipierten Sinn. Die radikale Dekonstruktion des Geschlechterverhältnisses in eine unaufhebbare Geschlechterdifferenz eröffnet damit eine Perspektive auch der radikalen Verschiedenheit der Körper.

Der kulturell kodierte Körper bei Judith Butler

Kaum ein anderes Konzept von Körperidentität wurde in der feministischen Diskussion der letzten Jahre in Deutschland so kontrovers diskutiert wie der dekonstruktivistische Ansatz der amerikanischen Philosophin Judith Butler. In Auseinandersetzung mit der Diskursanalyse Michel Foucaults, der Dekonstruktion Jacques Derridas und der Psychoanalyse Jacques Lacans tritt Butler in *Gender Trouble* (1990, dt. 1991) für eine prinzipielle Auflösung von essentialistischen Geschlechtskategorien ein, welche die Zweigeschlechtlichkeit als eine anthropologische und damit kulturübergreifende und historisch unveränderliche Kategorie begreifen. Ihrer Ansicht nach sind alle Aussagen über das ‚natürliche' Geschlecht in letzter Konsequenz durch gesellschaftliche-kulturelle Diskurse bestimmt (in diesem Fall durch den Diskurs der Biologie), und demnach ist ein unvoreingenommener Zugriff auf eine biologische *Realität* unmöglich: „Werden die angeblich natürlichen Sachverhalte des Geschlechts nicht in Wirklichkeit diskursiv produziert, nämlich durch verschiedene wissenschaftliche Diskurse, die im Dienste anderer politischer und gesellschaftlicher Interessen stehen? Wenn man den unveränderlichen Charakter des Geschlechts bestreitet, erweist sich dieses Konstrukt namens ‚Geschlecht' vielleicht als ebenso kulturell hervorgebracht wie die Geschlechtsidentität" (Butler 1991: 24).

Die Aufteilung in ‚Mann' oder ‚Frau' ist demnach ein Ergebnis kultureller Kodierung, d.h. die kulturell präfigurierten Werte schreiben sich von Anfang an in die Körperwahrnehmung ein. Ein unvoreingenommener, prädiskursiver Blick auf Natur und Kultur wird dadurch unmöglich. Körperliche

Selbstwahrnehmung ist immer bereits durch die gesellschaftlich bereitgestellten binären Muster (männlich/weiblich) des quasi naturalisierten Diskurses der geschlechtlichen Identität determiniert. Mit diesen Thesen stellt Butler eine der wichtigsten Errungenschaften der feministischen Diskussion der 1980er Jahre zur Disposition: Die Aufteilung in *sex* und *gender*. Ausgehend von zwei ‚natürlichen' biologischen Ausformungen in weibliche und männliche Körper (*sex*) galt doch deren zentrales Anliegen gerade dem Nachweis von nachträglicher sozialer Determinierung (*gender*) und damit verbundener Diskriminierung.

In dem Buch *Bodies that Matter* (1993, dt. 1995) reagiert Butler auf die heftige Diskussion und auch auf die Anfeindungen, denen sich ihre Theorie ausgesetzt sah und korrigiert eindeutig das Missverständnis, sie habe mit ihrer These von der Unmöglichkeit einer authentischen, ‚natürlichen' geschlechtlichen Körpererfahrung die materielle Existenz und Bedeutung des Körpers leugnen wollen. Mit der bereits aus dem Titel ersichtlichen Betonung der Materialität des Körpers, freilich in der Doppeldeutigkeit des Terminus ‚matter' als Materie *und* Bedeutung, thematisiert sie Identität, Körper und Geschlecht als Effekte ‚performativer Praktiken', d.h. ritueller und habitueller sprachlicher Inszenierungen, die sich durch Einübungen und Wiederholungen in den Körper ‚einschreiben'. Das Aufdecken und die Analyse dieser Praktiken ermöglicht eine Subversion festgelegter (zweigeschlechtlicher) Körperidentitäten, womit die natürliche, körperliche Grundlage der Kategorie ‚weiblich' dekonstruiert ist. Körper sind auf diese Weise grundsätzlich nicht mehr biologisch definiert, sondern diskursiv produziert. Butlers Forderung lautet daher, die Materialität des Körpers solle zukünftig „object to feminist inquiry" sein, aber nicht länger „subject of feminist theory" (Butler 1993: 49).

Mit dieser Theorie eines nicht nur sozial überformten, sondern grundsätzlich diskursiv hergestellten Körpers und der damit verbundenen Absage an eine körperlich manifeste Geschlechtlichkeit stieß Judith Butler insbesondere in Deutschland auf heftige Kritik. Es wurde ihr vorgeworfen, durch die Infragestellung der Kategorien *sex* und *gender* das neu entdeckte Selbstbewusstsein einer kollektiven weiblichen Körperidentität in Frage zu stellen (vgl. Wachter 2001: 15f.). Dagegen ließe sich jedoch dekonstruktivistisch argumentieren, dass sich die Vision einer Gleichheit der Geschlechter im Sinn von zwei klar definierten kollektiven Identitäten (männlich/weiblich) letztlich wiederum als eine dem abendländischen, phallogozentrischen Denken entsprungene männliche Utopie herausgestellt hat, welche die alltägliche reale Diskriminierung und Ausgrenzung durch Praktiken der Machtausübung – die nicht zuletzt aus einer biologischen und damit quasi ‚natürlichen' Zuschreibung von Geschlecht resultiert – übersieht. Ein Ausweg aus diesem Dilemma wird von Butler daher in dem subversiven Bestreben einer *Verschiebung*, bzw. Auflösung von Geschlechtskategorien gesucht: „Die Kategorie der Frauen wird durch die Dekonstruktion nicht unbrauchbar gemacht, sie wird

Körper, Identität und Geschlecht

zu einer Kategorie, deren Verwendungen nicht mehr als ‚Referenten' verdinglicht werden und Aussicht haben, offener zu werden, ja sogar auf unterschiedliche Weise bedeutungsgebend zu sein, die keine von uns vorhersagen kann" (Butler 1995: 52).

In der Frage einer weiblichen Körperidentität gab es in den letzten Jahren keinen anderen Impuls, der eine ähnliche Breitenwirkung entfaltet hätte wie diese Debatte um Butlers dekonstruktiven Ansatz. Bemerkenswert dabei war vor allen Dingen auch der interdisziplinäre Ansatz der Diskussion, der ein Spektrum von der Philosophie über die Soziologie und Pädagogik bis hin zur Psychoanalyse und Literaturtheorie aufweist. Festzuhalten ist in diesem Zusammenhang, dass eine dekonstruktive Kritik überlieferter Begrifflichkeiten und Deutungsmuster keineswegs deren simple Negation meint – in diesem Fall eine grundsätzliche Verabschiedung des Körpers – sondern vielmehr in einem ersten Schritt nach einer Umwertung traditioneller Zuschreibungen und in einem zweiten Schritt nach einer dadurch ausgelösten *Verschiebung* sucht, durch die sich neue und aus der hierarchischen, binär kodierten Matrix befreite (Be-) Deutungsspielräume eröffnen. Wichtig dabei ist es stets, Differenzen *auszuhalten* und nicht zu versuchen, wie es traditionellerweise üblich war, sie dialektisch *aufzuheben*, was letzlich auf neue Dichotomisierungen und Hierarchisierungen hinausläuft. Zur sprachlichen Markierung dieser Unaufhebbarkeit der Differenz führt Derrida das Kunstwort der *différance* (vgl. Engelmann 1990) ein, die diese prinzipielle Option auf neue Entwürfe jenseits eingefahrener, den *Spuren* (vgl. Fahrenwald 1997) Jahrhunderte alter Denkstrukturen folgender Interpretationsmuster aufbrechen will. Was den Begriff des Körpers anbelangt, so bedeutet dies eine Absage an das binäre (Deutungs-) Schema von Körper und Geschlecht, Mann und Frau, Natur und Kultur und ein Verschwinden des Körpers als Garant von ‚weiblicher Identität'.

5. Der Körper in den Naturwissenschaften

In einer frühen Schrift hat Hagemann-White anhand einer Sekundäranalyse von Untersuchungen zu Dichotomien die strikte Polarität der Geschlechter auf biologischer Ebene in Frage gestellt und statt dessen die These vom Kontinuum der Geschlechter begründet (Hagemann-White 1984). Eine eindeutige Bestimmung von Geschlecht auf chromosomaler, gonadaler, morphologischer, hormoneller, verhaltensbiologischer und gehirnanatomischer Ebene ist demnach nicht möglich. Ein Kontinuum der Geschlechter bedeutet, dass nicht in jedem Fall trennscharfe körperliche Merkmale für ein Geschlecht gefunden, bzw. gemessen werden können. Fausto-Sterling zeigt anhand verschiedener Beispiele für eine so genannte ‚Intersexualität' von Menschen die biologische Unentschiedenheit von Geschlecht (Fausto-Sterling 2002: 17ff.). In jüngster Zeit haben Beispiele aus dem Sport großes Aufsehen erregt. So gelang es in einzelnen Fällen nicht, das Geschlecht eines Sportlers/einer Sportlerin eindeutig zu bestimmen. Fausto-Sterlings Fazit lautet: Es gibt keinen Test, der heute die genaue Unterscheidung der Geschlechter leisten kann: „Das Geschlecht eines Körpers ist einfach zu komplex. Es gibt kein Entweder-Oder. Vielmehr gibt es Schattierungen von Unterschieden (…) Es (ist) eine soziale Entscheidung, eine Person als Mann oder Frau zu betiteln" (Fausto-Sterling 2002: 19). Der Widerspruch zwischen der gesellschaftlichen Inszenierung von Männlichkeit/Weiblichkeit und der physischen Verifizierung bleibt unauflöslich, ob man nun die Ebene der Homosexualität, der Transsexualität oder der Intersexualität anspricht. Gesellschaftliche Normierungen sexueller Orientierungen prägen vielmehr die Muster für die individuellen Identitätsentwürfe. Die persönliche Auswahl der Vorgaben durch die Individuen führt jedoch immer wieder auch zu Veränderungen von Normen auf subjektiver und gesellschaftlicher Ebene.

Unterschiedliche Einstellungen zu *sex* und *gender* präfigurieren auch die wissenschaftlichen Fragestellungen und die Methoden von ForscherInnen. Es existieren, wie Fausto-Sterling zeigt, in den einzelnen Wissenschaften unterschiedliche Definitionen der beiden Begriffe (Fausto-Sterling 2002: 21). Entsprechend werden auch (unbewusst) bestimmte Modelle oder Muster von *sex* und *gender* verfolgt. An vielen Beispielen lassen sich die Folgen dieser vorgängigen Muster belegen. In interkulturellen Vergleichen von gesellschaftlichen Strukturen gehen die ForscherInnen z.B. von der Voraussetzung aus, dass es nur zwei Geschlechter gibt, und dass man diese erkennt, indem man sie untersucht. Eine andere Voraussetzung stellt die Annahme dar, dass Gesellschaften intern stets beständigen Mustern folgen. Diese Unterstellung von Konsistenz führt dazu, dass die Dynamik in der Entwicklung einer Gesellschaft, z.B. in Bezug auf ihre Geschlechterdiskurse, nicht erkannt wird. Indem ForscherInnen ihre Kategorien für Universalien halten, werden sie von den darin enthaltenen Erklärungsmustern beeinflusst und werten Phänomene in der Weise aus, dass sie zu den Mustern passen. In jüngster Zeit wurde jedoch, z.B. unter AnthropologInnen, eine selbstkritische Haltung in Bezug auf diese Problematik entwickelt.

HistorikerInnen und AnthropologInnen stimmen also *nicht* darin überein, wie menschliche Sexualität kultur- und geschichtsübergreifend interpretiert werden sollte. Die ForscherInnen, die eher konstruktivistische Positionen vertreten, nehmen eine Spaltung zwischen realen Körpern und ihrer kulturellen Interpretation an. Mit Foucault, Haraway und anderen muss man daher ernst nehmen, dass „unsere körperlichen Erfahrungen durch unsere Entwicklung in bestimmten Kulturen und historischen Phasen hervorgebracht werden" (Fausto-Sterling 2002: 43). Dies geschieht zum einen durch diskursive Praktiken, und zum anderen gehen uns unsere Erfahrungen ‚in Fleisch und Blut' über. Die Unterscheidung zwischen einem gesellschaftlichen und einem physiologischen Körper sollte deshalb, ebenso wie die anderen Dualismen, möglicherweise aufgegeben werden. Für die Beschreibung eines solchen Prozesses hat sich seit kurzem der Ausdruck *queering* etabliert[3]. Er bezeichnet die spielerische Übersteigerung eines Geschlechts, ein Austesten und Neuinterpretieren von geschlechtlichen Ambivalenzen und Grenzen, wie es bislang hauptsächlich in der Kunst, der Popkultur und in (sub)kulturellen gesellschaftlichen Nischen erfolgt (vgl. Barkhaus/Fleig 2002).

Fazit und Ausblick

Der hier versuchte Überblick über exemplarische Forschungsfelder zum Thema Leib/Körper und Geschlecht hat sowohl starke Traditionslinien als auch wichtige Veränderungen in Bezug auf eine Theorie der Körperlichkeit – insbesondere im Hinblick auf den Zusammenhang von Leib/Körper, Geschlecht und Subjekt – gezeigt.

- Der strikte Dualismus der europäischen Denktradition wird zunehmend in Frage gestellt zugunsten einer Anerkennung der Bedeutung des Körpers für eine Definition des handelnden Ich.
- Der aufgrund dieser dualistischen Tradition entstandene Bruch im Ich wird aufgegeben zugunsten einer Anerkennung der unhintergehbaren Materialität körperlicher Erfahrung.
- Neben die Annahme einer Konstruktion von Geschlecht im Sinne des *doing gender* tritt auch die Annahme einer unbewussten Inkarnierung von Normen in den Körper.
- Die Wirkung von historischen Körperbildern auf die Identität wird durch die Körpergeschichtsforschung belegt.
- Die Dichotomie der Geschlechter und das System der Zweigeschlechtlichkeit werden als binäre Codes dekonstruiert.
- Die dekonstruktivistische Diskussion eröffnet darüber hinaus auch ein Verständnis für Differenzen innerhalb eines Geschlechts und für die prinzipielle Offenheit und Pluralität von Körperbildern.

Es erscheint vor diesem Hintergrund sinnvoll, einige Perspektiven zu skizzieren, sich die als Anregung für eine Weiterführung der gegenwärtigen Diskussion verstehen. Sie betreffen insbesondere den jeweils individuellen Beitrag zur geschlechtlichen Identitätsentwicklung:

- *Subjektive Selektion von gesellschaftlichen Konstruktionen*: Identität und Personalität als subjektive Konstanten in Bildungsprozessen unterliegen stets auch einer individuellen Gestaltungsaufgabe und einem subjektiven Aneignungsprozess, der sich nicht in der Anpassung an Normen erschöpft, sondern darüber hinaus geht. Es wird immer auch eine subjekti-

---

3 Vgl. dazu insbesondere auch Tuider in diesem Band.

ve Auswahl aus vorgegebenen Normen und Diskursen getroffen, die für die Konstruktion von individueller Identität mit ausschlaggebend ist. Unbewusst entspricht diese Wahl subjektiven ‚normativen' Vorgaben, die sich durchaus in Distanz zu aktuell gültigen gesellschaftlichen Normen begeben können. Hier kann mit Helmut Plessners ‚exzentrischer Positionalität' des Menschen argumentiert werden.

- *Subjektive Distanzierung von kultureller Inkarnierung*: Der Körper und die Entwicklung der Fähigkeiten und Potenziale von Menschen sind nicht ausschließlich biologisch determiniert. In der kulturellen Konstruktion von Geschlecht ist stets auch ein Anteil von individuellem körperlichen Erleben enthalten, der sich in Auseinandersetzung und in Wechselwirkung mit den kulturellen Inkarnationen begibt und sich gegebenenfalls auch von ihnen distanzieren kann. Er ist der *subjektive* und *personale* Anteil an der Inkarnation.
- *Subjektive Strategien der Dekonstruktion von binären Kodierungen*: Der durch das dekonstruktivistische Denken erhobene Anspruch, klassische Dichotomien des abendländischen Denkens einer Fundamentalkritik zu unterziehen und dadurch die strukturelle Herstellung von Bedeutung überhaupt erst offenzulegen, macht insbesondere zentrale Begriffspaare des Geschlechterdiskurses wie Natur/Kultur, männlich/weiblich oder *sex/gender* einer prinzipiellen *Verschiebung* zugänglich und eröffnet auf diese Weise auch neue subjektive Distanzierungs- und Handlungsspielräume.

Der Körper ist durch die neueren Theoriedebatten aus der Verbannung erlöst worden, in den ihn die frühe Frauenforschung geschickt hatte. Dabei scheint der Körper im Diskurs der Frauenforschung zur Zeit weniger von der Gefahr einer Instrumentalisierung bedroht, als vielmehr von einer Überbewertung der gesellschaftlichen Einflüsse auf die Konstruktion geschlechtstypischer Identitäten. Reste dualistischer Positionen in der frühen Pädagogischen Anthropologie wurden in den letzten Jahren zunehmend aufgegeben, und die Pädagogische Anthropologie hat sich insgesamt um die Geschlechterperspektive sinnvoll erweitert. Die feministische Diskussion dekonstruktivistischer Theoreme hat entscheidende neue Perspektiven auf die Frage nach dem Zusammenhang von Körper und Geschlecht eröffnet und stellt mit ihrer Forderung nach einer unbedingten Anerkennung von Differenz(en) auch weiterhin eine große Herausforderung dar. Dieser Beitrag versteht sich in diesem Zusammenhang als ein Plädoyer für eine in Zukunft stärkere Berücksichtigung auch der aktiven und kreativen Potenziale und Möglichkeiten der Individuen in der Herausbildung und Inszenierung ihrer Körperidentitäten.

Literaturverzeichnis

Alheit, Peter/Dausien, Bettina/Fischer-Rosenthal, Wofram u.a. (Hrsg.) (1999): Biographie und Leib, Gießen.
Angerer, Marie-Luise (Hrsg.) (1995): The Body of Gender. Körper. Geschlechter. Identitäten, Wien.
Barkhaus, Annette/Fleig, Anne (Hrsg.) (2002): Grenzverläufe. Der Körper als Schnitt-Stelle, München.
Bast, Christa (1988): Weibliche Autonomie und Identität. Untersuchungen über die Probleme von Mädchenerziehung heute, Weinheim/München.
Becker-Schmidt, Regina/Knapp, Gudrun-Axeli (2000): Feministische Theorien zur Einführung, Hamburg.
Benhabib, Seyla/Butler, Judith/Cornell, Drucilla/Fraser, Nancy (1995): Der Streit um Differenz. Feminismus und Postmoderne in der Gegenwart, Frankfurt/M.
Bilden, Helga (2001): Die Grenzen von Geschlecht überschreiten. In: Bettina Fritzsche/Jutta Hartmann/Andrea Schmidt/Anja Tervooren (Hrsg.): Dekonstruktive Pädagogik. Erziehungswissenschaftliche Debatten unter poststrukturalistischen Perspektiven, Opladen, 137–148.
Butler, Judith (1991): Das Unbehagen der Geschlechter, Frankfurt/M.
Butler, Judith (1993): Kontingente Grundlagen: Der Feminismus und die Frage der ‚Postmoderne'. In: Benhabib, S./Butler, J./Cornell, D./Fraser, N. (Hrsg.): Der Streit um Differenz. Feminismus und Postmoderne in der Gegenwart. Frankfurt/M., 31–58.
Butler, Judith (1995): Körper von Gewicht. Die diskursiven Grenzen des Geschlechts, Berlin.
Damasio, Antonio (2000): Ich fühle, also bin ich. Die Entschlüsselung des Bewusstseins, München.
Dausien, Bettina (2000): ‚Biographie' als rekonstruktiver Zugang zu ‚Geschlecht' – Perspektiven der Biographieforschung. In: Lemmermöhle, Doris u. a.: Lesarten des Geschlechts, 96–115.
Dausien, Bettina (2001): Erzähltes Leben – erzähltes Geschlecht? In: Feministische Studien 19, 57–73.
Duden, Barbara (1991): Der Frauenleib als öffentlicher Ort. Vom Missbrauch des Begriffs Leben, Hamburg.
Duden, Barbara (1993): Die Frau ohne Unterleib: Zu Judith Butlers Entkörperung. Ein Zeitdokument. In: Feministische Studien Heft 2, 24–33.
Engelmann, Peter (1990): Einführung: Postmoderne und Dekonstruktion. Zwei Stichwörter zur zeitgenössischen Philosophie. In: Engelmann, Peter: Postmoderne und Dekonstruktion. Texte französischer Philosophen der Gegenwart, Stuttgart, 5–32.
Fahrenwald, Claudia (1997): *Spur*. Zu einem Begriff Derridas. In: *Der blaue Reiter*. Journal für Philosophie, 85.
Fausto-Sterling, Anne (2002): Sich mit Dualismen duellieren. In: Pasero/Gottburgsen: Wie natürlich ist Geschlecht?, 17–64.
Fischer-Rosenthal, Wolfram (1999): Biographie und Leiblichkeit. Zur biographischen Arbeit und Artikulation des Körpers. In: Alheit, Peter u.a. (Hrsg.): Biographie und Leib, Gießen, 15–43.
Flaake, Karin (2001): Körper, Sexualität und Geschlecht, Gießen.
Fox Keller, Evelyn (1986): Liebe, Macht und Erkenntnis. Männliche oder weibliche Wissenschaft?, München/Wien.
Gehlen, Arnold (1966): Der Mensch. Seine Natur und seine Stellung in der Welt, Bonn.
Gilligan, Carol (1984): Die andere Stimme. Lebenskonflikte und Moral der Frau, München.

Gransee, Carmen (1999): Grenz-Bestimmungen. Zum Problem identitätslogischer Konstruktionen von ‚Natur' und ‚Geschlecht', Tübingen.
Hagemann-White, Carol (1984): Sozialisation: Weiblich – männlich?, Opladen.
Haraway, Donna (1995): Die Neuerfindung der Natur. Primaten, Cyborgs und Frauen, Frankfurt/M.
Harding, Sandra (1994): Das Geschlecht des Wissens. Frauen denken die Wissenschaft neu, Frankfurt/New York.
Hauke, Kai (2000): Plessner zur Einführung, Hamburg.
Heigl-Evers, Annelise/Weidenhammer, Brigitte (1988): Der Körper als Bedeutungslandschaft, Bern.
Hopfner, Johanna (2000): Geschlecht – soziale Konstruktion oder leibliche Existenz? Subjekttheoretische Anmerkungen. In: Lemmermöhle, Doris u.a.: Lesarten des Geschlechts, 71–85.
Horstkemper, Marianne/Zimmermann, Peter (Hrsg.) (1998): Zwischen Dramatisierung und Individualisierung. Geschlechtstypische Sozialisation im Kindesalter, Opladen.
Irigaray, Luce (1979): Das Geschlecht, das nicht eins ist, Berlin.
Irigaray, Luce (1980): Speculum. Spiegel des anderen Geschlechts, Frankfurt/M.
Irigaray, Luce (1991): Ethik der sexuellen Differenz, Frankfurt/M.
Kahlert, Heike (2000): Konstruktion und Dekonstruktion von Geschlecht. In: Lemmermöhle, Doris u.a.: Lesarten des Geschlechts, 20–44.
Keupp, Heiner u.a. (2002): Identitätskonstruktionen. Das Patchwork der Identitäten in der Spätmoderne, 2. Auflage, Reinbek b. Hamburg.
Kimmerle, Heinz (2000): Philosophien der Differenz, Würzburg.
Klika, Dorle (2000): Zur Einführung: Konturen divergenter Diskurse über die Kategorie ‚Geschlecht'. In: Lemmermöhle, Doris u.a.: Lesarten des Geschlechts, 8–19.
Laqueur, Thomas (1992): Auf den Leib geschrieben. Die Inszenierung der Geschlechter von der Antike bis Freud, Frankfurt/New York.
Lemmermöhle, Doris/Fischer, Dietlind/Klika, Dorle/Schlüter, Anne (Hrsg.) (2000): Lesarten des Geschlechts. Zur De-Konstruktionsdebatte in der erziehungswissenschaftlichen Geschlechterforschung, Opladen.
Lindemann, Gesa (1993): Das paradoxe Geschlecht. Transsexualität im Spannungsfeld von Körper, Leib und Gefühl, Frankfurt/M.
Lindemann, Gesa (1995): Geschlecht und Gestalt. Der Körper als konventionelles Zeichen der Geschlechterdifferenz. In: Ursula Pasero/Friederike Braun (Hrsg.): Konstruktionen von Geschlecht, Pfaffenweiler, 115–142.
Lorenz, Maren (2000): Leibhaftige Vergangenheit. Einführung in die Körpergeschichte, Tübingen.
Macha, Hildegard (1989): Pädagogisch-anthropologische Theorie des Ich, Bad Heilbrunn.
Macha, Hildegard (1991): Mädchen und Jungenerziehung in der Familie: Aspekte einer Anthropologie der Geschlechter. In: Institut Frau und Gesellschaft (Hrsg.): Frauenforschung, Bielefeld, 15–26.
Macha, Hildegard (2000): Erfolgreiche Frauen. Wie sie wurden, was sie sind, Frankfurt/New York.
Macha, Hildegard (2001): Bildung. In: Wiater, Werner (Hrsg.): Kompetenzerwerb in der Schule von morgen, Donauwörth, 188–206.
Macha, Hildegard (2003): Die Natur des Menschen – Körper und Geschlecht. In: Liebau, Eckart/Peskoller, Helga/Wulf, Christoph (Hrsg.): Natur. Pädagogisch-anthropologische Perspektiven, Weinheim, 180–196.
Maihofer, Andrea (1995): Geschlecht als Existenzweise. Macht, Moral, Recht und Geschlechterdifferenz, Frankfurt/M.

Maurer, Margarete (2002): Sexualdimorphismus, Geschlechtskonstruktionen und Hirnforschung. In: Pasero/Gottburgsen: Wie natürlich ist Geschlecht?, 65–108.

Merleau-Ponty, Maurice (1966): Phänomenologie der Wahrnehmung, München.

Meyer-Drawe, Käte (1987): Leiblichkeit und Sozialität. Phänomenologische Beiträge zu einer pädagogischen Theorie der Inter-Subjektivität, München.

Meyer-Drawe, Käte (1997): Individuum. In: Wulf, Christoph (Hrsg.): Vom Menschen, Weinheim, 698–708.

Öhlschläger, Claudia/Wiens, Birgit (1997): Körper – Gedächtnis – Schrift. Eine Einleitung. In: Dies. (Hrsg.): Körper – Gedächtnis – Schrift. Der Körper als Medium kultureller Erinnerung, Berlin, 9–22.

Oudshoorn, Nelly (2002): ‚Astronauts in the sperm world'. Die Neuverhandlung männlicher Identitäten in Diskursen über Verhütungsmittel für Männer. In: Pasero/Gottburgsen, 109–125.

Pasero, Ursula/Braun, Friederike (1995) (Hrsg.): Konstruktionen von Geschlecht, Pfaffenweiler.

Pasero, Ursula (1999): Wahrnehmung und Herstellung von Geschlecht, Opladen.

Pasero, Ursula/Gottburgsen, Anja (Hrsg.) (2002): Wie natürlich ist Geschlecht? Gender und die Konstruktion von Natur und Technik, Wiesbaden.

Price, Janet/Shildrick, Margrit (Hrsg.) (1999): Feminist Theory and the Body. A Reader, New York.

Plessner, Helmut (1975): Die Stufen des Organischen und der Mensch, Berlin.

Rendtorff, Barbara/Moser, Vera (Hrsg.) (1999): Geschlecht und Geschlechterverhältnisse in der Erziehungswissenschaft, Opladen.

Rittelmeyer, Christian (2002): Pädagogische Anthropologie des Leibes. Biologische Voraussetzungen der Erziehung und Bildung, Weinheim.

Roth, Heinrich (1971): Pädagogische Anthropologie Bd. II., Entwicklung und Erziehung. Grundlagen einer Entwicklungspädagogik, Hannover.

Roth, Gerhard (1995): Das Gehirn und seine Erkenntnis, 2. Auflage, Frankfurt/M.

Scarbath, Horst/Schlottau, Heike/Straub, Veronika/Waldmann, Klaus (Hrsg.) (1999): Geschlechter. Zur Kritik und Neubestimmung geschlechterbezogener Sozialisation und Bildung, Opladen.

Schaufler, Birgit (2002): ‚Schöne Frauen – starke Männer'. Zur Konstruktion von Leib, Körper und Geschlecht, Opladen.

Scheler, Max (1947): Die Stellung des Menschen im Kosmos, München (Erstausgabe 1928).

Schmitz, Sigrid/Britta Schinzel (2002): GERDA. A brain research information system for reviewing an deconstructing gender difference. In: Pasero/Gottburgsen, 126–139.

Schröder, Inge (2002): Menopause und Postmenopause aus evolutionärer Perspektive. In: Pasero/Gottburgsen, 140–147.

Schulz, Walter (1980): Philosophie in der veränderten Welt, Pfullingen.

Shorter, Edward (1984): Der weibliche Körper als Schicksal. Zur Sozialgeschichte der Frau, München.

Tillmann, Klaus-Jürgen (1997): Sozialisationstheorien. Eine Einführung in den Zusammenhang von Gesellschaft, Institution und Subjektwerdung, Reinbek b. Hamburg.

Wachter, Nicole (2001): Interferenzen. Zur Relevanz dekonstruktiver Reflexionsansätze für die Gender-Forschung, Wien.

Wulf, Christoph (2003): Auf der Suche nach der Natur. Der Körper als Bezugspunkt der Anthropologie. In: Liebau, Eckart/Peskoller, Helga/Wulf, Christoph (Hrsg.): Natur. Pädagogisch-anthropologische Perspektiven, Weinheim, 205–215.

Wulf, Christoph (Hrsg.) (1997): Vom Menschen. Handbuch Historische Anthropologie, Weinheim.

Elisabeth Tuider

Körpereventualitäten.
Der Körper als kultureller Konstruktionsschauplatz

Vorspiel

Die Liebesgeschichte zwischen dem Cyborg Jod und der Programmiererin Shira ist Inhalt von Marge Piercys Science Fiction Roman „*Er, Sie und Es*" (1993). Im Verlauf dieser Geschichte stellt Shira ihrer Mutter die Frage, ob deren Freundin Nili, ein menschliches Wesen oder eine Maschine, ein *cyborg*, sei und ihre Mutter antwortet darauf: „That's a matter of definition. Where do you draw the line?" Es ist also eine Frage der hegemonialen Definitionsmacht, die menschliche von nichtmenschlichen Wesen, Natur von Kultur, Subjekt von Objekt, das Eigene vom Anderen trennt – und das nicht nur im Roman.

In der Debatte um cyber-Sex, Pornographie im Netz, Internet-Beziehungen und Körperkreationen im Rahmen der neuen Medientechnologie wird einerseits eine Identitätserweiterung und -erprobung thematisiert.[1] Ein „gender crossing" sei, so resümiert die Kommunikationswissenschaftlerin Marie-Luise Angerer (1998: 162), die gängige Spielform in dieser computerisierten Kommunikation. Gleichzeitig mit dieser Diskussion ist aber auch ein verstärktes Aufkommen der Biotechnologie zu verzeichnen. Auf biologischer Ebene eignen sich die Morphologie, die Hormone, das Gehirn und neuerdings die Gene dazu, die Unterschiedlichkeit von ‚weiblichen' und ‚männlichen' Menschen zu erforschen und zu bestätigen. Das Thema Körper ist heute also keineswegs überflüssig oder zweitrangig geworden. Es ist vielmehr eine intensive, fast zwanghafte Durchleuchtung bis in seine kleinsten Bestandteile zu verzeichnen. Und durch die „Genetifizierung des Lebens" (Mauss 2001: 590) werden die als soziales und kulturelles Produkt dekonstruierten Kategorien in den biomedizinischen Diskurs reintegriert.[2] Die Dif-

---

1 In den feministischen und wissenschaftlichen Diskurs wurde die/der Cyborg durch die US-Amerikanische Historikerin Donna Haraway (1995) gebracht. Der Cyborg ist eine Figur, ein Wesen nach dem Geschlecht in einer postgender Welt.
2 Sarah Franklin (vgl. 1993) analysiert, wie Natur zu Biologie und Biologie zu Genetik wurde. Und das ‚Gen' bezeichnet das Leben, welches an die Stelle der Natur tritt. Für Donna Haraway (2001: 604) „hängt die heutige Gentechnologie mit dem klassischen Warenfetischismus zusammen, der den kapitalistischen Marktbeziehungen inne-

ferenzen hinsichtlich ‚Geschlecht', ‚Rasse', ‚Alter', ‚Klasse', ‚Behinderung' werden auch in der Gegenwart physiologisch vermessen und darüber wird soziale Ungleichheit an den Körper gebunden und anhand scheinbar eindeutiger körperlicher Annahmen begründet. Denn der Körper ist nicht nur InformationslieferantIn und Wissensquelle, sondern auch, so die Paderborner Soziologin Hannelore Bublitz, „humanwissenschaftliche Variable wirtschaftlicher, sozialer und politischer Kontexte" (2002: 12).

Was bedeutet es in diesem Zusammenhang von *Körpereventualitäten* zu sprechen? Wenn *even* mit „gleich" übersetzt wird, könnte es Körper *even Dualitäten* heißen, also: Körper sind gleich dual, sind ein Gegensatz, eine entgegengesetzte Zweiheit. Und dies läuft zwangsläufig auf die Feststellung einer biologischen Differenz hinaus: Frauenkörper *oder* Männerkörper, die jeweils eindeutig und ein Leben lang stabil und unveränderbar sind. Die Betonung kann aber auch auf die Körper-*Eventualität* gelegt werden. Diese Lesart impliziert die Frage, ob biologische Differenzen – d.h. die Morphologie, die Hormone und Gene sowie das Gehirn – nur eventuell bei Menschen in vielfältig unterschiedlicher Ausprägung vorhanden sind. Oder drittens das Körper-*Event*, also der Geschlechtskörper als Event, als Ereignis gesehen, erinnert an die These, dass alle Menschen einem normativen Ideal ausgesetzt sind und schauspielend, parodierend, improvisierend und ironisierend einen männlichen oder weiblichen oder mehrgeschlechtlichen Körper darstellen.[3]

Im vorliegenden Ausatz wird vor dem Hintergrund konstruktivistischer und dekonstruktivistisch-*queerer* Überlegungen 1. der Geschlechtskörper als historisch Gewordenes betrachtet, 2. gezeigt, wie sich gesellschaftliche Normen und Diskurse sinnlich fühlbar im Körper materialisieren – und dafür die Konzepte von Judith Butler und Pierre Bourdieu herangezogen und 3. ein *queeres* Körperkonzept skizziert und dessen pädagogischer Einsatz angedacht. Ich vertrete dabei die Thesen, dass (1.) sowohl in der Alltags- als auch in der Wissenschaftsdefinition *gender* (das soziale Geschlecht) auf *sex* (das biologische Geschlecht) zurückgeführt wird, obwohl es eigentlich genau um-

---

wohnt." Der von ihr diagnostizierte Genfetischismus vergesse, „dass Körper Knotenpunkte in Verbindungsnetzen sind, er vergisst den tropischen Charakter aller Wissensansprüche" (ebd.: 607).

3 Die Annahme einer vordiskursiv gegebenen Materie, auf die kulturelle Merkmale im Laufe des Sozialisationsprozesses eingeschrieben werden, wurde durch die Kritik der women of color am weißen, bürgerlichen und westlichen Einheitssubjekt des Feminismus ‚der Frau' sowie die in den letzten zehn Jahren rezipierten linguistischen und philosophischen Analysen – allen voran des Superstars Judith Butler – radikal in Frage gestellt. Zur konstruktivistischen Erforschung vgl. Gildemeister/Wetterer 1992, und zu den dekonstruktivistischen Analysen vgl. Hark, Sabine (1994) oder Derrida, Jaques (1997). Die poststrukturelle Analyse wurde v.a. durch die späten Arbeiten Michel Foucaults (1983; 1976) beeinflusst. Postkoloniale Kritiken gingen z.B. von bell hooks (1990) oder Gaytari Spivak (1988) oder in Deutschland von Encarnacion Rodriguez (1999), Helma Lutz (2001) aus.

gekehrt ist: *sex* ist wie *gender* ein Effekt kultureller Normierungen. (2.) Der Körper ist keine natürliche Tatsache, sondern ein Produkt von verinnerlichten Normen und Diskursen, die auch körperliche Empfindungen und individuelle Wahrnehmungen regulieren. (3.) Der Sexualität, d.h. dem sexuellen Begehren und den sexuellen Praktiken kommt als Einschreibungs- bzw. Verweigerungsmoment in der Konstruktion der Zweigeschlechtlichkeit zentrale Bedeutung zu.

Trotz (oder wegen?) Cyber-Erotik orientiert sich das nach wie vor gültige, alltägliche Deutungs- und Ordnungsmuster der Geschlechter, so paraphrasieren Kessler und McKenna bereits 1978 (Kessler/McKenna 1978: 113), an folgenden Prämissen: *Es gibt nur zwei Geschlechter. Diese sind, waren und werden so sein. Dabei stellen die Genitalien die Indizien des Geschlechts dar: Eine Frau ist ein Mensch mit Vagina, ein Mann ein Mensch mit Penis. Jede Ausnahme davon ist ein Scherz oder eine Pathologie. Es gibt keine geschlechtslosen Fälle und es gibt keinen Wechsel der Geschlechter. Diese geschlechtliche Gegenüberstellung ist natürlich. Und die Teilhabe an einem (und nur einem) der beiden möglichen Kategorien ist natürlich.* In diesem Verständnis *ist* Geschlecht eindeutig, naturhaft und unveränderbar. Selbstverständlich existiert so etwas wie ‚Frauen' und ‚Männer', die eine entsprechende weibliche *oder* männliche Identität ausbilden und das ‚andere' Geschlecht begehren. Und diese kausale Beziehung von Geschlecht und Sexualität ist deswegen ganz normal und natürlich, weil es dem Sinn und Zweck des menschlichen Lebens – der Fortpflanzung – entspricht. Deswegen muss sich mensch auf *eine* der beiden zur Verfügung gestellten Positionen der Asymmetrie beschränken. Und Geschlechter, die nicht dieser kulturellen Norm des ‚entweder – oder' entsprechen, erscheinen als logische Unmöglichkeit. Diese Un-Möglichkeiten sind geschlechtlich und sexuell uneindeutige, lesbische, schwule, bisexuelle, pansenuelle, cross-dressed, transsexuelle, transgendered, trigendered, multisexuelle, polysexuelle, intersexuelle Menschen bzw. Praktiken.[4] Dabei sind Gestik, Mimik, Kleidung und PartnerInnenwahl die Marker mittels derer mensch sich geschlechtlich zu erkennen gibt und zu erkennen geben *muss*. Denn es muss sichtbar gemacht werden, was da zu sein hat: eine Vagina *oder* ein Penis. Ein Blick auf die historische Analyse verdeutlicht aber, dass und wie der zweigeschlechtliche Körper konstruiert, d.h. herstellt und erzeugt wurde und wird.

---

4 Bertram Rotermunds Film „Das verordnete Geschlecht" (2001) dokumentiert die derzeitige Situation in Deutschland von intersexuell geborenen Menschen und deren Bestrebungen um (politische, rechtliche und medizinische) Anerkennung.

1. Historische Herleitung

Noch in der Renaissance wurden die ‚dritten Geschlechter' idyllisiert und vergöttlicht. Der Differenzansatz der Renaissance veränderte sich aber unter dem Einfluss der aufkommenden Humanwissenschaften und der Auflösung göttlicher Begründungszusammenhänge, den neuen gesellschaftlichen und ökonomischen Verhältnissen sowie dem aufkommenden Bürgertum. Die *Unterschiede* der Renaissance wurden zum *Mangel* der Moderne (vgl. Schroeder 1999: 163). Modernes Denken will differenzieren, und die so geschaffenen Kategorien werden einerseits durch die Prozeduren der *Abgrenzung* sowie andererseits durch solche der *Vereindeutigung* hergestellt.

Denn bis zum Ende des 18. Jahrhunderts galt die Frau nach dem ‚Ein-Geschlechter-Modell' als umgedrehter Mann: die Vagina war der Penis, die Gebärmutter war der Hodensack, die Schamlippe war die Vorhaut und die Eierstöcke waren die Hoden – nur in minderer Ausfertigung. Erst mit der Installierung des ‚Zwei-Geschlechter-Modells', an der die medizinische Sezierung, die psychologische und die kirchlich-moralische Thematisierung von Geschlecht und Sexualität wesentlichen Anteil hatten, entstand die grundsätzlich qualitative Unterschiedlichkeit von ‚Frau' und ‚Mann'.[5] Medizin und Pädagogik – zwei *der* normalisierenden Wahrheitsinstanzen – haben die gesellschaftliche und individuelle Wahrnehmung und das Erleben geprägt und an den Körper gekoppelt. Der Körper stilisierte zum ‚Wahr-Zeichen' (Bublitz 2001) und an seinen Teilen wurde und wird die Geschlechtergegensätzlichkeit festgemacht.

Andrea Maihofer (1995: 175) hat ‚Geschlecht' treffend als „eine *historisch spezifische* Denk-, Gefühls- und Körperpraxis bzw. gesellschaftlich-kulturelle Existenzweise" (Herv. E.T.) definiert. Sie hat nicht nur auf die Historizität des Körpers verwiesen, sondern auch dessen Wahrnehmung historisiert. Denn zugleich mit der medizinisch-anatomischen Sezierung bildete sich nicht nur eine neue sprachliche Beschreibung des Körpers heraus (Begriffe wie ‚Vagina', ‚Eierstöcke' sind datierbar), sondern mit dem Erscheinen dieser Begrifflichkeiten im naturwissenschaftlichen Diskurs war das Empfinden und Spüren dieser Körperstellen erst möglich. Wie Wissensproduktion, Machtverhältnisse und Subjektempfinden zusammenwirken, kann mit Rekurs auf die Analysen des historisch arbeitenden Philosophen Michel Foucault erklärt werden. Foucault zeigte, dass mit der Wende zur Moderne der Körper nicht mehr ein Äußerliches blieb, sondern gezwungen wurde, das was äußerlich war, als Inneres zu begreifen, denn die „Vermachtung des Leibes" erstreckte sich bis ins Körperinnere. Er arbeitete die „performative Produktion von Subjektivität" (Wulf/Göhlich/Zirfas 2001: 17) heraus. Die Macht, die er

---

5 Den Wandel vom Ein- zum Zwei-Geschlechter-Modell hat Thomas Laqueur (1992) beschrieben. Zum humanwissenschaftlichen Diskurs in der Medizin, insbesondere in der Gynäkologie, siehe weiter bei: Honegger, Claudia 1990 und 1991.

anhand der modernen Prüfungs- und Geständnispraktiken (in der ärztlichen und therapeutischen Praxis, dem Gefängnis, dem Beichtstuhl) analysierte, wirke als subjektivierende Unterwerfung eines als objektiv betrachteten Individuums: Eine Macht, die nicht repressiv, sondern produktiv und regulatorisch sei.[6]

Im Zuge seiner Straf- und Gefängnisanalysen hat Foucault (1976) gezeigt, dass zum Ende des 18. und mit Beginn des 19. Jahrhunderts der Körper als Hauptzielscheibe der strafenden Repression, das Strafschauspiel, das Spektakel, die Inszenierung des Leidens und die öffentliche Abbitte verschwinden. Die ‚peinlichen Strafen' werden ersetzt durch Praktiken, die nicht mehr direkt an den Körper rühren, nämlich durch Zwangsarbeit und Einsperren. Und darin ist der Körper nur noch der Vermittler bzw. das Instrument, dem Individuum seine Freiheit zu rauben. Da nun nicht mehr das Verbrechen, sondern die Seele des Verbrechers vor Gericht steht, spricht Foucault von einem ‚körperlosen Strafsystem'.[7] Mit dem Verschwinden des Körpers geht das Auftauchen der Sexualität als eine „historisch besondere Erfahrung" einher, deren Erscheinen Foucault in Zusammenhang mit dem aufkommenden Bürgertum und seinen spezifischen Problematisierungen der ‚hysterischen Frau', des ‚masturbierenden Kindes', des ‚Perversen' und des ‚zeugenden Paares' sieht. Die drei Achsen bzw. bestimmenden Faktoren dieser Erfahrung seien „die Formierung der Wissen, die sich auf sie beziehen; die Machtsysteme, die ihre Ausübung regeln; und die Formen, in denen sich die Individuen als Subjekte dieser Sexualität (an)erkennen können und müssen."[8]

---

6 Macht bringt Wissen gleichsam hervor, beide durchdringen einander, da „es keine Machtbeziehungen gibt, ohne daß sich ein entsprechenden Wissensfeld konstituiert, und kein Wissen, das nicht gleichzeitig Machtbeziehungen voraussetzt und konstituiert" (Foucault 1976: 39). Insofern kann es kein Erkenntnissubjekt geben, das im Feld dieser Macht/Wissen-Beziehungen frei und autonom ist, denn das erkennende Subjekt, das zu erkennende Objekt und die jeweiligen Erkenntnisweisen sind Effekte der Macht/Wissen-Komplexe und ihrer historischen Transformationen (ebd.). „Es kann also ein ‚Wissen' vom Körper geben, das nicht der Wissenschaft von seinen Funktionen identisch ist, sowie eine Meisterung seiner Kräfte, die mehr ist als die Fähigkeit zu ihrer Besiegung: Dieses Wissen und diese Meisterung stellen die politischen Ökonomien des Körpers dar." (1976: 37)

7 Die Strafe orientiert sich nicht mehr nur an der Tat, sondern sie richtet sich auf das, was das Individuum ist, sein wird oder sein kann (vgl. Foucault 1976: 28). Denn nunmehr kommt es zur „abschätzenden, diagnostischen, prognostischen, normativen Beurteilung des kriminellen Individuums" (ebd.: 29).

8 Damit korrespondieren drei Arten des theoretischen Zugriffs: die Archäologie des Wissens, die Genealogie der Sexualität, die Ethik der Subjektivität. Archäologie, Genealogie und Ethik sind nach Foucault historische Disziplinen, die er unter den Begriff „Problematisierung" zusammenfasst. Dabei gehe es ihm nicht darum, „die Verhaltensweisen zu analysieren und nicht die Ideen, nicht die Gesellschaften und nicht ihre ‚Ideologien', sondern die Problematisierungen, in denen das Sein sich gibt als eines, das gedacht werden kann und muß, sowie die Praktiken, von denen aus sie sich bilden" (Foucault 1983).

Hannelore Bublitz geht über Foucaults Beschreibung des „Sexualitätsdispositivs" hinaus und stellt die These von der Existenz eines „Geschlechterdispositivs" auf, indem sie erklärt, dass Geschlecht „als Effekt eines Geschlechtswissens" hervorgebracht wird (vgl. 2001).[9]

Beispielhaft für die Herstellung des Körpers im Komplex von Macht und Wissen sind auch die diskursiven Anregungen, die von der psychoanalytischen Tätigkeit Sigmund Freuds ausgingen. Noch vor 150 Jahren hat der Arzt Georg Ludwig Kobelt (1844) die Klitoris analog zur Penisspitze als „Clitoriseichel" beschrieben. Sie war zwar *der* Ort der Lust bei der Frau, sie war aber nicht so leicht für den reproduktiven heterosexuellen Geschlechtsverkehr zu gebrauchen und stand somit dem kulturell notwendigen Ort – der Vagina – entgegen (vgl. Laqueur 1992). Freud hat in einem genialen Streich die Klitoris als infantile Zone abgetan und die Notwendigkeit zur Verlagerung der Orgasmen der erwachsenen Frau in die Vagina betont (und diese Verlagerung sollte über die Unterdrückung der Sexualität in der Pubertät geschehen) und damit den vaginalen Orgasmus geschaffen. Nur über die Verleugnung eines lange zurück reichenden ‚Wissens' über die Reizbarkeit der Klitoris konnte Freud zur Diskursivierung eines neuen Wahrnehmens und Lust-Empfindens beitragen. Damit hat er nicht nur eine neue Körperstelle ‚kreiert', die Frauen und Männer heute noch veranlasst den ominösen ‚G-Punkt' zu suchen und zu finden. Er hat mit seiner Theorie auch den modernen Diskurs des heterosexuellen Begehrens unter dem Aspekt der Fortpflanzung gestärkt.

Was als ‚Natur' konstruiert wurde – z.B. der zweigeschlechtliche Körper oder der vaginale Orgasmus – ist das Ergebnis von geschichtlichen Prozessen, Auseinandersetzungen und Kämpfen. In der Moderne gelangte der Körper zum Stützpunkt gesellschaftlicher Ermächtigungs- und Disziplinierungsprozesse. Er wurde zur Hülle einer in ihm verborgenen Wahrheit. Ebenso wurde er zum Gegenstand der Kartographie, eingeteilt in „signifikante Körperstellen" und „Leibinseln"[10], d.h. in Funktionssysteme und ihre Zonen. Mittels der Strategien der Naturalisierung und Klassifizierung, Hierarchisierung und Normalisierung von Körpern formten sich in der Moderne die zwei zentralen Dualitäten heraus: Zum einen die Dualität männlich/weiblich und zum anderen die Dualität Heterosexualität/Homosexualität, die dem abendländischen Mythos der Gegensätzlichkeiten von aktiv/passiv, eigen/fremd, innen/außen entsprachen. Weitere Formen der Geschlechtlichkeit wurden dabei zwangsläufig eingeebnet.

---

9 Mit Bezug auf Foucault hat Andrea Bührmann die Normalisierung der Geschlechter (1998) und Hannelore Bublitz die Archäologie der Geschlechterdifferenz (1998) ausgeführt.

10 Auch operative Eingriffe zielen auf diese als signifikant deklarierten Körperteile – auf Penis, Vagina und Busen – ab. Gesa Lindemann hat für diese Körperstellen den Begriff der „Leibinseln" geprägt und sie als „affektive Verinnerlichung von Körperformen" (Villa 2000: 194) beschrieben. Siehe weiter: Lindemann, Gesa 1993.

Mit den hier angeführten historischen Analysen konnte gezeigt werden, dass Körper dem hegemonialen, d.h. kulturell vorherrschenden Modell entsprechen, das sich in historischen Auseinandersetzungen herausbildet hat.[11] Die historische und kulturelle Bedingtheit der prinzipiell veränderbaren Konstruktion ‚individueller Geschlechtskörper' wird sowohl im alltäglichen Empfinden als auch im wissenschaftlichen Erforschen ignoriert und statt dessen ein ahistorisches und universell gültiges Körperschema installiert. Denn über das Zusammenspiel von Wissensproduktion, Subjektivierung und Diskursivierung wurde der Körper als biologisch Gegebenes festgelegt und die Geschlechterdifferenz seit rund zweihundert Jahren über das Tun, Sprechen, Spüren und ‚Wissen' als natürlich konstruiert. Wie dies geschieht, möchte ich mit der US-amerikanischen Philosophin und Linguistin Judith Butler und ihrem Konzept der Performativität sowie mit dem soziologischen Habituskonzept Pierre Bourdieus theoretisch einholen.

2. Der ins Leben gerufene Körper – Performativität

Vorweg: In den dekonstruktivistischen Analysen Butlers wird nicht die körperliche Existenz geleugnet, noch schreibt sie der willentlichen Konstruktion oder der theatralischen Darstellung (*Performance*) umfassende Wirkung zu – das sind nur die größten Fehlinterpretationen der Butler'schen Theorie. Materialität löst sich bei Butler nicht auf, sie bleibt von Bedeutung, aber sie wird als „vollständig erfüllt (...) mit abgelagerten Diskursen" (1995: 53) erklärt. Die Materialität von Körpern sei die „produktive Wirkung von Macht" (1995: 22) sowie Ort des Vollzugs von Macht, durch die das Subjekt sein Dasein erlangt.[12]

Für Butler formt sich das sexuelle und vergeschlechtlichte Subjekt im Rahmen gesellschaftlicher Diskurse, Bezeichnungs-, Regulierungs- und Nor-

---

11 Am aktuellen Beispiel der Gendiskussion hat Bärbel Mauss herausgearbeitet, wie biomedizinische Normalität und soziale Norm zusammentreffen, ebenso wie auch der zweigeschlechtliche Imperativ der klinischen und forschenden Praxis eingeschrieben ist: „Bemerkenswert am Phänomen des Genomic Imprinting ist zweifelsohne, dass ihm als neuem Erklärungsansatz am Ende des 20. Jahrhunderts die Kategorie ‚Geschlecht' inhärent ist. Auf der Ebene der DNA wird so die auf dieser Ebene bislang bedeutungslose Kategorie Geschlecht eingeführt" (Mauss 2001: 588). Geschlecht und Heteronormativität seien konzeptionelle Bestandteile des Phänomens: Gene der DNA.

12 Butler streicht in ihrem ersten in Deutschland bekannt gewordenen Buch "Das Unbehagen der Geschlechter" (1991) stärker den Aspekt der Performance, also den der Inszenierung und Aufführung von Geschlecht heraus, der in ihren späterer Arbeit (v.a. in Körper von Gewicht, 1995) zugunsten des normativen Gehalts der Performativität zurücksteht, vgl. dazu die Ausführungen von Anja Tervooren (2001) sowie die Einleitung von Wulf/Göhlich/Zirfas (2001).

mierungsverfahren, denn Körper und Geschlechter sind ebenso wie Subjekte und Begehren die sozialen Effekte dieser Machtpraktiken. Sie sind aber auch eine normative Anweisung an den Menschen, der fortwährend in Kleinstarbeit entsprochen werden muss. Denn obwohl mensch dieses normative Ideal nie erfüllen kann, wird das Subjekt erst durch den ständigen Versuch, diesen Normen zu entsprechen, wahrnehmbar und erkennbar. Diesen Prozess der zwanghaften Wiederholung hat Butler mit dem Begriff der *Performativität* erfasst.[13] Performative Akte sind einerseits Handlungen, die das, was sie benennen, ins Leben rufen, und sie sind andererseits Zitate von „Konventionen und historisch abgelagerten Diskursen, die dem Gesagten entsprechendes Gewicht geben" (Bublitz 2002: 33). Performativität ist also „die Macht des Diskurses, durch ständige Wiederholungen Wirkung zu produzieren" und das Geschlecht somit „das Ergebnis immer wieder performativ inszenierter Prozesse und deren institutioneller Sedimentierung" (Bublitz 2002: 70). In westlichen Gesellschaften werden die miteinander verwobenen, regulierenden Normen einer essentialistischen Zweigeschlechtlichkeit und Heteronormativität sowie des Phallogozentrismus durch ihre Wiederholung materialisiert.

Butler widerspricht damit der Vor-Stellung einer ‚natürlichen' Essenz oder eines ‚Originals' und betont mit dem Verweis auf Michel Foucault, dass der Körper, das Begehren und die Geschlechter Effekte von historischen Macht/Wissens-Formationen und ihren Interpretationen sind. Die Vorstellung eines natürlich gegebenen Geschlechtskörpers und einer ebensolchen Sexualität ist für sie Teil einer „rituellen gesellschaftlichen Inszenierung" (Butler 1991: 206), also einer sozialen Strategie der Verschleierung des performativen Charakters von Geschlecht. Produkt der Performativität ist aber die Illusion eines wahren Wesenskerns (vgl. Butler 2001: 136): „[D]ie Akte, Gesten und Inszenierungen erzeugen den Effekt eines inneren Kerns oder einer inneren Substanz; doch erzeugen sie ihn *auf der Oberfläche* des Körpers" (1991: 200). Die so zum Ausdruck gebrachten Geschlechter sind „vielmehr durch leibliche Zeichen und andere diskursive Mittel hergestellt und aufrechterhaltene Fabrikationen/Erfindungen ..." (ebd.). Die Fiktion, dass Frauen und Männer ‚von Natur aus' existieren, ist eine nachträgliche Wirkung der erzwungenen Konventionen. Ferner sei Geschlechtsidentität aber auch nicht „eine Performanz, die zu vollziehen sich ein vorher bestehendes Subjekt erwählt, sondern sie ist performativ in dem Sinne, daß sie das Subjekt, das sie zu verwirklichen scheint, als ihren eigenen Effekt erst konstituiert" (Butler 1996: 30). Die Performanz ist performativ. Dabei ist nicht nur *gender* – das soziale Geschlecht – ein performativer Effekt, sondern auch *sex* ist nur die

---

13 „Die meisten performativen Äußerungen sind zum Beispiel Erklärungen, die mit der Äußerung auch eine bestimmte Handlung vollziehen und eine bindende Macht ausüben" (Butler 1995: 297). Dazu zählen juristische Urteile ebenso wie Taufen, Einführungsriten, Eigentumserklärungen, Ausdrücke des Wünschens und Ausrufe wie z.B. „Es ist ein Mädchen!".

vermeintlich biologische Grundlage von *gender*. Das heißt, *gender* und *sex* (das ‚soziale' und das ‚biologische' Geschlecht) sowie Sexualität gehen Kultur nicht voraus, sondern sind gleichursprünglich mit ihr. Und erst die Wiederholung der Norm ‚biologischer (Geschlechts)Körper' produziert das, worauf sich die Norm scheinbar bezieht: die Materialität, ihre Grenzen und Oberflächen. Körper und Geschlechter stellen sich damit als Produkte einer permanenten Materialisierung heraus.

Diese Verkörperlichung erfolgt aber nicht im idealisierten Raum, sondern unter Zwang und im Kontext von Machtverhältnissen. Macht wirkt dabei nicht nur zwischen Unterschiedlichem, sondern vielmehr in der Herstellung und Verfestigung des Unterschiedlichen. Die herausragende Bedeutung des einen eindeutigen Körpers führt Butler auf die „Matrix mit Ausschlusscharakter" zurück. Durch diese werden Subjekte gebildet und zugleich ein „Bereich verworfener Wesen" hervorgebracht, die „noch nicht Subjekte sind, sondern das konstitutive Außen zum Bereich des Subjekts abgeben" (1995: 23). Das Andere ist das immer schon verworfene Andere, das die Norm für ihren Geltungsanspruch braucht. Die so gezogenen Grenzen und die Zurückweisung der dadurch gebildeten entlegitimierten Körper stellen die Bedingungen derjenigen dar, „die sich mit der Materialisierung der Norm als Körper qualifizieren, die ins Gewicht fallen" (1995: 40). Denn die Macht der Diskurse funktioniert durch die Bildung brauchbarer und unbrauchbarer Subjekte (sog. *abjekte*). Körper, Identitäten, Begehren, die den gängigen Normen widersprechen, werden an den Rand der gesellschaftlichen Ordnung verwiesen. So wurde und wird das ‚Unnatürliche', das ‚sittlich Verwerfliche', das medizinisch Sezierte und das ‚Perverse' geschaffen.[14] Und die über diese Ausgrenzung hergestellte Normalität wird zur Natur erklärt.

Auf die Frage „Warum richten sich Normen, die das Sprechen beherrschen, im Körper ein?" (Butler, 1998: 201) ließe sich antworten: Durch das echogleiche Zitieren in der Sprache werden die *Bedeutungen* der Wörter erzeugt. Folgt mensch Butler, dann verfügt Sprache über realitätsgenerierende (performative) Macht. Es handelt sich um eine konstitutive und produktive Macht der Rede, denn Sprechen schafft dasjenige Phänomen, das darin scheinbar nur beschrieben wird. Die Äußerung *ist*, was sie sagt. Dazu Butler: „Das Benennen setzt zugleich die Grenze ein und wiederholt einschärfend eine Norm" (1995: 29). Diskurse haben sinnliche Effekte, sie bewirken, dass Normen mit Haut und Haaren wahrgenommen und im Gefühl der Menschen verankert werden.[15] Denn durch die ständige, ritualisierte Wiederholung von Normen, von Ausschlüssen und Verwerfungen werden diese als ‚Körper' materialisiert. Die Wirkung von Sprechakten gründet dabei aber nicht nur auf der zitatförmigen Wiederholung der Konventionen und Normen (also des

---

14 Vgl. dazu auch: Heidel/Micheler/Tuider 2001.
15 Individuen sind nicht die Urheber der Diskurse, der Ursprung der Anrufung liege, so Butler, im Ungewissen.

kulturellen Imperativs), sondern auch auf der Autorität der historisch errungenen, siegreich durchgesetzten Bedeutungen. Hierbei wird aber auch deutlich, dass gewisse Wissensinhalte und Subjektivierungsformen, konkreter die als ‚unzureichend' disqualifizierten Geschlechter, Körper und Sexualität (z.B. Hermaphroditen), im historischen Verlauf verschüttet wurden.[16]

Ziel und Absicht der Anrufung[17] sei es, „ein Subjekt in der Unterwerfung (....) einzusetzen [und] seine gesellschaftlichen Umrisse in Raum und Zeit hervorzubringen" (Butler 1998: 54). Das Subjekt wird durch die Wiederholung der Zensur zum Subjekt, d.h. indem es verwirft, was zensiert ist und indem es sich der hegemonialen Macht unterwirft. Unterwerfung und Subjektkonstitution geschehen zwar gleichzeitig, aber das heißt nicht, dass das Subjekt sich nur als Resultat der Verwerfungen und Verinnerlichung von Macht konstituiert, sondern es auch immer in einem „Komplizentum mit der Macht" (Butler 1995: 38) verstrickt ist.[18] Zudem wird die Anrufung von Butler als mehrdeutiger Akt aufgefasst, denn zum einen bedarf sie der Annahme durch das Subjekt wie aber zum anderen auch ganz andere Effekte als die beabsichtigten aus ihr resultieren können. Die Anrufung „erschafft mehr, als sie jemals zu schaffen vermeinte, da sie über jeden beabsichtigten Referenten hinausgehend signifiziert" (Butler 1995: 166). Dazu resümiert Tervooren (2001: 165): „[Die] Ambivalenz ist der Wirkungsweise der performativen Äußerung damit inhärent".

Zusammenfassend heißt das: Körper werden durch die Wiederholung von Normen, von Ausschlüssen und Verwerfung materialisiert. Die Realität entpuppt sich als Fiktion, die Naturhaftigkeit als diskursiver Effekt und Geschlecht als fortwährende Re-Inszenierung. Kulturelle Normen haben materialisierende und naturalisierende Wirkungen. Der Körper entsteht durch die Norm, er *ist* die Norm bzw. ein Normeffekt, er geht ihr nicht voraus. Butler hebt damit die Trennung von *sex* und *gender* auf und führt *sex* in *gender* zurück. Der Körper selbst ist für Butler ein Stück Gesellschaft, das sich im Körper manifestiert und zugleich als Natur erscheint. D.h. Materie entsteht als Ablagerung kultureller Normen: „Durch die performative Wiederholung von Normen entsteht eine Körpermorphologie, entstehen Körperumrisse und -bilder sowie eine Körperwahrnehmung" (Bublitz 2002: 40). Der Körper ist

---

16 Die Unsichtbarmachung von Hermaphroditen hat Foucault selbst am Fall der Herculine Barbin dokumentiert (vgl. Foucault 1998). Das Skandalon einer vermeintlichen Grenzüberschreitung in der Transsexualität beleuchtet Annette Runte (1998), um damit „das Auftauchen der transsexuellen Abweichung als einer in ihrer Strukturlogik auch psychoanalytisch beschreibbaren Subjektposition im kulturgeschichtlichen Kontext des geschlechtlichen Paradigmenwechsels der Moderne" zu verdeutlichen.

17 „Anrufung" geht auf die Sprechakttheorie von John Austin (1975) zurück. Vgl. dazu auch Althusser (1973).

18 Butler hebt hervor, dass die Macht auf ihre stetige Wiederholung durch das Subjekt angewiesen ist, da sie erst durch den Einzelfall erzeugt wird, der sie ganz konkret verkörpert.

also das Produkt von abgelagerten Diskursen, die wiederum seine historisch und kulturell spezifischen Entstehens- und Erscheinensbedingungen sind. Die drei Dimensionen der Leiblichkeit – *sex*, *gender identity* und *gender performance* – wirken zusammen und erscheinen als kontingent, und aus dieser Kontingenz wiederum resultiert der Naturalsierungseffekt, d.h. der Glaube an die natürliche Notwendigkeit der Kontingenz. Aber gerade weil dasjenige fortwährend verworfen werden muss, was ihre Kohärenz bedroht, ergibt sich der Wiederholungszwang (vgl. Butler 1996). Und die Wiederholung erzeugt die Identität, den Körper niemals voll und ganz, sie muss immer wieder hergestellt werden, da sie in jeder „Pause" in Gefahr ist, abgeschafft zu werden (ebd.: 31). Damit wird die Subjektkonstitution, die Materialisierung zu einem fortwährenden Prozess mit offenem Ausgang – und damit offen für Verschiebungen, Ambivalenzen und Durch*queer*ungen, denn in der Wiederholung liegt schon ihre Variation. Körper sind nie absolut zu setzen, sondern immer eine sich wiederholende und sich ständig verschiebende Präsentation. Das widerständige Potenzial liegt genau in der nie ganz vollendeten, nie ganz erfüllten Norm, mit der die Materialisierung erzwungen wird (vgl. Butler 1995: 21).[19]

In ihrer Theorie würde Butler aber Gefahr laufen, so die Kritik der Berliner Soziologin Claudia Rademacher, die gesellschaftlichen Voraussetzungen und deren soziale Wirkungen nicht in den Blick zu nehmen und somit zur „Kulturalisierung des Sozialen" (2001: 48) zu verführen.[20] Statt dessen hebt Rademacher mit Bourdieu hervor, dass nur das Gesprochene einer anerkannten Autorität (z.B. einer ÄrztIn, PriesterIn, Hebamme, LehrerIn, PolitikerIn) zur ‚Realität' werden kann. Die für Bourdieu zentrale Frage ist: Wer kann wann und wo legitimerweise etwas sagen?

3. Der kulturelle Geschlechtshabitus

Für den französischen Soziologen Pierre Bourdieu wird symbolische Macht und soziale Herrschaft nicht alleine durch die diskursiven Effekte, wie bei

---

19 Der Körper ist nicht nur Sedimentierung der ihn konstituierenden Sprechakte, denn „der Körper geht über das Sprechen hinaus, das er hervorbringt" (Butler 1998: 219). Darin liegt für Butler das Widerstandspotenzial: Der Körper unterhöhlt im konkreten Moment des Sprechens die Intentionalität dessen, was gesagt werden soll, und sagt stets mehr oder etwas anderes, als zu sagen beabsichtigt gewesen wäre (vgl. 1998: 21). Diese Instabilität verdeutlicht, dass die Macht der Norm sich auch gegen sich kehren kann, Widerständigkeit sozusagen machtimmanent ist und nicht außerhalb der Macht liegt. In anderen Kontexten und mit einer anderen Intention kann eine Äußerung etwas ganz anderes bedeuten.

20 Zur Polemik in Rademachers Butler-Bashing vgl. die kritische Notiz von Rolf Löchel, nachzulesen unter http://www.literaturkritik.de (26.6.2002)

Butler, sondern durch die ungleichen Sozialstrukturen konstituiert. Und die symbolische Gewalt selbst ist den sozialen Ungleichheitsverhältnissen der Klassengesellschaft immanent.[21] Lediglich als „Sonderfall" der sozialen Ungleichheit stelle sich die männliche Herrschaft dar (vgl. Bourdieu 1997b).

Bourdieus Habituskonzept bietet einen theoretischen Referenzrahmen an, um die Zirkularität von gesellschaftlich gegebenen Strukturen und den individuellen Verhaltensweisen zu erklären: über den Begriff der Inkorporation. Denn der Habitus ist, wie Bourdieu sagt, „ein System verinnerlichter Muster" und ein „System dauerhafter *Dispositionen*" (1976: 165) im gesellschaftlich hegemonialen Machtfeld. Der Habitus ist durch und durch gesellschaftlich konstituiert, d.h. „Körper gewordene soziale Ordnung" (1982: 740). Die Verinnerlichung (Inkorporation) z.B. der gegebenen Geschlechterordnung (aber auch der Klassenzugehörigkeit) ist eine tiefsitzende, körperlich empfundene und emotionale Verankerung des Individuums in seiner Umwelt. Bourdieu betont dabei den wechselseitigen Vermittlungszusammenhang von sozialer Ordnung und Körper: „Der Leib ist Teil der Sozialwelt – wie die Sozialwelt Teil des Leibes ist" (1985: 69). Deswegen bedeutet, vom Geschlechtshabitus zu sprechen, nicht nur von einem (passiv) *vergeschlechtlichten* sondern immer auch von einem (aktiv) *vergeschlechtlichenden* Habitus zu sprechen. Subjektwerdung ist so gesehen ein zweiseitiger Prozess: Zum einen ist jeder Mensch das Produkt sozialer Verhältnisse und zum anderen ist mensch auch einE aktiveR, Strukturen verarbeitendeR und rekonstruierendeR AkteurIn.

In unterschiedlichen „sozialen Feldern"[22] werden im Laufe der Sozialisation, v.a. durch die impliziten Regeln des familiären Stils, spezifische Dispositionen des Geschmacks erworben und eingeübt, die wiederum spezifische Wahrnehmungs- und Verhaltensweisen generieren.[23] Ergebnis der Sozialisation in einem ähnlichen Umfeld ist also ein ähnlicher Habitus, der nicht nur in ähnlichen Wahrnehmungs- und Bewertungsmustern, Sprachbenutzung und Zeitumgang sondern auch in der Ähnlichkeit der Körperhaltung und -bewegung zum Ausdruck kommt: „Zugehörigkeit und Differenz zu Gruppen von Akteuren [z.B. ‚Frauen', ‚Männer' – E.T.] äußern sich im Tragen der jeweiligen distinktiven Merkmale auf der Ebene der Praxisformen, wie zum Beispiel in Essgewohnheiten, Kleidung und Wohnungseinrichtung, im Ver-

---

21 Für Bourdieu ist in symbolischen Gewaltverhältnissen „eine andere Art von Ökonomie im Spiel, die der Kraft des Symbolischen, die sich, wie durch Magie, jenseits allen physischen Zwangs und – in ihrer scheinbaren Zweckfreiheit – im Widerspruch zu den gewöhnlichen Gesetzen der Ökonomie auswirkt" (1997b: 165). Vgl. dazu auch Bourdieu 1997a: 82–84.
22 Soziale Felder sind praktische Orte sozialer Auseinandersetzungen. Ihr Kennzeichen sind jeweils spezifische, homogene Strukturen (vgl. Bourdieu 1987).
23 Wie Geschmack als praktischer Sinn der Distinktion und damit als Manifestation sozialer Differenzen funktioniert, hat Bourdieu in „Die feinen Unterschiede" (1982) analysiert.

hältnis zur Kunst, zum Sport, zur Arbeit, in den Sprachpraktiken, Gefühlsäußerungen und Körperhaltungen" (Audehm 2001: 106). Die körperlichen Praxen stellen einen Teil des Zusammenhangs der „sozialen Klassen"[24] (Bourdieu 1982), der „szenespezifischen somatischen Kultur" bzw. der „körperlichen Vergemeinschaftung" (Schmidt 2002a) dar. Und das „was der Leib gelernt hat, das besitzt man nicht, wie ein wiederbetrachtbares Wissen, sondern das ist man" (Bourdieu 1987: 135).

Die mimetischen, körperlichen aber unbewussten Lern- bzw. Trainingsprozesse vollziehen sich permanent, d.h. in jeder Situation – zu Hause, in der Freizeit, an der Universität, in der Schule oder Arbeit.[25] Diese Einübung ist eine stumme Weitergabe von kulturellen Einverständnissen, die in Form von Spielen, Rätseln und Ritualen abläuft. Rituale markieren dabei eine soziale Grenze, die der Willkürlichkeit entzogen und stattdessen als natürlich und legitim erscheint und von den Ein- sowie von den Ausgeschlossenen anerkannt wird.[26] Das Tragen von Titeln, Orden und Uniformen, aber auch die inkorporierten Signale der ‚Manieren', d.h. der Art und Weise, sich zu geben (Haltung, Auftreten) und zu sprechen, rufen alle zur Ordnung und erinnern „jeden, der es – der sich – etwa vergessen könnte, an den Platz (...), auf den er durch Instituierung verwiesen ist" (Bourdieu 1990: 90). Die *illusio* besteht gerade darin, an die Ernsthaftigkeit und Sinnhaftigkeit des ‚Spiels' zu glauben.

Anhand von Einsetzungsriten verdeutlicht Bourdieu die Anerkennung der Autorität und die damit verbundene Macht bzw. performative Kraft des Sprechenden, „(jemandem) zu sagen, was (er) ist *und* was (er) sein soll" (Audehm 2001: 102). Aber erst der Glaube an die Macht der Sprache führt für Bourdieu zur Möglichkeit des autorisierten Sprechens.[27] Und nur die geglückte performative Aussage verleiht dem Ausgesprochenen seine Existenz. Das Gelingen einer Aussage ist davon abhängig – was Butler tendenziell vernachlässigt – ob die *Autorität des Sprechenden* und *sein Diskurs* (bzw. seine repräsentierte soziale Gruppe und deren symbolisches Kapital) anerkannt wird. Aus diesem Grund wird in den Einsetzungsriten eine faktische zur legi-

---

24 Klasse ist definiert durch die typischen Lebensstile und Dispositionen und durch die typischen objektiv-materiellen Merkmale, deren wichtigstes Klassifikationsmerkmal wiederum das akkumulierte Kapital, d.h. der Umfang an ökonomischem, kulturellem und sozialem Kapital, das Verhältnis der Kapitalsorten untereinander und deren zeitliche Entwicklung ist (vgl. Bourdieu 1982; Schwingel 2000; Audehm 2001).
25 Bourdieu spricht in diesem Zusammenhang – auf deutsch – von „Bildungsarbeit".
26 Der wesentliche Aspekt liegt für Bourdieu an der Grenzziehung zwischen denen, die diesen rituellen Übergang durchlaufen dürfen und denen, die von diesem Ritual vollständig ausgeschlossen sind.
27 Der Sinn und die Bedeutung von Sprache ist für Bourdieu unausweichlich mit der sozialen Sprechsituation verbunden. Sprache strukturiere die Wahrnehmung der sozialen Welt, deswegen sei es der Anspruch eines jeden Akteurs/einer jeden Akteurin, benennend die Welt zu gestalten (vgl. 1990).

timen institutionellen Differenz.[28] Denn „die symbolische Macht der Einsetzungsriten besteht darin, die Vorstellung von der Wirklichkeit und über sie direkt die Wirklichkeit zu beeinflussen" (Audehm 2001: 116f.). „Die geschlechtsspezifischen Riten sanktionieren also den Unterschied zwischen den Geschlechtern: Sie erklären ihn zur legitimen Differenz, zur Institution, was eine rein faktische Differenz ist."[29] Die Inkorporierung der rituell verordneten Zuschreibungen führt zu einem „Wissen um die Grenzen", das die Ein- und Ausgeschlossenen dazu bringt, „an ihrem Platz zu bleiben" und „zu sein, was sie sein sollen" (Bourdieu 1990: 90). Die Bedingung seiner Wirkung ist der kollektive Glaube an die Vollmacht des Rituals. Die ‚Magie der Wörter' aktualisiert dabei lediglich die Dispositionen, die vorher schon gegeben waren.

Auf diesem Weg werden objektive Strukturen als ein generatives Schema einverleibt und darüber sowohl die Angepasstheit des Habitus an die Strukturen als auch die Verwurzelung der Strukturen in den Erfahrungen des Leibes (Bourdieu 1987: 132) garantiert. Die gesellschaftlichen Spielregeln werden durch ihre Verkörperlichung zur Natur, wie Bourdieu sagt zur herrschenden *doxa*. Diese Verinnerlichung (Inkorporation) ist eine tiefsitzende, körperlich empfundene und emotionale Verankerung des Individuums in seiner Umwelt: „Alle sozialen Gruppen vertrauen ihr kostbarstes Vermächtnis dem Körper an, der wie ein Gedächtnis behandelt wird" (1990: 89). Der Körper ist der stete Ort und der vor Reflexion geschützte Speicher einer verkörperten, jederzeit aktualisierbaren Geschichte: „Der Körper garantiert als ein Speicher mit spezifischen Qualitäten die Evidenz, Unkritisierbarkeit und Veränderungsresistenz des in ihm Abgelagerten" (Schmidt 2002a). Die Besonderheit des Körpers liege in seiner Unmittelbarkeit, denn mensch besitzt den Körper nicht, sondern *ist* der Körper.

Mit der Theorie des Habitus ist also eine Theorie des Körperwissens gemeint. Der Körper ist Träger des sozialen Sinns, denn die Frage „Was schickt sich und was schickt sich nicht?" muss gar nicht erst gestellt werden, da das körperlich präsente *Wissen* mit praktischem Alltagsverstand ausgestattet mit automatischer Sicherheit funktioniert. Die einverleibten Strukturen äußern sich zwar als praktischer Sinn für die Einsätze und Strategien in einem Feld, sie sind aber keineswegs als deterministisch zu interpretieren. Bourdieu erklärt zwar mit dem Habitus die Trägheit und Resistenz von Verhaltensmustern, er betont aber auch ausdrücklich, dass es sich um die wahrscheinliche Erfüllung bzw. das Eintreten eines unbewussten Grundmusters im Sinne einer Prognose handelt, das aber einen widersprüchlichen und kreativen Hand-

---

28 „Akte sozialer Magie" (1990: 91) sind für Bourdieu: Heirat, Beschneidung, Verleihung von Graden oder Titeln, Ernennung zu Posten, Ämtern, Ehren, Aufdrücken von Stempeln, Leisten von Unterschriften.
29 Bourdieu spricht in diesem Aufsatz (1990: 86) von einem „bereits bestehenden", „biologischen Geschlechtsunterschied", den sich die soziale Magie des Rituals zunutze macht. Damit verfängt er sich in einem eklatanten Widerspruch, da er ja gerade über die Einsetzungsriten die kulturelle Herstellung dieses Unterschiedes verdeutlicht.

Körpereventualitäten

lungsraum offen lässt. Die institutionelle Prägung des Körpers sei durch die kreative Praxis zu verändern.[30] Gerade deswegen können, so Schmidt (2002a & b), Veränderungen nur im nicht zur Sprache gebrachten Tun erfolgen. Denn der Körper ist nicht nur verkörpertes Gedächtnis, sondern auch eine Form praktischer Aktivität.

Als handlungstheoretische, soziale Praxis hat Bourdieu die Klassen- und die Geschlechtszugehörigkeit beschrieben, deren Hintergrund sogenannte „konjunktive Erfahrungsräume" sind. Der Geschlechtshabitus ist das Produkt einer sozialisatorischen „Benennungs- und Einprägungsarbeit", in der die soziale Ungleichheit des Geschlechterverhältnisses und die symbolische Gewalt reproduziert wird. Die geheime Ratio der Geschlechterungleichheit liege, so Rademacher (2002: 147), nicht in der mikrosozialen Benennungspraxis, sondern in den sozialen Ungleichheitsverhältnissen der Klassengesellschaft und ihrer symbolischen Gewalt. In Hirn und Körper eingraviert, mit Haut und Haaren wahrgenommen, erscheinen die geschlechtlichen Klassifikationen als Natur, obwohl sie doch eigentlich Teil der „Ökonomie der symbolischen Güter" (vgl. Bourdieu 2000) sind.

Der Geschlechtshabitus funktioniert deswegen als Automatismus und als Beharrung, weil „[d]er praktische Sinn als Natur gewordene, in motorische Schemata und automatische Körperreaktionen verwandelte gesellschaftliche Notwendigkeit" (Bourdieu 1987: 127) vor jeder Reflexion oder dem bewussten Zugriff steht bzw. widersteht er diesen. Geschlecht ist deswegen real, weil es kulturell gemacht *und* als individuell affektive Wirklichkeit empfunden wird. D.h. ‚Frauen' und ‚Männer' sind nicht das Ergebnis von gesteuertem Handeln, sondern vielmehr Ergebnis eines hegemonialen Musters, das unbewusst und auch entgegen dem individuellen Wollen oder dem (feministisch inspirierten) Veränderungswillen das alltägliche Denken und Agieren bestimmt. Habituelle Dispositionen sind, so bestätigt auch die Studie des Männerforschers Michael Meuser (1998), dem Bewusstsein entzogen.[31] ‚Männer' und ‚Frauen' *wissen*, wie sie sich gemäß ihrer Geschlechtszugehörigkeit darzustellen haben, denn „Kultur und Natur [sind] zu einer unauflös-

---

30 Vgl. dazu die sehr interessante empirische Analyse von Robert Schmidt (2002a und genauer ausgearbeitet in Schmidt 2002b), der die Performanz des Habitus, also die Distanzierung von körperlich gespeicherten Dispositionen durch Aufführung und Darstellung, an BesucherInnen des Yaam Club in Berlin untersucht hat: „Der Yaam Club ermöglicht eine Art körperlicher Selbstbildung der Akteure, sie können hier die ihnen jeweils auferlegten Transformationen ihrer Habitus ganz konkret am eigenen Körper bewerkstelligen und versuchen, neue Haltungen zu finden." – Er beschreibt damit eine gemeinsame Körperarbeit an sich selbst.
31 Mit Bezug auf den australischen Männerforscher Robert Connell (vgl. 1999: 78) betont Meuser (1998: 108) die zwei wesentlichen Dimensionen männlicher Machtverhältnisse: Männlichkeit wird zum einen in Differenz zu Frauen und zum anderen in Konkurrenz zum männlichen Geschlecht konstituiert und im alltäglichen Handeln reproduziert.

baren Einheit" (Meuser 1998: 113; Bourdieu 1997b: 167) verbunden. Der Geschlechtsstatus, der eine Strategie der Differenz und eine Position innerhalb der Geschlechterordnung meint, wird in den Körper eingeschrieben, um die Zugehörigkeit zu einer bestimmten Kategorie zu demonstrieren.[32] Der Geschlechtskörper ist dabei „kein neutrales Medium des sozialen Prozesses. Ihre Stofflichkeit ist von Bedeutung" in jeder sozialen Situation wie z.B. der Arbeit, dem Sport und der Sexualität.[33] Hinter einer ‚Natürlichkeit' verschleiert, wirke aber unsichtbar die ‚symbolische Gewalt' des Geschlechts. Diese bedinge die fortlaufende Komplizenschaft von männlichen Herrschern und weiblichen Beherrschten. Getarnt als symbolische Ordnung wird so die bestehende Geschlechterordnung abgesichert, denn Kennzeichen der symbolischen Gewalt sei gerade die Verkennung der Gewalt und die Anerkennung als legitime Macht (vgl. Rademacher 2002: 148; Bourdieu & Wacquant 1996: 204).

Bourdieus Analyse des männlichen Dominanzverhaltens müsse aber, so geben die beiden Bochumer Soziologinnen Ilse Lenz und Susanne Kröhnert-Othman zu bedenken, historisch und kulturübergreifend relativiert werden. Er beschreibe zwar: [a]uf den drei Ebenen der Systematizität, der sozialen Einteilung und der Sozialisation (...) einen Teufelskreis androzentrischer Anschauungen und androzentrischen Handelns" (2002: 163), die komplexen Wechselverhältnisse von Geschlecht, Ethnizität, Klasse, Alter und Sexualität würden damit aber nicht erfasst. Sein Konzept des sozialen Raumes sei aber für Fragen *komplexer sozialer Ungleichheit* anschlussfähig (ebd.: 171f). Auch der Soziologe und Staatskritiker Jens Kastner (2002: 321) plädiert im Anschluss an Bourdieu dafür, „die Kategorie der Ethnie bzw. die Prozesse der Ethnifizierung in die Theorie des Habitus miteinzubeziehen".

Zusammenfassend heißt das: Der vergeschlechtlichte Habitus ist die körperliche Gedächtnisstütze eines hierarchisch angeordneten Geschlechterverhältnisses. Die herrschende Geschlechterordnung wird in die Psyche und den Körper eingraviert und darüber abgesichert. Denn der Habitus ist die einver-

---

32 „Die körperliche Hexis ist die realisierte, einverleibte, zur dauerhaften Disposition, zur stabilen Art und Weise der Körperhaltung, des Redens, Gehens und damit des Fühlens und Denkens gewordenen politischen Mythologie. Der Gegensatz zwischen dem Männlichen und dem Weiblichen realisiert sich darin, wie man sich hält, in der Körperhaltung, im Verhalten, und zwar in Gestalt des Gegensatzes zwischen dem Geraden und dem Krummen (Verbeugung), zwischen Festigkeit, Geradheit, Freimut (ins Gesicht sehen, die Stirn bieten und geradewegs aufs Ziel blicken oder losschlagen) einerseits und Bescheidenheit, Zurückhaltung. Nachgiebigkeit anderseits." (Bourdieu 1987: 129)
33 Auf die Funktion von Sexualität bei der Verkörperung von Normen und Diskursen hat Paula Irene Villa hingewiesen: „Das soziale Körperwissen schiebt sich (...) insbesondere anhand der Sexualität unter die Haut" (2000: 234). In der Sexualität wird das soziale Körperwissen erfahren, weil Sexualität – bisher zumindest – ein intensive körperliche Erfahrung ist.

leibte, Natur gewordene und danach vergessene Geschichte eines Menschen. Zugleich ist er das Produkt einer kollektiven Geschichte, der die subjektiven Programme prägt und darüber als kultivierte Natur funktionieren kann. Der Habitus ist „leibhaft gewordene Geschichte" (Liebau 1987: 61), aber seine gesellschaftliche Notwendigkeit und seine gesellschaftliche Bedingtheit wird negiert. In ihm werden Machtbeziehungen einverleibt und verkörpert, darüber – unbewusst und implizit – die bestehende Ordnung anerkannt und soziale Ungleichheiten ver-natürlicht. Für Pierre Bourdieu ist die Wirkung von Macht immer mit der Autorität und Handlungsmacht der sozialen Akteure verbunden, die sich ihrer bedienen – nur wer über legitime und legitimierte Macht verfügt, kann Sprache zum Handeln bringen. Bourdieu erforscht, im Gegensatz zu Butler, den *sozialen Kontext,* in dem Macht und das Sprechen ihre soziale Wirkung entfalten. Denn es sei nicht nur zu fragen, was die Sprache macht (Butler), sondern auch, wer unter welchen Bedingungen spricht (Bourdieu).[34] Für Bourdieu drücken Menschen mit der Sprache nicht nur Bedeutungen aus, sie handeln mit der Sprache und definieren damit ihre Macht und soziale Position.

Als kritisches Fazit der Butler-Bourdieu Lektüre bleibt die offene Frage, ob widerständiges Sprechen immer im offiziellen Diskurs (wie für Bourdieu) oder auch am Rand des Diskurses entstehen kann (wie für Butler), ob also ein machtvolles Sprechen ein Sprechen aus einer Machtposition (Bourdieu) oder ob es möglich ist „autoritativ zu sprechen, ohne zum Sprechen autorisiert zu sein" (Butler 1998: 222). Am Schluss ihres Buches „Haß spricht" (1998) hat sich Butler eingehend mit Bourdieus Überlegungen auseinandergesetzt. Mit Butler und Bourdieu möchte ich Sprechen als institutionellen, verkörperten Ritus auffassen, aber Bourdieu mit Butler entgegenhalten, dass „bestimmte Formen, ein Sprechen aufzurufen, Akte des Widerstandes sind" (1998: 205). Das eigensinnige und widerständige Potenzial liegt, mit Butler, im Bruch mit dem Kontext, aus der die Äußerung ihre Kraft gewinnt.[35] Dem von Bourdieu ausgearbeiteten eher statischen Charakter gesellschaftlicher Institutionen stellt sie die „Logik der Iteration" (Butler 1998: 208) entgegen, die in der Möglichkeit der Resignifizierung des Rituals liege, das nämlich in einem an-

---

34 „Sprache und Diskurse stellen sich aus soziologischer Sicht auch als Teil der strategischen Ressource ‚sozialen Wissens' (Krecke) bzw. des kulturellen Kapitals (Bourdieu) dar, die ihrerseits im Kontext strukturierter sozialer Ungleichheit stehen." (Villa 2000: 176)

35 Die Kraft der performativen Äußerung liegt für Derrida gerade im Misslingen in (je)der Anwendung (vgl. dazu Derrida, Jaques 1976 und Engelmann, Peter 1997). Butler schließt daran an: „In der Aneignung dieser Normen, die sich gegen deren geschichtlich sedimentierte Wirkungen richtet, liegt das Moment des Widerstands dieser Geschichte, das Zukunft durch den Bruch mit der Vergangenheit begründet" (1998: 225). Es sei die Wiederholung der Sprache, die Veränderung nahezu erzwingt, aber – hier widerspricht sie Derrida – nicht jeder Sprechakt bricht automatisch mit seinem Kontext.

deren Kontext unvorhersehbare, neue Bedeutungen und Funktionen einnehmen kann. Denn eine gewisse performative Kraft könne aus der Wiedergabe konventioneller Formeln in nicht-konventionellen Formen resultieren (*Reiteration*).

Wenn gerade im Sprechen, das ja eine körperliche Handlung ist, ein Überschuss erzeugt wird,[36] dann bleibt auch zu fragen, ob der Körper – und wenn ja, mit welcher Aufgabe und Funktion – als ein ‚autonomes' und widerständiges Potenzial v.a. auf der handlungspraktisch-politischen Ebene fungieren kann.

4. Ein queeres *Körperkonzept*

Die sicher geglaubte Natur des Geschlechtskörpers ist brüchig geworden. Sie hat sich als Effekt von Naturalisierungs- und Somatisierungsprozessen entpuppt. Wie könnte ein Körperkonzept jenseits der hegemonialen Zweigeschlechtlichkeit und jenseits des dualen Sexualitätenkonzepts aussehen? Lassen sich (pädagogische) Konzepte und Methoden entwickeln, die Geschlecht nicht in die Entweder-Oder-Alternative einordnen und Sexualität nicht als erreichte oder verfehlte Heterosexualität festlegen? Wo also liegen Möglichkeiten für „Fehlaneignungen von anrufenden performativen Äußerungen, die im Zentrum jedes Projekts subversiver Territorialisierung und Resignifizierung einer herrschenden gesellschaftlichen Ordnung" (Butler 1998: 217f.) stehen?

Weder ist eine Pädagogik der Vielfalt (vgl. Prengel 1995) noch ein Gender-Mainstreaming (vgl. Sielert 2001) ausreichend, wenn in der Formulierung der Vielfalt auf identitäre Muster und eindeutige Definitionen von Körpergrenzen und -zonen zurückgegriffen werden muss. Denn dann werden interne Ein- und Ausschlüsse wiederholt und mit der Vervielfältigung der Geschlechter lediglich das Minderheitenmodell bestätigt. Eine hierarchische Anordnung der Geschlechter, Körper, Sexualitäten, Nationalitäten, Klassen wird damit nicht ausgeschlossen. Stattdessen bestätigt der zugewiesene Ort für Abweichungen, der Ort des Anderen, die Normalität der Vielfalt.

Für ein *queeres* Körperkonzept ist es sinnvoll, das Konzept der Vielfalt mit der Strategie der Ver-Uneindeutigung zusammenzuführen und in Hinblick auf eine Geschlechterauflösung zu visionieren. Denn so werden zusätzlich zur Vielfalt auch die gesellschaftlichen Praktiken thematisiert, die Kör-

---

36 Butler (1998: 219f.) meint, dass „der Körper rhetorisch über den Sprechakt hinausgeht, den er zugleich ausführt". Der Aspekt des Überschreitens, d.h. „die beständige Inkongruenz des sprechenden Körpers, die Art, wie er über seine Anrufung hinausgeht und in keinem seiner Sprechakte enthalten sein wird" (ebd.: 220), fehle aber in Bourdieus Erklärungen.

per hervorbringen und stabilisieren. Es gilt also, die analytischen Mittel der Konstruktion und die subversiven Mechanismen der Dekonstruktion miteinander zu verbinden. Körper zu dekonstruieren heißt nun nicht, sie zu verneinen oder ihre Unterschiedlichkeit aufzuheben, sondern die rekonstruierten Differenzen zu verschieben. Dekonstruktion ist ein ständiger, kontextabhängiger und prozesshafter Perspektivenwechsel. Sie ist eine Verortung (geographisch, zeitlich und räumlich) und funktioniert damit gleichzeitig als Entortung, da die versprochene Bedeutung eines Begriffes nie eingeholt werden kann und in jeder Anrufung die Verfehlung derselben schon impliziert ist.[37]

Ein *queeres* Körperkonzept setzt auf Unsicherheiten und Verwirrungen, Brüche und Ungereimtheiten. Darüber bietet sich die Chance, vormals starre Modelle zu verwirren, zu durchque(e)ren, UnEindeutigkeiten zu betonen und zu provozieren. Körper werden so als „zum Schreien komische Imitationen ihrer selbst" dechiffriert (Hark 1994: 215). Die Verfehlung der Norm ist in der Norm selbst schon angelegt. Die Wiederholung der Norm kann – im Butler'schen Sinne – als Verschiebung und Widerstand funktionieren: eine inszenierte Performativität. Durch die performative Wiederholung kann auch die subversive Verschiebung des ‚Originals' gelingen und die Parodie, d.h. der Kopie-Charakter der Natürlichkeit, deutlich werden. Der Geschlechts-Körper kann als Variable ohne scharfe Grenzen imaginiert werden, die – theoretisch – vielfältige Variationen eröffnet (aber praktisch noch durch die geschlechtsspezifische Matrix begrenzt ist).

In einem *queeren* Körperkonzept wird der Zusammenhang von physischem und sozialem Geschlecht und dem sexuellen Begehren als kulturelle Konstruktion entlarvt. Ohne die sozialstrukturelle Festlegung der Geschlechter zu ignorieren, wird aber die *prinzipielle Vielzahl* der geschlechtlichen und sexuellen Existenzweisen betont. Deswegen werden in einem *queeren* Körperkonzept geschlechtliche und sexuelle Verortungsmöglichkeiten nicht an einer vorab definierten und erwarteten Materialität festgemacht, sondern auch jene körperlichen Varianten anerkannt, die – da jenseits der Binarität – bisher pathologisiert, marginalisiert und verschüttet wurden. Anstatt auf die Prämissen der Eindeutigkeit und Kohärenz (z.B. von Körpergrenzen, Frage: „Wann ist eine Klitoris keine Klitoris sondern ein Penis?") wird auf die Uneindeutigkeit und Unbestimmbarkeit, auf die Prozesshaftigkeit und Unabgeschlossenheit des Körpers gesetzt. Dazu ist es notwendig, die Erwartungshaltungen, die vorgefasste binäre Codierung des Wissens und Begehrens zu verlassen.

---

37 Nur so konnte es kommen, dass ursprünglich abwertende Begriffe wie queer (in USA und Kanada der 1980er Jahre), ‚schwul' (in Deutschland sei den 1970er Jahren) oder ‚Neger' (in England und USA seit dem Ende der 1970er Jahre) positiv besetzt und darüber umfunktioniert wurden. Besonders beachtlich ist in diesem Zusammenhang, dass die zu Subalternen gemachten zu sprechen gewagt und sich Gehör verschafft haben. Denn, wie G. Spivak ausdrücklich betont, können Subalterne eigentlich nicht sprechen, da es keine Ohren und Augen für ihre ‚Sprache', keine Wahrnehmung ihres Textes gibt.

Mensch kann nun als ‚er', als ‚sie' oder als ‚sier', als ‚Mädchen', als ‚Junge' und als ‚MädchenJunge' angesprochen werden. Dieses Ansprechen ist unabhängig von der ‚körperlichen Genitalausprägung', es orientiert sich statt dessen an der jeweiligen Situation, dem Kontext, dem individuellen Wunsch bzw. der individuellen Präsentation. Der erhaltene Namen wird aufgegriffen und aus seiner Ambivalenz ein „Szenario der Handlungsmacht" gemacht, um das verwundende Wort zum Instrument des Widerstandes zu machen (Butler 1998: 230). Zum einen verwischen so die Grenzen zwischen Körper und Nicht-Körper, Natur und Maschine, und zum anderen wird die ‚Logik' brüchig, die männlich mit aktiv/nehmend/penetrierend gleichsetzt und weiblich mit passiv/empfangend/penetriert werden. Sexualität wäre darin anderes oder mehr als Begehren und die Fixierung auf Genitalität und Fortpflanzung; Sexualität bleibt nicht auf bestimmte ausgeprägte Körperteile bezogen, sondern erfasst alle Körperzonen als sexuell und begehrenswert. Ein Begehren, das sich losgelöst von Penis oder Klitoris/Vagina und jenseits des hetero- oder homosexuellen Rasters entfaltet. In der Sexualität und der Erotik können wechselweise unterschiedliche Positionen besetzt werden. Dabei besteht die Anforderung, herauszufinden und wahrzunehmen, was das Gegenüber jetzt *ist* und mit den wechselnden Situation auch umgehen zu lernen.

In der Pädagogik könnte es darum gehen, verschiedene Körperlichkeiten, verschiedene geschlechtliche und sexuelle Verortungsmöglichkeiten, Beziehungen, Lüste, Begehren und Geschmäcker zu sehen, ohne dass diesen sofort ein neuer Stempel aufgedrückt wird. Anstelle der traditionellen Basisoppositionen Mann-Frau, Hetero-Homo, Identität-Nichtidentität wird auf die Anerkennung und Achtung des geschlechtlichen, mehrgeschlechtlichen oder ungeschlechtlichen Körpers gesetzt. Dies beinhaltet aber nicht die voluntaristische Kreation von neuen, *queeren* Körpern/Geschlechtern oder den Anspruch einer neue Definitionsmacht. Ganz im Gegenteil: Es geht um die (pädagogische) Anerkennung und Unterstützung einer Existenz in der Nicht-Identität, um das Zulassen von Körper-Experimenten und Utopien. Geschlecht und Körper wird dabei als ein immer nur vorübergehendes Provisorium begriffen, in und mit dem mensch zugleich tatsächlich existiert. So wird ein Begehren denkbar, das sich unabhängig von vertrauten Etikettierungen, sexuellen Orientierungen oder gemutmaßten Körperlichkeiten auf Charaktereigenschaften und/oder Handlungen richtet.

Zusammenfassung und Ausblick:

Der Körper ist also ein Ort der sozialen Konstruktion, und seine Konstruktion orientiert sich an historisch und gesellschaftlich spezifischen, normativen Strukturen, die Körpernormen erzeugen, Grenzen festgelegen und geschlechtliche Möglichkeiten überhaupt erst definieren. Aber der Körper ist dabei keine ‚Knetmasse', die von Erfahrungen und Strukturen determiniert wird, er ist vielmehr der Kulminationspunkt zwischen äußeren Einflüssen und innerer Verarbeitung. Er ist zwar ein Territorium, ein Ort, aber auch eine Form der Subjektivität. Denn der Geschlechtskörper wird kulturell gemacht *und* als individuelle Wirklichkeit empfunden. Der Körper ist also das Scharnier zwischen Subjekt und Struktur, und damit bewegt er sich im Spannungsfeld von Zwang und Möglichkeit.

Aber welche Variationsmöglichkeiten der geschlechtlichen Existenz bieten sich an und inwieweit stehen diese in Verbindung mit anderen Normensystemen v.a. der Kultur? Wann werden welche Körper von wem und in welchem Kontext anerkannt, d.h. welche Körper erhalten ‚Gewicht' und welche bleiben in feministischen, gesundheitspolitischen und medialen Diskussionen unsichtbar oder ‚krank'? Tun sich an den je kulturell erzeugten Rändern und Grenzen des geschlechtlichen Seins unterschiedliche Möglichkeiten für Brüche, Widersprüche und Verwirrungen vermeintlicher Eindeutigkeiten auf? Ist das hier vorgestellte *queere* Körperkonzept auch in anderen Kontexten brauchbar oder ergeben sich durch den Einbezug der Variable Kultur auf theoretischer und auf politischer Ebene neue Anregungen?

Da die diskursiven und normativen Wirkmechanismen von Machtverhältnissen keineswegs einheitlich sind, stelle ich die These auf, dass in verschiedenen Ländern unterschiedliche subjektivierende Normierungsstrategien zum Tragen kommen, die sich auf die Verkörperlichung auswirken. Ich stelle also die These auf, dass nicht nur Genderkonstruktionen über kulturelle Diskurse und ihre je spezifischen normativen Ideale konstituiert werden, sondern auch das vermeintlich biologisch-anatomische Geschlecht ein Konstrukt ist, das im Kontext von je kulturspezifischen politischen und gesellschaftlichen Interessen erzeugt und verinnerlicht wird. Um die unterschiedlichen Konstitutionsbedingungen zu erfassen, müssen die Auswirkungen von Geschlechter-, Sexual- und Gesundheitspolitiken auf die individuell unterschiedlichen und kulturell hegemonialen Körperpräsentationen – die sich in der individuellen Biographie ablesen lassen – analysiert werden.

Denn Körper, Geschlechter und Sexualitäten stehen in konstitutiver Verbindung mit anderen Kategorien, z.B. der Variable Kultur:[38] „Körperwahrnehmungen, körperliche Praxen und körperliches Aussehen von Frauen und Männern [haben] etwas mit den Lebensbedingungen zu tun (...), mit der spezifischen Art und Weise, in der gegessen, gearbeitet, gewohnt, gekämpft, geliebt, gespielt und kommuniziert wird"[39]. D.h. es kann thesenhaft behauptet werden, dass kulturell unterschiedliche Körpernormen wirksam sind und kulturell unterschiedlich gezogene Grenzen das Körperwissen regeln sowie

---

38 Encarnación Gutiérrez Rodriguez (1999) hat die Verknüpfung von Geschlecht, Ethnizität und Sexualität deutlicher als Butler analysiert. Eine Analyse, die explizit den Körper fokussiert, ist aber noch ausständig.
39 Knapp, Grudrun-Axeli; Becker-Schmidt, Regina, 2000: 67.

die täglichen Interaktionen leiten und bewirken, dass so gefühlt wird, wie es der ‚Körper' bedeutet. Denn die hegemonialen wissenschaftlichen und gesundheits-, geschlechter- und sexualpolitischen Diskurse regulieren, welches Wissen produziert und damit welche Körper und Körperideale wahrgenommen und anerkannt werden.

Der Körper, so kann also vermutet werden, ist ein relationales Gebilde, das kontextabhängig, in einem bestimmten kulturellem Umfeld und zu einer bestimmten Zeit und je nach Lebensabschnitt der individuellen Biographie hergestellt wird. Der (Geschlechts)Körper wird auf kulturspezifische Art und Weise zu einer historischen und symbolischen Entität und dabei bilden sich auch je spezifische Möglichkeiten des Widerstandes heraus. Der Körper als kultureller Konstruktionsschauplatz wäre aber empirisch noch zu untersuchen.

Literatur

Angerer, Marie-Luise (1998): Das Begehren des cyborg. In: Schmidt, Gunter/Strauß, Bernhard (Hrsg.): Sexualität und Spätmoderne. Über den kulturellen Wandel der Sexualität, Stuttgart.
Althusser, Louis (1976): Ideologische Staatsapparate, Frankfurt/Main.
Audehm, Katrin (2001): Die Macht der Sprache. Performative Magie bei Pierre Bourdieu. In: Wulf, Christoph/Göhlich, Michael/Zirfas, Jörg (Hrsg.): Grundlagen des Performativen. Eine Einführung in die Zusammenhänge von Sprache, Macht und Handeln, Weinheim/München.
Austin, John (1975): Zur Theorie der Sprechakte, Stuttgart.
Bittlingmayer, Uwe H./Eickelpasch, Rolf/Kastner, Jens/Rademacher, Claudia (Hrsg.) (2002): Theorie als Kampf? Zur politischen Soziologie Pierre Bourdieus, Opladen.
Bourdieu, Pierre (1976): Entwurf einer Theorie der Praxis auf ethnologischen Grundlagen der kabylischen Gesellschaft, Frankfurt/Main.
Bourdieu, Pierre (1982): Die feinen Unterschiede. Kritik der gesellschaftlichen Urteilskraft, Frankfurt/Main.
Bourdieu, Pierre (1985): Sozialer Raum und ‚Klassen', Frankfurt/Main.
Bourdieu, Pierre (1987): Sozialer Sinn. Kritik der theoretischen Vernunft, Frankfurt/Main.
Bourdieu, Pierre (1990): Was heißt sprechen? Die Ökonomie des sprachlichen Tausches, Wien.
Bourdieu, Pierre/Wacquant, Loïc (1996): Reflexive Anthropologie, Frankfurt/Main.
Bourdieu, Pierre (1997a): Die verborgenen Mechanismen der Macht. Schriften zu Politik und Kultur 1, Hamburg.
Bourdieu, Pierre (1997b): Die männliche Herrschaft. In: Dölling, Irene/Krais, Beate (Hrsg.): Ein alltägliches Spiel. Geschlechterkonstruktion in der sozialen Praxis, Frankfurt/Main.
Bourdieu, Pierre (2000): Die Herrschaft des Mannes. Zur symbolischen Ökonomie des Geschlechterverhältnisses. In: Rademacher, Claudia/Wiechens, Peter (Hrsg.): Geschlecht – Ethnizität – Klasse. Zur sozialen Konstruktion von Hierarchie und Differenz, Opladen.
Bublitz, Hannelore (1998): Das Geschlecht der Moderne – Zur Genealogie und Archäologie der Geschlechterdifferenz. In: Bublitz, Hannelore (Hrsg.): Das Geschlecht der Moderne, Frankfurt/Main, New York.

Bublitz, Hannelore (2002): Judith Butler zur Einführung, Hamburg.
Bührmann, Andrea Dorothea (1998): Die Normalisierung der Geschlechter in Geschlechterdispositiven. In: Bublitz, Hannelore (Hrsg.): Das Geschlecht der Moderne, Frankfurt/Main, New York.
Butler, Judith (1991): Das Unbehagen der Geschlechter, Frankfurt/Main.
Butler, Judith (1995): Körper von Gewicht. Die diskursiven Grenzen des Geschlechts, Frankfurt/Main.
Butler, Judith (1996): Imitation und Aufsässigkeit der Geschlechtsidentität. In: Hark, Sabine (Hrsg.): Grenzen lesbischer Identitäten, Berlin.
Butler, Judith (1998): Haß spricht. Zur Politik des Performativen, Berlin.
Butler, Judith (2001): Psyche der Macht. Das Subjekt der Unterwerfung, Frankfurt/Main.
Connell, Robert W. (1999): Der gemachte Mann. Konstruktion und Krise von Männlichkeiten, Opladen.
Derrida, Jaques (1976): Signatur als Ereignis. In: Ders.: Randgänge der Philosophie, Frankfurt/Main.
Derrida, Jaques (1997): Die différance. In: Engelmann, Peter: Postmoderne und Dekonstruktion, Stuttgart.
Engelmann, Peter (1997): Postmoderne und Dekonstruktion, Stuttgart.
Franklin, Sarah (1993): „Life itself". Paper delivered at the Center for Cultural Values, Lancaster University.
Foucault, Michel (1979): Überwachen und Strafen. Die Geburt des Gefängnisses, Frankfurt/Main, 3. Aufl.
Foucault, Michel (1983): Der Wille zum Wissen. Sexualität und Wahrheit 1. Frankfurt/Main.
Foucault, Michel (1994): Warum ich Macht untersuche: Die Frage des Subjekts. In: Dreyfus, Hubert L./Rabinow, Paul (Hrsg.): Michel Foucault. Jenseits von Strukturalismus und Hermeneutik, Weinheim, 2. Aufl., 243–250.
Foucault, Michel (1998): Über Hermaphrodismus. Der Fall Barbin, Frankfurt/Main.
Gildemeister, Regine/Wetterer, Angelika (1992): Wie Geschlechter gemacht werden. Die soziale Konstruktion der Zweigeschlechtlichkeit und ihre Reifizierung in der Frauenforschung. In: Knapp, Gudrun-Axeli/Wetterer, Angelika (Hrsg.): TraditionenBrüche. Entwicklungen feministischer Theorie, Freiburg.
Haraway, Donna (1995): Die Neuerfindung der Natur. Primaten, Cyborgs und Frauen, Frankfurt/Main.
Haraway, Donna (2001): Genfetischismus. In: Haug, Frigga/Haug, Wolfgang Fritz (Hrsg.): Das Argument 242, Geburt des Biokapitalismus, Jg. 43, Heft 4/5, Hamburg.
Hark, Sabine (1994): Queer Interventionen. In: Marti, Schneider/Sgier, Wymann (Hrsg.): Querfeldein. Beiträge zur Lesbenforschung, Verein Feministischer Wissenschaft.
Hark, Sabine (Hrsg.) (1996): Grenzen lesbischer Identitäten. Aufsätze, Berlin.
Heidel, Ulf/Micheler, Stefan/Tuider, Elisabeth (2001): Jenseits der Geschlechtergrenzen. Einleitung. In: Dies. (Hrsg.): Jenseits der Geschlechtergrenzen. Sexualitäten, Identitäten und Körper in Perspektiven von Queer Studies, Hamburg.
Honegger, Claudia (1990): Sensibilität und Differenz. In: Gerhard, Ute u.a. (Hrsg.): Differenz und Gleichheit. Menschenrechte haben (k)ein Geschlecht, Frankfurt/Main.
Honegger, Claudia (1991): Die Ordnung der Geschlechter. Die Wissenschaft vom Menschen und das Weib, Frankfurt/Main.
hooks, bell (1990): Yearning. Race, Gender and Cultural Politics, Boston.
Kastner, Jens (2002): ‚Fleischgewordene Höllenmaschine'. Staatlicher Rassismus als neoliberale Politik. In: Bittlingmayer, Uwe H. u.a. (Hrsg.) (2002): Theorie als Kampf? Zur politischen Soziologie Pierre Bourdieus, Opladen.

Kessler, Suzanne J./Mc Kenna, Wendy (1978): Gender. An ethnomethodological approach, New York.
Kreckel, Reinhard (1997): Politische Soziologie der sozialen Ungleichheit, Frankfurt/Main.
Knapp, Grudrun-Axeli/Becker-Schmidt, Regina (2000): Feministische Theorien, Hamburg.
Krönert-Othman, Susanne/Lenz, Ilse (2002): Geschlecht und Ethnizität bei Pierre Bourdieu. Kämpfe um Anerkennung und symbolische Regulation. In: Bittlingmayer, Uwe H. u.a. (Hrsg.): Theorie als Kampf? Zur politischen Soziologie Pierre Bourdieus, Opladen.
Laqueur, Thomas W. (1992): Auf den Leib geschrieben. Die Inszenierung der Geschlechter von der Antike bis Freud, Frankfurt/Main.
Liebau, Eckart (1987): Gesellschaftliches Subjekt und Erziehung. Zur pädagogischen Bedeutung der Sozialisationstheorien von Pierre Bourdieu und Ulrich Oevermann, Weinheim.
Lindemann, Gesa (1993): Das paradoxe Geschlecht. Transsexualität im Spannungsfeld von Körper, Leib, Gefühl, Frankfurt/Main.
Löchel, Rolf (26.6.2002): http://www.literaturkritik.de.
Lutz, Helma/Norbert Wenning (Hrsg.) (2001): Unterschiedlich Verschieden. Differenz in der Erziehungswissenschaft, Opladen.
Maihofer, Andrea (1995): Geschlecht als Existenzweise, Frankfurt/Main.
Mauss, Bärbel (2001): Die kulturelle Bedingtheit genetischer Konzepte. Das Beispiel Genomic Imprinting. In: Haug, Frigga/Haug, Wolfgang Fritz (Hrsg.): Das Argument 242, Geburt des Biokapitalismus, Jg. 43, Heft 4/5, Hamburg.
Meuser, Michael (1998): Geschlecht und Männlichkeit. Soziologische Theorie und kulturelle Deutungsmuster, Opladen.
Piercy, Marge (1993): Er, Sie und Es, Hamburg.
Prengel, Annedore (1995): Pädagogik der Vielfalt, Opladen.
Rademacher, Claudia (2001): Geschlechterrevolution – rein symbolisch? Judith Butlers Bourdieu-Lektüre und ihr Konzept einer ‚subversiven Identitätspolitik' In: Rademacher, Claudia/Wiechens, Peter (Hrsg.): Geschlecht-Ethnizität-Klasse. Zur sozialen Konstruktion von Hierarchie und Differenz, Opladen.
Rademacher, Claudia (2002): Jenseits männlicher Herrschaft. Pierre Bourdieus Konzept der Geschlechterpolitik. In: Bittlingmayer, Uwe/Eickelpasch, Rolf/Kastner, Jens/Rademacher, Claudia (Hrsg.) (2002): Theorie als Kampf? Zur politischen Soziologie Pierre Bourdieus, Opladen.
Rodriguez, Encarnación Gutiérrez (1999): Intellektuelle Migrantinnen – Subjektivität im Zeitalter von Globalisierung. Eine postkoloniale dekonstruktivistische Analyse von Biographien im Spannungsverhältnis von Ethnisierung und Vergeschlechtlichung, Opladen.
Rotermund, Bertram/Tolmein, Oliver (2001): Das verordnete Geschlecht. Deutschland, 62 Minuten, Abbildungszentrum Hamburg.
Runte, Annette (1998): Im Dienste des Geschlechts – Zur Identitätskonstruktion Transsexueller. In: Bublitz, Hannelore (Hrsg.): Das Geschlecht der Moderne, Frankfurt/Main, New York.
Sarasin, Philipp (2001): Reizbare Maschine. Eine Geschichte des Körpers 1765-1914, Frankfurt/Main.
Schroeder, Joachim (1999): Die Schule kennt nur zwei Geschlechter. Zum Umgang mit Minderheiten im Bildungssystem. In: Behm, Britta L. u.a. (Hrsg.): Das Geschlecht der Bildung – Die Bildung der Geschlechter, Opladen.
Schmidt, Robert (2002a): Habitus und Performanz. Empirisch motivierte Fragen an Bourdieus Konzept der Körperlichkeit des Habitus, Unveröffentlichtes Manuskript.

Schmidt, Robert (2002b): Pop – Sport – Kultur. Praxisformen körperlicher Aufführungen, Konstanz.
Schwingel, Markus (2000): Pierre Bourdieu zur Einführung, 3. Auflage, Hamburg.
Sielert, Uwe (2001): Gender Mainstreaming im Kontext einer Sexualpädagogik der Vielfalt. In: Bundeszentrale für gesundheitliche Aufklärung (Hrsg.): Forum Sexualaufklärung und Familienplanung, Frankfurt/Main.
Spivak, Gaytari Ch. (1988): In other words. Essays in Cultural Politics, New York.
Steinrücke, Margareta/Dölling, Irene (1997): Eine sanfte Gewalt. Pierre Bourdieu im Gespräch. In: Dölling, Irene; Krais, Beate (Hrsg.): Ein alltägliches Spiel. Geschlechterkonstruktion in der sozialen Praxis, Frankfurt/Main.
Tervooren, Anja (2001): Körper, Inszenierung und Geschlecht. Judith Butlers Konzept der Performativität. In: Wulf, Christoph/Göhlich, Michael/Zirfas, Jörg (Hrsg.): Grundlagen des Performativen. Eine Einführung in die Zusammenhänge von Sprache, Macht und Handeln, Weinheim/München.
Villa, Paula-Irene (2000): Sexy Bodies. Eine soziologische Reise durch den Geschlechtskörper, Opladen.
Wulf, Christoph/Göhlich, Michael/Zirfas, Jörg (Hrsg.) (2001): Grundlagen des Performativen. Eine Einführung in die Zusammenhänge von Sprache, Macht und Handeln, Weinheim/München.

Elisabeth Naurath

Theologie zwischen Leibfeindlichkeit und Körperboom.
Aspekte christlicher Anthropologie

Es mag zunächst erstaunen, dass in einer interdisziplinären Publikation zum Thema ‚Körperbilder' ein Beitrag zur christlichen Anthropologie erscheint. Und wirklich: Die Theologie tut sich schwer mit dem Thema ‚Körper'. Schon die Begrifflichkeit ist ein Indiz dafür: Theologisch wird vom ‚Leib' und der ‚Leiblichkeit' des Menschen gesprochen, das Stichwort ‚Körper' scheint zu sehr mit den Human- und Sozial-, nicht aber mit den Geisteswissenschaften verknüpft zu sein. Was aber hat die christliche Theologie zum gegenwärtigen Körperdiskurs der Wissenschaften und damit zum Verständnis vom Menschen beizutragen? Im Folgenden möchte ich nicht nur zeigen, dass die „Wiederentdeckung des Leibes"[1] für die Theologie zu einer dringenden Herausforderung geworden ist, sondern auch, warum die theologische Rede von Leib und Leiblichkeit im ‚Körper'-Diskurs wichtige Akzente und weiterführende Impulse setzen kann.

1. Die konstitutive Bedeutung der Leiblichkeit für eine Theologie aus weiblicher Perspektive

Auch wenn die intellektuelle Kopfarbeit den wissenschaftlichen Körperdiskurs[2] bestimmt, hat doch die Wiederentdeckung des Körpers ihren genuinen Ort zunächst in Dimensionen des Wahrnehmens, Erlebens und Fühlens. Besonders Frauen wählen die kreativ-literarische Ausdrucksform der Poesie als Vermittlungsweg zwischen der wahrnehmenden und reflektierenden Ebene:

---

1   Vgl. Pflüger, P.-M. (Hrsg.): Die Wiederentdeckung des Leibes. Fellbach 1981 und Stollberg, D.: Die Wiederentdeckung des Leibes. Literatur zur Seelsorge. In: PTh 71, 1982, 335-345.
2   Vgl. beispielsweise Randow, G. v. (Hrsg.): Wie viel Körper braucht der Mensch? Standpunkte zur Debatte für den Deutschen Studienpreis, Hamburg 2001.

> Und Gott machte eine Frau aus mir,
> mit langem Haar, Augen,
> Nase und Mund einer Frau.
> Mit runden Hügeln
> und Falten
> und weichen Mulden, höhlte mich innen aus
> und machte mich zu einer Menschenwerkstatt.
> Verflocht fein meine Nerven
> und wog sorgsam meine Hormone aus.
> Mischte mein Blut, und goß es mir ein,
> damit es meinen Körper überall bewässere.
> So entstanden die Gedanken,
> die Träume,
> die Instinkte.
> All das schuf er behutsam mit seinen Atemstößen
> und seiner bohrenden Liebe,
> die tausendundein Dinge, die mich täglich zur Frau machen,
> derentwegen ich stolz jeden Morgen aufwache
> und mein Geschlecht segne.[3]

Nach der Relevanz des Körpers für Leben und Glauben zu fragen, ist ein deutlich weibliches Anliegen, wie Seminarangebote der kirchlichen Erwachsenenbildung, die Frauenliturgiebewegung[4] oder auch der Frauenkirchenkalender[5] exemplarisch zeigen. Dahinter steht die lebensgeschichtliche Erfahrung, dass es kein neutrales Menschsein gibt, sondern die soziale Identität von Geburt an körperlich, und das heißt geschlechtsspezifisch bestimmt ist. Gerade für die Geschichte von Frauen wird der weibliche Körper in einem gesellschaftlichen System polarisierender Zweigeschlechtlichkeit zum entscheidenden Kriterium ihrer Identität. So haben feministische Theorien[6] die traditionellen Dualismen und Antagonismen aufgedeckt, die hierarchisierend unser Denken strukturieren, nämlich: *Mann* versus *Frau, Geist* versus *Körper, Seele* versus *Leib, Transzendenz* versus *Immanenz.*

Die semantisch verwandten Begriffe von Weiblichkeit und Leiblichkeit spiegeln ihre geistesgeschichtliche Identifizierung wider: Frau, Natur und

---

3 Belli, G.: Und Gott machte eine Frau aus mir. In: Dies.: In der Farbe des Morgens. Gedichte, Wuppertal 1992, 40.
4 Vgl. beispielsweise Enzner-Probst, B.: Leib Christi und Leib der Frauen – Überlegungen zur ekklesiologischen Relevanz der Corporealität in der rituellen Praxis von Frauen. In: Jahrbuch der Europäischen Gesellschaft für theologische Forschung von Frauen 9, Leuven 2001, 79-102.
5 Vgl. Enzner-Probst, B./Ladner, G./Strack, H. (Hrsg.): Frauenkirchenkalender. Zwickau.
6 Vgl. Vogt, J./Bormann, M. (Hrsg.): Frauen-Körper. Lust und Last, Tübingen 1992; List, E.: Die Präsenz des Anderen. Theorie und Geschlechterpolitik, Frankfurt 1993; Akashe-Böhme, F. (Hrsg.): Von der Auffälligkeit des Leibes, Frankfurt 1995; Butler, J.: Das Unbehagen der Geschlechter, Frankfurt 1991 und dies.: Körper von Gewicht. Die diskursiven Grenzen des Geschlechts, Berlin 1995; Becker, S. u.a. (Hrsg.): Das Geschlecht der Zukunft. Frauenemanzipation und Geschlechtervielfalt, Stuttgart 2000.

Körper gehören eng zusammen und repräsentieren die irdische – bildlich gesprochen – niedere Sphäre, während Mann und Geist Höherem zugeordnet werden.

Die Theologin Henriette Vissert-Hooft machte schon in einem Briefwechsel mit Karl Barth aus den dreißiger Jahren auf die ‚Entleibung' des Mannes und die ‚Enthauptung' der Frau aufmerksam[7], wobei die ‚Enthauptung der Frau' durchaus auch im Zuge der paulinischen Auslegungsgeschichte so zu verstehen sei, dass dem Männlichen nicht nur die kognitive Dimension des Menschseins, sondern auch die dominierende Rolle im Geschlechterverhältnis zuzuschreiben ist. Inzwischen haben die Frauen zunehmend die Möglichkeit, sich gesellschaftlich zu behaupten und ich halte es für keinen Zufall, dass zeitgleich im wissenschaftlichen Diskurs von der Wiederkehr des Körpers und der Wiederentdeckung der Leiblichkeit gesprochen wird.

Auch in der Theologie sind es vor allem Frauen, die eine traditionell von Männern geprägte Wissenschaft als allzu abstrakt, leblos und leiblos kritisieren. Es sind Theologinnen, die sich nicht damit einverstanden erklären, dass Körperthemen konkret immer nur als Problemthemen in der Ethik verhandelt werden und dass der Körper theologisch auf seine moralisch zu bewertende, begrenzende oder gar zu verurteilende Geschlechtlichkeit reduziert wird.

Ein Schwerpunkt feministischer Theologie liegt deshalb darin, Geschöpflichkeit, Leiblichkeit und Geschlechtlichkeit als genuin theologische Themen wiederzuentdecken. Denn es fällt in theologisch-anthropologischen Konzepten auf, dass zwar grundsätzlich die Leib-Seele-Einheit des Menschen konstatiert wird, es jedoch deutlich an differenzierten Klärungsversuchen zur (Be-)Deutung des Leib-Seins und an praxisrelevanten Konkretionen mangelt.[8] Körper und Leib führen im Gegensatz zu Geist und Seele in der Theologie ein Schattendasein, oder wie sollte man sich sonst erklären, daß selbst in zentralen theologischen Lexika die Stichworte ‚Leib' und ‚Körper' deutlich unterrepräsentiert sind.[9]

Es kann nicht sein, dass der Glaube nur als ein abstraktes Für-Wahr-Halten und damit quasi als ein rein seelisches Geschehen, das mit dem Körper nichts mehr zu tun hat, verstanden wird. Vielmehr verlangen die spezifischen Bereiche kirchlichen Handelns nach einer Verlebendigung der Gottes-

---

7 Vissert-Hooft. H.: Unausweichliche Fragen. Aus dem Briefwechsel mit Karl Barth 1934. In: Kaper G. u.a (Hrsg): Eva. wo bist du? Frauen in internationalen Organisationen der Ökumene. Eine Dokumentation, Gelnhausen 1981, 19.

8 Dies habe ich in meiner Dissertation für das Praxisfeld der Klinikseelsorge aufgezeigt, vgl. Naurath, E.: Seelsorge als Leibsorge. Perspektiven einer leiborientierten Krankenhausseelsorge, Praktische Theologie heute 47, Stuttgart 2000.

9 Wie schon angedeutet fehlt das Stichwort ‚Körper' durchgängig, während die Begriffe ‚Leib/Leiblichkeit/Leib und Seele in letzter Zeit – allerdings in recht kurzen Beiträgen – aufgenommen werden. Beispielsweise findet sich in der bis 2001 gültigen Auflage der „Religion in Geschichte und Gegenwart" nur der Artikel ‚Leib und Seele'.

beziehung und nach einer auch leiblich erlebbaren Spiritualität, denn: „Wo etwas leiblos ist, ist es bald leblos. Nur was leibhaft ist, ist auch konkret. Nur was konkret ist, kann die Gesellschaft verändern."[10]

Es ist auffallend, dass in der kirchlichen Erwachsenenbildung zunehmend die Angebote (v.a. bei Frauen) Resonanz finden, die theologische Themen methodisch und/oder inhaltlich an eine Körperorientierung knüpfen. Gerade religiöse und spirituelle Erinnerungen und Erfahrungen sind von der leiblichen Wahrnehmungsebene nicht zu trennen und werden dezidiert als solche gesucht und gefordert. Die Integration von körpertherapeutischen und -technischen Impulsen (wie beispielsweise Atem-, Gestalttherapie, *Focusing*) hat sich hier durchaus als förderlich erwiesen. Schwerwiegend ist dabei allerdings, dass oftmals mit dem Entdecken und Benennen der Leiblichkeit und Geschlechtlichkeit des Glaubens ein Erinnern und Reflektieren der diskriminierenden Körpergeschichte des Christentums einhergeht. Nicht selten werden leib- und sexualfeindliche Verbote und Maßregelungen gerade für ältere, christlich sozialisierte Frauen wieder wach und zeigen deutliche Zusammenhänge einer theologiegeschichtlichen Verdrängung oder Negierung vor allem des weiblichen Körpers, wie es beispielsweise in folgendem Augustinzitat formuliert und wirksam wurde:

> Ob es in einer Ehefrau oder in einer Mutter steckt, es ist immer die Eva, vor der wir uns in jeder Frau hüten müssen.[11]

Dass diese männlich-theologische Deutungsgeschichte für Frauen in ihrer Wirkungsgeschichte oftmals zur Leidensgeschichte wurde, ist hinreichend bekannt und bis heute verifizierbar. Als Herausforderung für Theologie und Kirche sehe ich daher das gegenwärtig auffallende Interesse an körperorientierten Seminaren der kirchlichen Erwachsenenbildung, das (Noch-)Christinnen auf der Suche nach der heilenden Dimension christlichen Glaubens zeigt.

2. Leibfeindliche und frauenfeindliche Züge der christlichen Theologie

Es kann doch nicht sein, wie die brasilianische Theologin Gebara meint, dass die „Heimat der Theologie (...) ein Mensch ohne Körper, Ebenbild eines

---

10 Moltmann-Wendel, Elisabeth: Wenn Gott und Körper sich begegnen. Feministische Perspektiven zur Leiblichkeit, Gütersloh 21991, 17. Vgl. auch dies.: Mein Körper bin ich. Neue Wege zur Leiblichkeit, Gütersloh 1994.
11 Augustin: Epistulae 243, 10 (CSEL LVII, 577). Zitiert nach Leisch-Kiesl, M.: „Es ist immer die Eva, vor der wir uns in jeder Frau hüten müssen". Überlegungen zum Frauenbild von Augustinus. In: Jost, R./Kubera, U. (Hrsg.): Wie Theologen Frauen sehen – von der Macht der Bilder, Freiburg 1993, 22-36.

Gottes ohne Körper"[12] ist. Auch wenn die Beziehung ‚Körper' und ‚Christentum' forschungsgeschichtlich noch nicht aufgearbeitet wurde steht fest, dass sie deutliche Ambivalenzen und Widersprüche aufzeigt. Hierbei ist wichtig zu sehen – und dies soll im folgenden in groben Zügen dargestellt werden – dass das Menschen- und Gottesbild, wie es den biblischen Schriften zugrunde liegt, weder als leibfern noch als leibfeindlich zu charakterisieren ist.[13]

a) Theologische Anthropologie begründet in der dogmatischen Tradition die Bestimmung des Menschen mit der Gottebenbildlichkeit (*imago dei*) nach dem priesterschriftlichen Schöpfungsbericht:

> Und Gott schuf den Menschen nach seinem Bilde, zum Bilde Gottes schuf er ihn; und schuf ihn als Mann und Frau (...) Und Gott sah an alles, was er gemacht hatte, und siehe es war sehr gut. (Gen 1, 27 u. 31)

Das aber impliziert, dass der Mensch auch in seiner Leiblichkeit – und zwar in seiner geschlechtlichen Leiblichkeit als Mann und Frau – Ebenbild eines auch nicht länger abstrakt zu verstehenden Gottes ist. Dem biblischen Denken liegt eine dualistische Interpretation des Menschseins fern: Die Hebräische Bibel (sog. „Altes Testament") geht vom Menschen als einem unteilbaren psychosomatischen Ganzen aus und im Neuen Testament wird – trotz beginnender Einflüsse einer dualistisch-philosophischen Leib-Seele-Trennung – an der unaufgebbaren psychophysischen Einheit des Menschen festgehalten. Obwohl Paulus begrifflich zwischen Leib und Fleisch differenziert, herrscht forschungsgeschichtlich Konsens, dass er kein dichotomes Menschenbild vertritt.[14] Grundsätzlich ist für die biblischen Schriften von einem synthetischen Denken im Gegensatz zum analytischen der abendländischen Geistesgeschichte auszugehen.

b) Das Grunddatum christlichen Glaubens, wie es im Neuen Testament kanonisiert wurde, ist die Menschwerdung Gottes in Jesus Christus: die Inkarnation. Gott wird Mensch, genauer: Gott wird Fleisch. Jesus ist gerade nicht ein über die Erde wandelnder Gott, der einen Schein-Leib anund wieder auszieht, sondern wahrer Mensch und wahrer Gott aus Fleisch und Blut. Wie jeder Mensch von einer Frau geboren. Ein Mensch

---

12 Gebara, I.: Der Körper – neuer Ausgangspunkt für die Theologie. In: Fama 13 (1997), 14.
13 Vgl. auch Nadeau, J.-G.: Einheit oder Dichiotomie von Leib und Seele? Die Ursachen der ambivalenten Haltung des Christentums gegenüber der Leiblichkeit. In: Concilium 38 (2002), H. 2, 160-168.
14 Die paulinische Leibmetapher in 1 Kor. 12 belegt, dass Paulus in seinem Menschenbild an die Hebräische Bibel anknüpft und deckt zugleich dualistische Auslegungstraditionen auf, die sich auf dessen Differenzierung von Leib und Fleisch stützen, wobei mit ‚Fleisch' eher die grundsätzliche Ausrichtung des Menschen an die Maßstäbe der Welt und des Unglaubens gemeint ist (vgl. Röm. 8).

– ein Gott, der es liebt zu essen und zu trinken. Ein Mensch – ein Gott, der nicht nur redet und Wahrheiten verkündet, sondern sich den Kranken zuwendet, sie anfasst und damit im doppelten Sinn des Wortes be-rührt und heilt.

Gott wird Fleisch: dieser Satz trägt als theologisches Bekenntnis etwas zutiefst Skandalöses und Anstößiges. Gott, das ewige Sein, das transzendente Unfassbare nimmt die konkrete Gestalt eines Menschen an, bindet sich an die Grenzen und Bedürfnisse eines menschlichen Körpers. Dies war für die Zeit Jesu nicht nur tendenziell blasphemisch, sondern auch philosophisch undenkbar, denn sehr viel eher hätte man über-menschliche Gotteserscheinungen erwartet und das Heil als Sieg des Geistes über den Körper und als Überwindung des Irdischen und Materiellen erwartet.

Vielleicht – so meint die katholische Theologin Regina Ammicht-Quinn – war diese Botschaft mehr als ihre Adressaten verkraften konnten.[15] Das mag ein Grund dafür sein, dass von Anfang an Einflüsse der zeitgenössischen Philosophie, die den Geist höher schätzten als den lästigen Körper, dieses Evangelium von der Fleischwerdung Gottes unterliefen und das Skandalöse umdeuteten.

Die ersten frühchristlichen Jahrhunderte sind geprägt von Auseinandersetzungen zwischen dem hebräischen Menschenbild, das den Menschen als Einheit von Leib und Seele betrachtet und dem hellenistisch-platonischen Menschenbild, das die Seele vom Leib trennt und entschieden höher bewertet. So finden sich schon bei den frühen Kirchenvätern dualistische ‚Weichzeichner', die – so meine ich – letztlich hervorragend geeignet waren, sich die nach Verlebendigung drängende Botschaft im wahrsten Sinne des Wortes vom Leib zu halten. Beispielsweise schreibt Gregor von Nyssa am Ende des 4. Jahrhunderts ganz platonisch:

> ...das menschliche Wesen legt im Tod all jenes seltsame Äußere ab, das es durch leidenschaftliche Neigungen angenommen hat, und dies ist Geschlechtsverkehr, Empfängnis, Gebären, Unreinheit, Säugen, Nähren, Stuhlgang (...) Alter, Krankheit und Tod.[16]

c) Die Faszination dualistischen Denkens ist vor allem eine Faszination, die vom Ende her denkt. Im Tod legt die Seele alles ab: Krankheit, Alter, Schmerzen, ja sogar den Tod selbst, denn nur die Seele ist unsterblich. Diese platonische Vorstellung wurde in der frühen Kirche zum zentralen Problem der Eschatologie (also der Lehre von den letzten Dingen). Vor allem gnostische Strömungen deklarierten die sofortige Befreiung der Seele von der körperlichen Hülle nach dem Tod und predigten für das

---

15 Ammicht-Quinn, R.: Von der Scham im Leib und von der Lust, Leib zu sein: Nachdenken über den Körper, Unveröffentlichtes Referat, Arnoldshain 1998, 3.
16 GREGOR von Nyssa, zitiert nach Radford Ruether, R.: Sexismus und die Rede von Gott: Schritte zu einer anderen Theologie. Gütersloh 1990 (zweite Auflage), 292 f.

Leben eine asketische, körperverachtende Einstellung. Interessanterweise machte die sich etablierende Staatskirche entschieden Front gegen diesen Dualismus und forderte eine deutliche Bejahung der leiblichen Auferstehung und damit auch der gegenwärtigen Welt als gut und gottgewollt.

Auffallend war jedoch, wie der Theologe Greshake betont[17], dass trotz dieser kritischen Korrektur die gnostische Begriffs- und Vorstellungswelt rezipiert wurde. Das dualistische Denken der dominierenden Philosophien schlich sich quasi durch die Hintertür auch ins christliche Menschenbild ein und setzte sich schließlich als *mainstream* der abendländischen Philosophie- und Geistesgeschichte durch. So ist bis in unsere Zeit die Alltagsfrömmigkeit nicht nur bei Katholiken und Katholikinnen von dem Glauben an die unsterbliche Seele und damit von ihrer impliziten Höherbewertung im Vergleich zum sterblichen Körper geprägt.

Der Widerspruch ist offensichtlich: Während die Bibel selbst keine Differenzierung des Menschen in Leib und Seele und von daher auch keine Unsterblichkeit der Seele kennt, hat sich theologiegeschichtlich schon früh die platonische Vorstellung vom Leib als Kerker der Seele eingeschlichen und – wie man tiefenpsychologisch begründen kann – im Glauben der Menschen festgesetzt[18]. Die psychohygienische Funktion – man könnte auch sagen: der tröstliche Gedanke – scheint doch eben darin zu liegen, dass wir es uns leichter vorstellen können, dass wenigstens unsere Seelen weiterleben, als dass wir ganz tot sind und eines Tages mit Leib und Seele auferstehen werden.

Neben der Faszination, den Tod mit Hilfe des Dualismus in seine Schranken weisen zu können, belegt eine zweite Faszination die leibfeindliche Entwicklung der christlichen Theologiegeschichte: die Überwindung der Sexualität. Die innere Verknüpfung von Sexualität, Sünde und Tod, die so in der Bibel nicht verifizierbar ist[19], ließ das Christentum letztlich Züge einer sexual- und frauenfeindlichen Moralinstanz annehmen.[20]

---

17 Greshake, G.: Das Verhältnis ‚Unsterblichkeit der Seele' und ‚Auferstehung des Leibes' in problemgeschichtlicher Sicht. In: Ders./Lohfink, G. (Hrsg.): Naherwartung – Auferstehung – Unsterblichkeit. Untersuchungen zur christlichen Eschatologie. In: Quaestiones Disputatae 71, Freiburg-Basel-Wien 1978, 85f.
18 Vgl. Lämmermann, G.: Vom Trösten Trauernder. In: PTh 86 (1997), 103-124.
19 Die Erotisierung und Dämonisierung der Sündenfallgeschichte ist deutlich spätere Interpretation: ab dem Ende des 3. Jahrhunderts ist die Tendenz auffallend, Eros und Schönheit als Gefährlichkeit der Frauen zu thematisieren, vgl. Schüngel-Straumann, H.: „Von einer Frau nahm die Sünde ihren Anfang." Zur Wirkungs- und Rezeptionsgeschichte der ersten drei Kapitel der Genesis in biblischer Zeit. In: Bibel und Kirche 53 (1998), 11-20.
20 Vgl. Ammicht-Quinn, R.: Körper, Religion, Sexualität. Theologische Reflexionen zur Ethik der Geschlechter, Mainz 2000; Lämmermann, G.: Wenn die Triebe Trauer tragen. Von der sexuellen Freiheit eines Christenmenschen, München 2002.

Sexualität hat – nach Manfred Josuttis[21] – wie Religiosität mit Entgrenzung zu tun. Hierin liegt ihre strukturelle Ähnlichkeit und vielleicht der tiefere Grund, beide Bereiche im dualistischen Denken entschieden voneinander zu trennen. Wenn in der Sexualität die Grenzen zwischen zwei Körpern, zwischen den Geschlechtern, zwischen Bewusstsein und Gefühl überschritten werden, impliziert dies eine deutliche Bedrohung für ein System, das auf einer strikten Trennung zwischen Leib und Seele, zwischen Gut und Böse, letztlich zwischen Gott und Mensch basiert. Die Versuche der „Überwindung des Todes und des Geschlechts"[22] als geistesgeschichtliche Folgen einer dualistisch unterwanderten Theologie sind letztlich Bedingungsfaktoren einer gleichermaßen – und in dieser Ambivalenz häufig beschriebenen – körpervergessenen und körperversessenen Gesellschaft.

3. Der Körperboom unserer Zeit und seine leibfeindlichen Tendenzen

Seit über zwanzig Jahren spricht man von einem Körperboom in unserer Gesellschaft, der den Zeitgeist wie kaum etwas anderes bestimmt. Wir leben in einer Zeit, in der das Äußere wichtiger zu sein scheint als der Inhalt. Das gilt sowohl für das Verpacken von Geschenken als auch für unseren Körper: Der Körper wird zum Markenzeichen und Statussymbol: braungebrannt zu jeder Jahreszeit, durchtrainiert, modisch gekleidet, perfekt geschminkt soll die tadellose Maske quasi zum Qualitätskriterium der ganzen Person werden. Der Körper wird inszeniert, gestählt und gestylt mit dem Ziel Schönheit, Gesundheit und Leistungsfähigkeit auszustrahlen.

In unserer Gesellschaft ist der Körper zum funktionalen Prestigeobjekt, der Schönheitskult quasi zur Ersatzreligion geworden. Dabei ist jedoch nicht der Körper an sich ins Blickfeld der Wahrnehmung und des Interesses gerückt, sondern die Manipulation, Maskierung, Funktionalisierung, Verwertung und Vermarktung desselben.

Paradoxerweise korreliert so der modernen Körperfixierung eine sublime Körperentfremdung, denn der Anspruch, den eigenen Körper zum Idealbild umzuformen und damit zu manipulieren, offenbart eigentlich nur eines: Wir sind gar nicht in unserem Körper, sondern schon längst aus ihm ausgezogen.

Das Erbe dualistischen Denkens schlägt sich als Gefühl der Gespaltenheit in uns nieder. Wir sind quasi die Resultate eines Zivilisationsprozesses, der auf die Überwindung der Triebe und die Dominanz der Vernunft gesetzt

---

21 Vgl. Josuttis, M.: Gottesliebe und Lebenslust. Beziehungsstörungen zwischen Religion und Sexualität, Gütersloh 1994, 21ff.
22 Kamper, D./Wulf, Ch. (Hrsg.): Die Wiederkehr des Körpers, Frankfurt 1982, 16.

hat.²³ Erst wenn die Abhängigkeit des Geistes vom Körper überwunden ist, kann der Mensch sein selbst-bestimmtes, entmaterialisiertes Ideal-Ich leben: „Auch für die Interaktionen in der sozialen Lebenswelt ist ein zu distanzierender und unsauberer Körper zu bekämpfen: ein konkreter Körper mit schlechtem Atem, mit Ausscheiden, mit Erröten, mit Geräuschen, mit Körperwärme, mit Gähnen. Das beste Selbst ist eine Veranstaltung des Individuums, mit der es leugnet, allzuviel mit dem Körper zu tun zu haben, das ‚Ich' sondert sich danach als besserer Teil hygienisch ab."²⁴

Vor allem die Grenzsituationen des Lebens, in denen eine direkte Abhängigkeit von körperlichen Funktionsabläufen besteht – wie bei Schwangerschaft, Geburt, aber auch Alterungsprozess, Krankheit und Sterben – sollen vom selbstbestimmten Menschen in weitestem Maße beherrscht werden können.²⁵ Ob es problematische Auswüchse der Reproduktionsmedizin sind, das Leben unbedingt künstlich erzeugen oder perfektionieren zu müssen, oder die der Intensivmedizin, das Leben um jeden Preis künstlich zu verlängern, die Zielrichtung ist eindeutig: In seiner Geschlechtlichkeit und in seiner Sterblichkeit ist der Mensch vom Körper abhängig, kann sich der Geist nicht über die Physis erheben und dieses Manko muss beseitigt werden.

Doch gerade die Abstraktionsbemühungen hin zu einem körperlosen Menschen zeigen die Aussichtslosigkeit dieser Utopie und bestärken die Gegenbewegung auf der Suche nach der verlorenen Ganzheitlichkeit. Der moderne westliche Mensch steckt daher in einem unauflösbaren Dilemma: denn mit zunehmender Körperentfremdung wächst die Sehnsucht, den dadurch entstandenen Sinn-Verlust zu überwinden.

‚Ganzheitlichkeit' wird zum Modewort unserer Zeit. Wir wollen in unseren Körper zurückfinden, wir wollen ganze Menschen sein: mit Leib und Seele. Die Suche nach Ganzheitlichkeit suggeriert die Möglichkeit, eine verlorene Einheit wiederfinden zu können, die physische mit der psychischen Seite im Menschen zu versöhnen, aber auch Mann und Frau, ebenso wie Mensch und Natur in harmonischen Einklang zu bringen.

Hierzu gibt es für den postmodernen Menschen viele Angebote auf dem Markt der Möglichkeiten. Zielpunkt ist ein Zugewinn an Körpererfahrung und spirituellem Körperbewußtsein, wie Chatterjee in seiner Studie über die sozialen Deutungsmuster von Körperlichkeit zeigt²⁶. Dabei ist nach seinen Ergebnissen der seit über 20 Jahren wachsende Körper- und Gefühlsboom

---

23 Vgl. Elias, N.: Über den Prozess der Zivilisation. Soziogenetische und psychogenetische Untersuchungen, 2 Bde, Bern/München 1993/94.
24 Rittner, V.: Krankheit und. Gesundheit. Veränderungen der sozialen Wahrnehmung des Körpers. In: Kamper, D./Wulf, Ch. (Hrsg.): Die Wiederkehr des Körpers. Frankfurt 1982, 41.
25 Vgl. Haker, H.: Der perfekte Körper: Utopien der Biomedizin. In: Concilium 38 (2002), H.2, 115-123.
26 Chatterjee, A.: Körperlichkeit und Körperbewußtsein in der Medizin, psychosozialer Therapie und Erwachsenenbildung, Mainz 1989.

gerade gegen die theologische Tradition des Abendlandes gerichtet. Während sich der postmoderne Mensch auf seiner Suche nach Sinn und Sinnlichkeit vor allem östlichen Weltanschauungen und Religionen zuwendet, scheint der christliche Glaube wenig attraktiv zu sein.

Zu Unrecht, wie ich meine. Allerdings unter der Voraussetzung, dass die gegenwärtige Theologie die ihr von der Gesellschaft gestellte Aufgabe ernst nimmt, die biblischen Wurzeln ihrer leibintegrierenden Anthropologie offen zu legen, selbstkritisch leibverdrängende und -verachtende Tendenzen aufzudecken und im gesellschaftlichen Körperdiskurs ihre kritisch-konstruktive Stimme zu erheben.

4. Protestantische Theologie zwischen den Fronten von Leibfeindlichkeit und Körperboom

Schon die theologische Begrifflichkeit von der Leiblichkeit des Menschen enthält eine deutliche Kritik am gesellschaftlichen Körperverständnis, denn es betont das *Leib-Sein* im Gegensatz zum *Körper-Haben*. Auch wenn wir unseren Körper als Objekt betrachten und behandeln können, bleiben wir doch gleichzeitig als Leib-Subjekte diesem Ziel der körperlichen Selbstdistanzierung immer fern. Wir haben nicht unseren Körper, sondern wir sind unser Leib mit all seinen Schönheiten und Fähigkeiten, aber auch mit all seinen Grenzen, Schwächen, seinen Krankheiten und seiner Sterblichkeit. Letztlich ist damit unsere Leiblichkeit ein Spiegel unseres Angewiesenseins – ein Angewiesensein auf das DU Gottes und das Du unserer Mitmenschen. Eine leibfreundliche Theologie muss daher Nein sagen zu moralisierenden theologischen Vorstellungen, die immer noch von der „Scham, im Leib zu sein" sprechen.

Sie muss aber auch Nein sagen zu gesellschaftlichen Leitbildern, die von der Körpermaschine Mensch ausgehen. Theologie hat ihren Standort *dazwischen*, indem sie sowohl die Grenzen unserer Leiblichkeit anerkennen und integrieren kann als auch die Lust, Leib zu sein, wiederentdeckt.

Sowohl vom biblischen Menschenbild her (also theologisch-anthropologisch) als auch vom Heilshandeln Gottes in der Inkarnation (also christologisch) ist die Leiblichkeit des Menschen als gut und gottgewollt wiederzuentdecken. So wurde deutlich, dass die in theologischen Anthropologien konstatierte und postulierte Leib-Seele-Einheit für die systematisch-theologischen Topoi zu konkretisieren und im Blick auf kirchliche Handlungsfelder umzusetzen ist. Die zentrale Betonung der Körpersymbolik[27] in den biblischen Schriften verlangt geradezu nach einer Resymbolisierung für den heutigen Kontext. So avanciert mittlerweile die Ästhetik in ihrem wahrneh-

---

27 Schroer, S./Staubli, Th.: Die Körpersymbolik der Bibel, Darmstadt 1998.

Theologie zwischen Leibfeindlichkeit und Körperboom

mungszentrierten Vorgehen für die Praktische Theologie zur grundlegenden Herausforderung[28], sei es nun im bibliodramatischen Umgang mit biblischen Texten, in der Beachtung der nonverbalen Kommunikation in Seelsorge und Religionspädagogik oder in der Reflexion der Atmosphäre eines Kirchenraumes – um nur einige Beispiele zu nennen. Eine theologische Anthropologie kann an der grundlegenden Dimension der Leiblichkeit nicht länger vorbeisehen und hat diese für die jeweiligen theologischen Kontexte durchzubuchstabieren.

Hierbei ist *Leiblichkeit* als Bedingung der *Beziehungsfähigkeit* des Menschen in seiner genuin religiösen Dimension neu zu bewerten und differenziert zu beschreiben. Deutlich wird dies im Rekurs auf die Körperbilder der biblischen Schriften. Diese zeichnen sich vor allem dadurch aus, dass sie die Wirkung der einzelnen Glieder und Organe beschreiben und damit der Teil über sich hinaus auf das Ganze verweist. Besonders deutlich wird dies an den Beschreibungsliedern im Hohenlied, wenn es beispielsweise heißt: „Deine Augen sind Tauben" (Hhl 4,1): hier ist nicht Form oder Farbe der Augen, sondern die Dynamik des Augen-blicks, „die Qualität des verliebten, liebenden Blicks"[29] gemeint. Der Körper ist Medium der Beziehung, so dass die einzelnen Körperbilder als pars pro toto, als Ausdrucksmöglichkeiten der Beziehung des Menschen zu sich selbst, zu seinen Mitmenschen, vor allem aber zum göttlichen DU stehen.

Der enge Konnex zwischen Leiblichkeit und Beziehungsfähigkeit[30] wird zwar in theologischen Anthropologien[31] gesehen, die Konkretion des Körperbildes jedoch zu schnell zugunsten der Beziehungsebene in den Hintergrund gedrängt. Eine besondere Chance scheint für mich dagegen darin zu liegen, die Körpersymbolik als Ausdruck der dynamischen Qualität der Beziehung – auch und vor allem der Gottesbeziehung – zu verstehen. Theologisch interessante Ansätze lassen sich hierzu finden, von denen ich zwei exemplarisch nennen möchte:

So kann ein deutlicher Perspektivenwechsel entstehen, wenn Beziehung theologisch als Freundschaft[32] verstanden wird. Wenn der Glauben darauf ba-

---

28 Vgl. Grözinger, A.: Praktische Theologie und Ästhetik, München 1987; ders.: Praktische Theologie als Kunst der Wahrnehmung, Gütersloh 1995; Failing, W.-E./Heimbrock, H.-G.: Gelebte Religion wahrnehmen. Lebenswelt-Alltagskultur-Religionspraxis, Stuttgart u.a. 1998.
29 Schroer/Staubli, a.a.O., 27.
30 Vgl. Meyer-Drawe, K.: Leiblichkeit und Sozialität. Phänomenologische Beiträge zu einer pädagogischen Theorie der Inter-Subjektivität. In: Grathoff,R./Waldenfels, B. (Hrsg.): Übergänge. Texte und Studien zu Handlung, Sprache und Lebenswelt 7, München 1984.
31 Vgl. z.B. Fraas, H.-J.: Bildung und Menschenbild in theologischer Perspektive, Göttingen 2000, 212ff.
32 Vgl. Moltmann-Wendel, E.: Wach auf, meine Freundin. Die Wiederkehr der Gottesfreundschaft, Stuttgart 2000.

siert, dass sich die Göttlichkeit Gottes gerade in der (Mit)Menschlichkeit Jesu Christi gezeigt hat, kann Gott als ein(e) dem Menschen zugewandte(r) und spürbare(r) Freundin und Freund gesehen werden. Das irdische, materielle, körperliche Leben gewinnt dann eine gottgewollte und gute Bestimmung. „Mein Körper – mein(e) Freund(in)"[33] ist dann eine theologisch relevante Konkretion für ein antidualistisches Selbstverständnis, für einen Beziehungsbegriff, der die erotische und zärtliche Dimension zwischen Mitmenschen, Mitgeschöpfen und der Erde einschließt.

Die Gott-Mensch-Beziehung als erotisches Verhältnis zu verstehen, stellt David Carr in seiner Interpretation des Hohenliedes vor, indem er der in der gegenwärtigen Diskussion abgelehnten allegorischen Deutung Recht gibt und die Faszination der biblischen Körperbilder für die (auch erotische) Liebe zwischen Gott und Mensch betont.[34] Deutlich wird hier die Neuakzentuierung des Glaubensverständnisses: die Gottesbeziehung spielt sich nicht nur auf einer geistig-kognitiven Ebene von Glauben und Bekennen ab, sondern ist unauflöslich mit leiblichen Phänomenen verbunden. Die Bibel selbst gibt in einer wunderbaren Bildersprache diese unauflösbare Verbindung von Leib und Seele in der Gottesbeziehung vor, die wie ein Gegenvotum – sowohl gegen eine dualistische Leibfeindlichkeit als auch gegen einen leistungs- und schönheitsfixierten Körperboom – klingt:

Denn DU hast mein Inneres geschaffen,
mich gewoben im Schoß meiner Mutter.
Ich danke dir, dass du mich so wunderbar gestaltet hast.
Ich weiß: Staunenswert sind deine Werke (Ps 139, 13 f).

Literatur

Akashe-Böhme, F. (Hrsg.) (1995): Von der Auffälligkeit des Leibes, Frankfurt/Main.
Ammicht-Quinn, Regina (2000): Körper, Religion, Sexualität. Theologische Reflexionen zur Ethik der Geschlechter, Mainz (zweite Auflage).
Ammicht-Quinn, Regina (2002): Körper und Religion. Concilium 38, 2, Mainz.
Augustin: Epistulae, zit. nach Leisch-Kiesl, M. (1993): ‚Es ist immer die Eva, vor der wir uns in jeder Frau hüten müssen'. Überlegungen zum Frauenbild von Augustinus. In: Jost, R./Kubera, U. (Hrsg.): Wie Theologen Frauen sehen – von der Macht der Bilder, Freiburg.
Becker, S. u.a. (Hrsg.) (2000): Das Geschlecht der Zukunft. Frauenemanzipation und Geschlechtervielfalt, Stuttgart.
Belli, G. (1992): Und Gott machte eine Frau aus mir. In: Dies.: *In der Farbe des Morgens*. Gedichte, Wuppertal.
Butler, J. (1991): Das Unbehagen der Geschlechter, Frankfurt/Main.

---

33 Ebd., 123.
34 Carr, D. M.: Gender and the shaping of desire in the song of songs and its interpretations. (Unveröffentlichtes Referat), Ohio 1999.

Carr, D. M. (1999): Gender and the shaping of desire in the song of songs and its interpretations (Unveröffentlichtes Manuskript).
Chatterjee, A. (1989): Körperlichkeit und Körperbewußtsein in der Medizin, psychosozialer Therapie und Erwachsenenbildung, Mainz.
Butler, J. (1995): Körper von Gewicht. Die diskursiven Grenzen des Geschlechts, Berlin.
Elias, N. (1993/94): Über den Prozen der Zivilisation. Soziogenetische und psychogenetische Untersuchungen, 2 Bde, Bern/München.
Enzner-Probst, B. (2001): Leib Christi und Leib der Frauen – Überlegungen zur ekklesiologischen Relevanz der Corporealität in der rituellen Praxis von Frauen. In: Jahrbuch der Europäischen Gesellschaft für theologische Forschung von Frauen 9, Leuven.
Enzner-Probst, B./Ladner, G./Strack, H. (Hrsg.): Frauenkirchenkalender, Zwickau. (erscheint jährlich)
Failing, W.-E./Heimbrock, H.-G. (1998): Gelebte Religion wahrnehmen. Lebenswelt – Alltagskultur – Religionspraxis, Stuttgart u.a.
Fraas, H.-J (2000).: Bildung und Menschenbild in theologischer Perspektive, Göttingen.
Gebara, I. (1997): Der Körper – neuer Ausgangspunkt für die Theologie. In: FAMA 13.
Greshake, G. (1978): Das Verhältnis ‚Unsterblichkeit der Seele' und ‚Auferstehung des Leibes' in problemgeschichtlicher Sicht. In: Greshake, G./Lohfink, G. (Hrsg.): Naherwartung – Auferstehung – Unsterblichkeit. Untersuchungen zur christlichen Eschatologie, Freiburg/Basel/Wien.
Grötzinger, A. (1987): Praktische Theologie und Ästhetik, München.
Grötzinger, A. (1995): Praktische Theologie als Kunst der Wahrnehmung, Gütersloh.
Haker, H. (2002): Der perfekte Körper: Utopien der Biomedizin. In: Concilium 38/2.
Josuttis, M. (1994): Gottesliebe und Lebenslust. Beziehungsstörungen zwischen Religion und Sexualität, Gütersloh.
Kamper, D./Wulf, Ch. (Hrsg.) (1982): Die Wiederkehr des Körpers, Frankfurt/Main.
Klessmann, M./Liebau, I. (Hrsg.) (1997): Leiblichkeit ist das Ende der Werke Gottes, Göttingen.
Laqueur, Thomas (1992): Auf den Leib geschrieben. Die Inszenierung der Geschlechter von der Antike bis Freud, Frankfurt/New York.
List, E. (1993): Die Präsenz des Anderen. Theorie und Geschlechterpolitik, Frankfurt.
Meyer-Drawe, K. (1984): Leiblichkeit und Sozialität. Phänomenologische Beiträge zu einer pädagogischen Theorie der Inter-Subjektivität. In: Grathoff, R./Waldenfels, B. (Hrsg.): Übergänge. Texte und Studien zu Handlung, Sprache und Lebenswelt 7, München.
Moltmann-Wendel, E. (1991): Wenn Gott und Körper sich begegnen, Göttingen (zweite Auflage).
Moltmann-Wendel (1994): E.: Mein Körper bin ich. Neue Wege zur Leiblichkeit, Gütersloh.
Moltmann-Wendel, E. (2000): Wach auf, meine Freundin. Die Wiederkehr der Gottesfreundschaft, Stuttgart.
Nadeau, J.-G. (2002): Einheit oder Dichiotomie von Leib und Seele? Die Ursachen der ambivalenten Haltung des Christentums gegenüber der Leiblichkeit. In: Concilium 38/2.
Naurath, E. (2000): Seelsorge als Leibsorge. Perspektiven einer leiborientierten Krankenhausseelsorge, Praktische Theologie heute 47, Stuttgart.
Pflüger, P.-M. (Hrsg.) (1981): Die Wiederentdeckung des Leibes, Fellbach.
Randow, G. v. (Hrsg.) (2001): Wie viel Körper braucht der Mensch? Standpunkte zur Debatte für den Deutschen Studienpreis, Hamburg.
Rittner, V. (1982): Krankheit und Gesundheit. Veränderungen der sozialen Wahrnehmung des Körpers. In: Kamper, D./Wulf, Ch. (Hrsg.): Die Wiederkehr des Körpers, Frankfurt/Main.
Schroer, S./Staubli, Th (1998).: Die Körpersymbolik der Bibel, Darmstadt.

Schüngel-Straumann, H (1998).: ‚Von einer Frau nahm die Sünde ihren Anfang'. Zur Wirkungs- und Rezeptionsgeschichte der ersten drei Kapitel der Genesis in biblischer Zeit. In: Bibel und Kirche 53.

Stollberg, D. (1982): Die Wiederentdeckung des Leibes. Literatur zur Seelsorge. In: Pastoraltheologie 71, 335-345

Vissert-Hooft, H. (1981): Unausweichliche Fragen. Aus dem Briefwechsel mit Karl Barth 1934. In: KAPER, G. u.a (Hrsg): Eva. wo bist du? Frauen in internationalen Organisationen der Ökumene. Eine Dokumentation, Gelnhausen.

Vogt, J./Bormann, M. (Hrsg.)(1992) : Frauen-Körper. Lust und Last, Tübingen.

Birgit Schaufler

Körperbiografien.
Geschlecht und leib-körperliche Identität

Biografie ist mehr als die zeitliche Spanne zwischen Geborenwerden und Sterben. Sie ist quasi die Historiographie des Subjektes; die Narration eines Lebens, welche sich an den konkreten Lebensdaten orientiert und persönliches Erleben in einen übergreifenden Sinnzusammenhang einbindet. Seit einigen Jahren befasst sich die Biografieforschung zunehmend mit Fragen der Körperlichkeit beziehungsweise der Leiblichkeit. Grundlage der wissenschaftlichen Debatten ist hierbei die Annahme der „strukturellen Koppelung" (Fischer-Rosenthal 1999), die die unbedingte gegenseitige Verwiesenheit von Biografie und Körper/Leib betont.

Der biologische Organismus ist angesichts der vielfältigen lebensgeschichtlichen Erfahrungen, die Menschen durch und mit ihrem Körper machen, ohne Frage zentrales Element biografischer Beschreibung. Jegliches emotionales Erleben geht mit leib-körperlichem Spüren einher, welches einerseits ein emotionales Berührtsein anzeigt und zugleich für die Qualität der Gefühle sensibilisiert. Doch nicht nur die an Emotionen gebundenen leib-körperlichen Regungen beeinflussen das biografische Selbst, sondern auch jene Wahrnehmungen, die aus der Tiefe des Leibes aufsteigen und ihre Grundlage in dessen „Eigenleben" haben: körperliche Vorgänge, die an Vitalfunktionen gebunden sind, reifungsbedingte Erscheinungen sowie Störungen körperlicher Abläufe sind unter anderen hier zu nennen. Darüber hinaus vermittelt der individuelle Lebenslauf, welcher geprägt ist von bewussten Entscheidungen, zufälligen beziehungsweise schicksalhaften Begebenheiten und sozio-kulturellen Arrangements, unterschiedliche leib-körperliche Erfahrungen. Es wird hier erkennbar, dass der individuelle Körper nicht nur Ausgangspunkt der Biografie ist und diese beeinflusst, sondern die Lebensgeschichte auch Einfluss auf den Körper nimmt – ja, dass der Körper als biologischer Organismus, persönlicher Leib und kulturelles Symbol eine eigene Biografie hat.

Mit der lebensgeschichtlichen Betrachtung der dynamischen Aspekte des individuellen Körpers wird der Nimbus des Gleichbleibenden, Berechenbaren, Beherrschbaren, der dem Körper anhaftet, relativiert. Zugleich werden

Einflüsse und Wirkungsmechanismen deutlich, die den Körper als Frauen- oder Männerkörper bestimmen und ihn als solchen erlebbar machen.

1. Leib-Sein und Körper-Haben

Auf den ersten Blick erscheint die Biografie eines Körpers mit der Chronologie von Jungsein – Altwerden – Sterben erschöpfend dargestellt. Die zeitliche Aneinanderreihung von körperlichen Reifungs- bzw. Alterungsphasen aber entspricht einer Vergegenständlichung des Körpers im Modus des „Körper-Habens". In der Unterscheidung des Körpers, den ich habe, von dem Leib, der ich bin, drückt sich die Dichotomie von Leib/Körper und Seele/Geist aus, welche charakteristisch ist für die abendländische Philosophie im Anschluss an Descartes Überlegungen zur Verschiedenheit der Substanzen.[1] Auch wenn bislang keine eindeutige Lösung des psychophysischen Problems vorliegt, kann angesichts der zahlreichen Befunde zur Interdependenz von Psyche und Soma die Spaltung des Menschen in Materie und Geist nicht aufrechterhalten werden. Ebenso wenig kann man den Leib vom Körper trennen, denn auf der Ebene des erlebenden Subjekts sind beide durch ein Zugleich gekennzeichnet. *Leib* erfasst den Aspekt der Inkarnation des Ich und damit dasjenige, als was ich mich selbst spüre, während die Bezeichnung *Körper* sich auf den Gegenstand bezieht, der außerhalb meiner selbst dennoch mir zugehörig ist. Die Erfassung des Phänomens der Doppelaspektiertheit im Begriff des *Leib-Körpers* akzentuiert die Ambivalenz der inkarnierten Existenz, welche aus Gründen der faktischen Erlebbarkeit in jeder Analyse gelebter Leib-Körperlichkeit reflektiert werden muss.[2]

Der Leib-Körper ist somit weder reines Ding, noch reines Bewusstsein, sondern charakterisiert in seiner unauflösbaren Verschränktheit das menschliche Ich als existentielle Lebenseinheit. Der individuelle Leib-Körper besitzt vielfältige Identitäten, Erscheinungsformen, Bedeutungen und zeigt je nach persönlichen Bedürfnissen und situativen Anforderungen unterschiedliche Facetten seiner selbst. Wie immer er jedoch nach außen erscheinen mag, welche Eigenschaften und Fähigkeiten situativ sichtbar werden – für die Person ist er einzigartig und unverwechselbar und bleibt immer derselbe: Der Leib-Körper, der das sinnliche Instrumentarium zur Verfügung stellt, um die

---

1   Im fortgeschrittenen Zivilisierungsprozess zeigt sich die Trennung von Leib-Körper und Geist als zunehmende Abstrahierung, Disziplinierung und Instrumentalisierung des Körperlichen (vgl. Elias 1993, 1994; Rittner 1991). In der Rede von der „Wiederkehr des Körpers" (Kamper, Wulf 1982) lassen sich verschiedene Ansätze zusammenfassen, die darum bemüht sind, einerseits, dem Prozess des Verschwindens nachzuspüren, andererseits Wege aufzuzeigen, wie der depersonalisierte Körper wieder Anschluss finden kann.

2   Zur Konzeption des Leib-Körpers siehe Schaufler 2002.

Umwelt sehend, hörend, schmeckend, riechend, fühlend begreifen zu können – und der Leib-Körper, dessen angeborenes Sensorium der Person ermöglicht, sich selbst sinnlich zu erfassen. Indem der Leib-Körper Kontakt und Austausch ermöglicht ist er Brücke zur Welt; zugleich aber ist er Grenze, die das Innere von der Um- und Mitwelt trennt und auf diese Weise persönliche Identität sichert. Als Voraussetzung jeder sinnlichen Wahrnehmung ermöglicht der Leib-Körper die Begegnung mit der Welt und ist Bedingung und Teil persönlicher Subjektivität.[3]

2. Leib-körperliche Identität

Die vielfältigen Aspekte des Körpers sind schwer zu fassen. Die Begriffe, die in der theoretischen Auseinandersetzung mit menschlicher Körperlichkeit Verwendung finden, sind kaum zu überschauen. Ihre Vielfalt und Widersprüchlichkeit entsprechen der Vielzahl von Zugangswegen zur Thematik und spiegeln die Ambivalenz des Gegenstandes. Teils erschwert die fachspezifische Semantik den Gebrauch eines Begriffes über die Grenzen der Disziplin hinaus; häufiger aber bezieht sich der einzelne Begriff nur auf ausgewählte, eng begrenzte Bereiche der Körperwirklichkeit – er mag zur analytischen Annäherung an den Untersuchungsgegenstand „Körper" geeignet sein, wird aber der erlebten Komplexität des Phänomens „Leib-Körper" nicht gerecht. Eine vollständige Darstellung der Begrifflichkeiten ist an dieser Stelle nicht zu leisten, es erscheint aber sinnvoll, die historische Entwicklung der wissenschaftlichen Auseinandersetzung mit dem eigenen Körper anhand einiger bedeutsamer Konzepte nachzuzeichnen, zumal die vorgestellten Termini in den hier vorgeschlagenen Begriff der *leib-körperlichen Identität* münden.[4]

In der Medizin ist es vor allem der Begriff des „Schemas", der die Diskussion bestimmt. Seine Tradition reicht zurück bis zum Anfang des 20. Jahrhunderts. Klinische Fälle gestörter Körperwahrnehmung weckten das Interesse der Neurologen, die daraufhin die Ätiologie dieser Phänomene zu erkunden suchten. Die Forschungstätigkeit wurde insbesondere verstärkt durch die gehäuft auftretenden Fälle körperlicher Wahrnehmungsstörungen infolge von Verletzungen im Rahmen des ersten Weltkrieges. 1905 wurde der Begriff „Schema" im klinischen Kontext erstmals von Bonnier verwendet. Pick führte 1908 schließlich den Begriff „Körperschema" ein, worunter

---

3   Vgl. Macha (1989); grundlegende philosophisch-anthropologische Betrachtungen des Leiblich-Körperlichen finden sich bei Marcel (1954, 1986), Merleau-Ponty (1966), Plessner (1965).

4   Eine eingehende Behandlung verschiedener körperrelevanter Begriffe findet sich bei Paulus (1982) und Bielefeld (1991).

er eine Art „Raumbild des Körpers" verstand. Es ist dies eine schematische Vorstellung vom eigenen Körper, die sich auf der Grundlage sensorischer Informationen aus der Außenwelt im Laufe des Lebens entwickelt und zusammen mit dem optischen Bild des Körpers von grundlegender Bedeutung für das Bewusstsein des eigenen Körpers ist.

Der weitreichendste neurophysiologische Ansatz im Bereich der Körperwahrnehmung stammt von Henry Head, welcher 1920, über den klinischen Bereich hinausgehend ein Modell nicht-pathologischer Körperwahrnehmung entwarf. Nach seinem Verständnis ist „Körperschema" eine unbewusste cortikale Verarbeitungsleistung des Organismus, durch welche sensorische Inputs von der Körperoberfläche und Informationen der Tiefensinne in eine schematische Vorstellung vom eigenen Körper integriert werden.

Heads Beschränkung auf rein physiologische, unbewusst auf der Ebene des Cortex ablaufende Vorgänge, bot Anknüpfungspunkte für Kritik. Die Folge war die Erweiterung neurologischer Erklärungen der Körperwahrnehmung um eine psychische Komponente. Augenfällig ist die Hereinnahme des Psychischen in den Arbeiten Paul Schilders, dessen Begrifflichkeit sich vom „Körperschema" hin zum „Körperbild" (1935) veränderte. Schilders psychophysiologische Theorie versucht die verschiedenen Ebenen der Körperwahrnehmung zu erfassen und bezieht dabei psychoanalytische und sozialpsychologische Fragestellungen mit ein: „The body scheme is a tri-dimensional image everybody has about himself. We may call it ‚body image'" (Schilder 1935: 11; Hervorhebung durch den Autor). Wenn Schilder den Begriff „image" benützt, so verwendet er ihn weniger in der Bedeutung des Abbildes, sondern im Sinne des Freudschen Imagobegriffes mit der Betonung sowohl bewusster als auch unbewusster Inhalte. Das Bild des Körpers wird verstanden als dynamisches Konzept und entsteht als konstruktive Leistung des Individuums aus der Verarbeitung taktiler, kinästhetischer und optischer Eindrücke. Schilder betont hierbei den subjektiven Anteil der Auswahl, Wahrnehmung und Bewertung von Reizen: „There is always a personality that experiences the perception" (Schilder 1935: 15). Indem Schilder dem Wahrnehmenden eine Schlüsselfunktion im Hinblick auf die Konstruktion eines Konzeptes vom eigenen Körper zuweist, wird er zum Wegbereiter persönlichkeitspsychologischer Erforschung des individuellen Körpererlebens.[5]

Die Annäherung an den Körper über die historisch bedeutsamen Konzepte des Körperschemas und des Körperbildes machen die Grundpositionen der wissenschaftlichen Diskussion und ihre je unterschiedlichen Akzentuierungen deutlich. In der Vergangenheit wurden diese als zwei Pole betrachtet, zwischen denen sich alle gängigen Definitionen ordnen: einerseits eher wahrnehmungspsychologische, andererseits eher persönlichkeitspsychologisch orientierte Definitionen. Insofern sich aber gerade im Leib-Körper Denken und Fühlen vermischen, wird eine solche Trennung dem Gegenstand

---

5 Vgl. u.a. du Bois (1990), Fisher, Cleveland (1968), Galli (1998).

nicht gerecht. In jüngerer Zeit wurde deshalb eine Verknüpfung der Inhalte des neurophysiologischen Teilbereiches „Körperschema" und des eher persönlichkeitspsychologisch-phänomenologischen Konstruktes „Körperbild" vorgeschlagen, beispielsweise unter dem Oberbegriff „Körpererfahrung" (Paulus 1982, Bielefeld 1991).

Allerdings bleiben auch diese Ansätze hinter ihrem Anspruch zurück, ein umfassendes Modell individueller Körperlichkeit auszubreiten. Zum ersten muss im Zusammenhang mit dem eigenen Körper immer auf die Prozesshaftigkeit von leib-körperlichem Erleben und Wahrnehmen im Kontext biografischer Erfahrungen hingewiesen werden. Dies lässt eine Systematisierung mittels eines „Strukturmodells der Körpererfahrung" (Bielefeld 1991: 17) ungeeignet erscheinen. Zum zweiten fehlt einem Strukturierungsversuch, der zwar Emotionen und Kognitionen in den Gesamtkomplex einbezieht, körperbezogenes Handeln jedoch nicht berücksichtigt, eine wesentliche Komponente: die körperbezogenen Verhaltenstendenzen. Und zum dritten müssen neben psychischen Erlebensweisen, Verarbeitungsformen und Handlungsbereitschaften auch die Gegebenheiten des Organismus in seiner von Mensch zu Mensch unterschiedlichen Gestalt und variablen Funktion Eingang in ein Modell individueller Leib-Körperlichkeit finden.

Aus diesen Überlegungen heraus plädiere ich für ein *Prozessmodell der leib-körperlichen Identität*, welches neben der Gesamtheit der leib- und körperbezogenen Vorstellungs-, Gefühls- und Wahrnehmungsinhalte und den leib-körperlichen Verhaltenstendenzen auch den konkreten Organismus einer Person in dessen äußerer Gestalt und Leistungsfähigkeit erfasst. *Leibkörperliche Identität ist solcherart ein biographisches Amalgam aus Körperschema (beinhaltet alle perceptiv-kognitiven Leistungen des Individuums bezüglich des eigenen Körpers), Körperbild (umfasst die emotional-affektiven Leistungen bezüglich des eigenen Körpers), körperbezogenen Verhaltenstendenzen und den Gegebenheiten des organischen Körpers. Die leib-körperliche Identität gewährleistet, dass das Individuum seinen Leib-Körper über alle Situationen und Veränderungen hinweg als Kontinuum erleben kann.*

Wie sich der gegenständliche Körper für alle nachvollziehbar im Laufe eines Lebens verändert, ist auch das innerpsychische Körper-Selbstbild keineswegs stabil. Leib-körperliche Identität muss ständig neu konstruiert werden; sie entwickelt sich, stabilisiert sich, passt sich an und verändert sich. Grundlage für diesen Prozess der Bildung und lebenslangen Weiterentwicklung von leib-körperlicher Identität ist die fortlaufende Integration von körperlichen und körperbezogenen Erfahrungen: Leibliches Spüren, sinnliches Wahrnehmen von Außenbedingungen und die aktive Auseinandersetzung mit den eigenen Möglichkeiten und Grenzen nimmt ihren Anfang noch vor der Geburt im Mutterleib und setzt sich über die gesamte Lebensspanne hin fort. Leib-körperliche Identität wird solcherart als Subsystem der Persönlichkeit und deren Identitätserleben betrachtet. Wie diese konstituiert sie sich über die aktive Verarbeitung von Wahrnehmung und Erfahrung, in beständigem Austausch mit den Gegebenheiten der Um- und Mitwelt und in Abhängigkeit von den eigenen Anlagen.[6]

3. Erfahrungsdimensionen leib-körperlicher Identität

Das Feld der Konstitution individueller leib-körperlicher Identität lässt sich schematisch in drei Dimensionen ordnen: Die erste ist die Biologie, die zweite ist die soziale Um- und Mitwelt und die dritte Dimension ist die eigene Persönlichkeit. Im Zusammenwirken von Natur, Kultur und Person entsteht somit ein individuelles Gefüge von körperlichen Merkmalen, körperbezogenen Wahrnehmungsmustern, Einstellungen und Verhaltenstendenzen. Jeder Mensch besitzt damit einen anderen – seinen ganz eigenen – Leib-Körper. Dieser orientiert sich in seiner äußeren Form, in seinen Strukturen und Funktionen zwar an den biologischen Bedingungen, erst durch die Einflüsse der Umwelt aber und durch das persönliche Erleben und Handeln bekommt er jene äußere Gestalt und jene innere Repräsentation, die ihn in seiner Einzigartigkeit ausmachen.

Der Leib-Körper als biologischer Organismus

Der naturhaft-biologische Aspekt menschlicher Körperlichkeit zeigt sich augenfällig in der Tatsache, dass sich aus einer menschlichen Erbanlage gemäß der stammesgeschichtlichen Bestimmung ein menschlicher Körper entwickelt – und eben nicht der Körper eines Tieres oder eine Pflanze. Die Entwicklung dieses Körpers folgt den Gesetzmäßigkeiten von Wachstum und Reifung und bedarf keiner bewussten Planung und Kontrolle. Seine morphologischen Strukturen und organischen Vitalfunktionen werden durch die genetische Grundausstattung prädisponiert – allerdings nicht vollständig determiniert.

Der Leib-Körper als biologischer Organismus vermittelt dem Individuum vielfältige Erfahrungen, die die Ausformung seiner leib-körperlichen Identität beeinflussen. Hierzu zählen beispielsweise die Wahrnehmung physiologischer Vorgänge und Funktionen wie etwa körpereigener Rhythmen (Verdauung, Atmung, Herzschlag in Ruhe oder bei Belastung), körperliche Veränderungen, die auf Wachstums- und Reifungsprozessen beruhen sowie Prozesse des biologischen Alterns (zum Beispiel die Einschränkung der Beweglichkeit im höheren Lebensalter). Biologisch-physiologische Abläufe sind im wesentlichen unabhängig vom Geschlecht und gelten für alle Menschen gleichermaßen.

---

6 Zur Perspektive integrativer Persönlichkeitsentwicklung vgl. Hurrelmann (1995), Keupp, Höfer (1997), Keupp u.a. (1999).

Frauen und Männer machen lediglich in jenen Bereichen unterschiedliche leib-körperliche Erfahrungen, die im Zusammenhang mit der biologischen Geschlechtsreife stehen. Menarche, Menstruation und Menopause sowie die anatomische Veränderung durch das Wachstum der Brust sind frauenspezifische Erfahrungen; Bartwuchs, Erektion und Ejakulation dagegen sind spezifische Körpererfahrungen von Männern. Von den angeführten entwicklungsbedingten Körpererfahrungen müssen die lebensgeschichtlichen Körpererfahrungen unterschieden werden. Diese werden nicht zwangsläufig von allen Menschen geteilt, sondern schlagen sich als Folge persönlicher Entscheidungen oder Schicksale auf leiblich-körperlicher Ebene nieder. Beispiele für lebensgeschichtliche Körpererfahrungen sind Erfahrungen von Krankheit und Traumatisierung oder spezifisch-weibliche Erfahrungen im Zusammenhang mit Schwangerschaft, Geburt und dem Stillen eines Kindes.

Der Leib-Körper als soziales Produkt und kulturelles Symbol

Der Leib-Körper als biologischer Organismus, dessen Entwicklung und störungsfreies Funktionieren keiner bewussten Planung und Kontrolle bedarf und der als erster und ureigener Bestandteil der eigenen Person erlebt wird, ist in seiner lebendigen Ganzheit keineswegs autonom. Die Entwicklung des Körpers ist von Anbeginn des Lebens abhängig von äußeren Bedingungen: So wirken ökologisch-geographische Bedingungsfaktoren des Lebensraumes – wie Nahrungsangebot und Temperatur – direkt oder indirekt auf die organische Funktionsweise des Körpers beziehungsweise auf die äußere Erscheinung der Physis. Die prinzipielle Offenheit des Körpersystems gegenüber seinen umgebenden Bezugssystemen und seine Anpassungsfähigkeit ermöglichen, dass sich neben den natürlichen Umwelteinflüssen auch Gesellschaft und Kultur quasi in den Körper einschreiben.[7] Kulturelle Praktiken des alltäglichen Lebens, wie das Essen und das Trinken, die Gestik, die Körperstile des Arbeitslebens und der Freizeit, die Bereitstellung und der Gebrauch von Kulturgütern formen über Prozesse der Gewöhnung und des Trainings den individuellen Körper und über die psychische Verarbeitung das Bewusstsein von diesem Körper.

Neben den genannten konkreten Einflussfaktoren sind auch die abstrakten soziokulturellen Vorstellungen von Gesundheit und Krankheit, von Sittlichkeit und Schönheit machtvolle Faktoren der sozialen Körperbestimmung. Vermittelt durch Anschauung und Erziehung beeinflussen sie das Bild, das sich Menschen von ihrem eigenen Körper bilden und bestimmen zusammen mit den ererbten Anlagen auch dessen Aussehen. Die Gene sind zwar verantwortlich für die Ausbildung körperlicher Merkmale wie beispielsweise der

---

7 Zur sozialen Konstruktion des Körpers vgl. Barkhaus et al. (1996), Boltanski (1976), Featherstone et al. (1991), Foucault (1969, 1976, 1977–86), Mauss (1975).

Augenfarbe und der Körperproportionen, doch bezüglich der konkreten äußeren Erscheinung ist ihre Macht zu relativieren. Körperstile und Vorgaben wie etwa das gesellschaftliche Ideal des jugendlichen Körpers haben zur Folge, dass ein großer Teil der Menschen die Funktionen ihres Körpers und ihr ererbtes Äußeres mit Hilfe immer neuer chemischer und operativer Verfahren, über exzessives Training und besondere Ernährungsweisen verändern und den wechselnden Moden anpassen.

Der Einfluss der beispielhaft genannten kulturellen Ideale ist nicht zwingend und es liegt im Ermessen des Individuums, den Vorgaben zu folgen. Es müssen allerdings weitere Beispiele kultureller und sozialer Einflüsse genannt werden, die sich dem individuellen Willen zunächst entziehen. Es handelt sich hierbei vor allem um körperwirksame Kulturtechniken, die im frühen Kindesalter bedeutsam sind. Ob beispielsweise Säuglinge im Kinderwagen liegen und die Welt aus der Horizontalen kennenlernen oder ob sie am Körper von Mutter oder Vater getragen werden und deren Bewegungen miterleben, hat gravierende Folgen auf die Entwicklung der kindlichen Sinne. Ob Babys eng gewickelt werden oder sich frei bewegen können; ob Kinder das ganze Jahr über barfuß gehen oder ob sie daran gewöhnt werden, Schuhe zu tragen – dies alles beeinflusst wesentlich die Geschicklichkeit, die Sensibilität und die anatomische Entwicklung. Weitere soziokulturelle Wirkfaktoren sind Bewegungs- und Spielanreize der Umwelt, die Vermittlung traditionellen Kulturgutes wie spezifische Bewegungsformen im Tanz oder regionale Ernährungsgewohnheiten.

Alle genannten Beispiele beziehen sich primär auf den gegenständlichen organischen Körper, wirken aber in der Folge auch auf die Wahrnehmung des Leib-Körpers und auf die Einstellung ihm gegenüber. Gemessen an den kulturellen Idealen, die nicht nur in der personalen Interaktion, sondern häufig medial vermittelt werden, kann der sexuelle Leib-Körper beispielsweise als Lust oder als Last erlebt werden. Vor dem Hintergrund der gesellschaftlichen Vorgabe von Gesundheit und Leistungsfähigkeit mag der eigene Körper kraftvoll oder gefährdet erscheinen; im Kontext der geltenden ästhetischen Leitbilder von Schlankheit und Fitness ist er Gegenstand der bewussten Aufmerksamkeit oder auch kaum beachtete Selbstverständlichkeit. Die Wahrnehmung und Wertschätzung des Leib-Körpers hängt wesentlich auch davon ab, ob er im Erziehungsprozess mit positiven oder negativen Konnotationen verbunden war. Zu frühe und rigide Sauberkeitserziehung kann ein Beispiel dafür sein, wie der Druck, seinen Körper kontrollieren zu müssen, dazu führt, dass ein physiologischer Vorgang angstbesetzt und problematisiert wird. Die Bewertung körperlicher Phänomene geschieht nicht zuletzt auch durch die Wissenschaften, deren Erklärungen die Haltung der Menschen und ihre Sicht der Dinge mitbestimmen.

Der Leib-Körper als Aspekt der Person

Die dritte Dimension individueller Körperlichkeit erwächst aus der relativen Freiheit und der aktiven Gestaltungskraft von Personen. Der Körper ist „persönlicher Leib" insofern, als jede Person bis zu einem gewissen Grad über ihren eigenen Körper verfügen kann. Persönliche Wertigkeiten, Interessen und Kompetenzen beeinflussen körperbezogene Verhaltensweisen und Entscheidungen, die sich wiederum auf Gestalt und Funktion des Organismus auswirken. Als Beispiel hierfür sind sportliche Aktivitäten zu nennen; sie haben direkten und indirekten Einfluss auf die leib-körperliche Identität. Auch die Art wie Menschen ihren Körper pflegen, ihn vor Risiken schützen und handelnd persönliche Gesundheitskompetenzen entwickeln schlagen sich auf leib-körperlicher Ebene nieder. Menschen können ihr Aussehen willkürlich verändern, ihren Körper vernachlässigen, ihm Schaden zufügen, ihn fordern und in seinen Fähigkeiten trainieren. Wie jemand mit seinem Körper umgeht ist letztlich eine Frage der Persönlichkeit und das Bild, das sich Menschen von ihrem Körper machen ist Bestandteil eines übergeordneten Welt- und Selbstbildes. Wem die Welt beispielsweise gefährlich und willkürlich erscheint, der wird sich vermutlich machtlos und bedroht fühlen und dieses Muster auch auf den eigenen Körper übertragen. Der Körper wird dann als Schicksal erlebt, körperliches Befinden wird der Willkür des Organismus überantwortet, Krankheit oder Gesundheit scheinen dem persönlichen Einfluss entzogen. Sich Wissen über den Körper anzueignen, körperbezogene Kompetenzen zu entwickeln und seine Sinne für das eigene Befinden zu schärfen ist somit abhängig von einem stabilen Selbstwert, dem Gefühl von Verantwortlichkeit und der Überzeugung, etwas bewirken zu können.

Bis hierhin war die Rede von mehr oder weniger bewussten Einflüssen der Person auf ihren Leib-Körper. Es müssen aber auch jene psychogenen Wirkungen zur Sprache kommen, die dem Individuum nicht bewusst sind. Die Rede ist von psychodynamischen Vorgängen, deren Effekte im Leiblich-Körperlichen sicht- und spürbar sind. So werden zum Beispiel positive beziehungsweise negative Erlebnisse und Gefühlszustände im Verlauf des Lebens als Muskelspannungen gespeichert, welche über den Stütz- und Bewegungsapparat die Körperhaltung, die Gesichtszüge, die Bewegungsqualität und die körperliche Befindlichkeit der Person beeinflussen.[8]

Es sollte deutlich gemacht werden, dass leiblich-körperliche Erfahrungen von verschiedenen Dimensionen individueller Körperwirklichkeit ausgehen. Die erste und bedeutendste Einflussgröße allerdings ist das Geschlecht. Nicht weil Frauen und Männer sich biologisch-körperlich unterscheiden, sondern weil die Klassifikation eines Neugeborenen als ‚weiblich' oder ‚männlich' die

---

8 Es sind vor allem tiefenpsychologisch orientierte klinisch-therapeutische Ansätze, die den Aspekt des physischen Ausdrucks psychischen Geschehens zum Gegenstand haben (zusammenfassend: Petzold 1992).

eindeutige und lebenslange Zuordnung zu einer weiblichen oder männlichen Kultur bedingt, die in besonderem Maße auch eine körperliche Kultur ist.[9]

4. Die Körpererfahrung der Geschlechtlichkeit

Die Geschlechterkategorien sind kulturelle Ordnungssysteme, die menschliche Erfahrungen binär strukturieren. Auch die Wahrnehmung des geschlechtlichen Leib-Körpers ist nur innerhalb der vorgegebenen zweigeschlechtlichen Kategorisierung möglich. Menschen werden demzufolge mit einem geschlechtlichen Leib-Körper geboren, dessen Regungen, Wahrnehmungen und Empfindungen sie aber nur im Raster ‚weiblich/männlich' deuten können.

Geschlechtlichkeit bezieht sich auf die Reproduktion der Menschen und entspricht in ihren Polen der Fähigkeit zu gebären beziehungsweise zu zeugen. Unter biografischen Aspekten zeichnen sich beide durch Inkonstanz und Potentialität aus: weder ist es dem Individuum möglich, sich über die gesamte Lebensspanne an der Reproduktion zu beteiligen, noch ist es gezwungen, dies überhaupt zu tun. Der angenommenen Gebärfähigkeit wird in der modernen westlichen Kultur eindeutig und lebenslang die soziale Kategorie ‚Frau' und der potentiellen Zeugungsfähigkeit die Kategorie ‚Mann' zugeordnet. Obwohl biologische Forschungen zur Geschlechtszugehörigkeit diese scharfe Trennung nicht bestätigen können, besitzt sie im Alltagswissen uneingeschränkte Gültigkeit (vgl. Christiansen 1995).

Der Organismus vermittelt erst mit Beginn der Pubertät wenn Mädchen und Jungen die Geschlechtsreife erlangen und hormonelle Unterschiede wirksam werden spezifische körperliche Erfahrungen. Bis dahin läuft ihre körperliche Entwicklung bis auf geringe zeitliche Verschiebungen im wesentlichen parallel ab. Die soziokulturellen körperbezogenen Erfahrungen der Geschlechter jedoch unterscheiden sich schon ab dem Zeitpunkt der Geburt. Mädchen und Jungen wachsen in eine weibliche beziehungsweise männliche Körperkultur hinein, die wie zwei parallele Welten nebeneinander existieren und sich über die gesamte Lebensspanne erstrecken. Die sozial vermittelten Körpererfahrungen haben demnach einen wesentlich stärkeren Einfluss auf die geschlechtliche leib-körperliche Identität als die bio-physiologischen Erfahrungen.

Im Folgenden sollen die spezifischen Bedingungen des Aufwachsens und des Älterwerdens in dieser somatischen Kultur der Zweigeschlechtlichkeit in einigen ausgewählten Aspekten dargestellt werden. Um die Wirkung der geschlechtertrennenden Körpererfahrungen vermitteln zu können, werden die

---

9 Zu den Mustern polarisierender leib-körperlicher Vergeschlechtlichung siehe Schaufler 2002.

Unterschiede zwischen den Geschlechtern an mancher Stelle pointiert herausgehoben. Die polarisierende Darstellung weist in dieser Form auf Tendenzen hin, die in der westlichen Kultur festzustellen sind. Selbstverständlich gilt nicht alles, was im folgenden für ‚das Mädchen/die Frau' und ‚den Jungen/den Mann' formuliert wird für alle weiblichen beziehungsweise männlichen Personen.[10]

Bereits für die früheste Kindheit weisen Forschungsergebnisse darauf hin, dass weiblichen und männlichen Säuglingen unterschiedliche Körpererfahrungen vermittelt werden. So werden Jungen im Durchschnitt länger gestillt als Mädchen und haben entsprechend häufiger Körperkontakt zur Mutter. Im Kleinkindalter wird ihre Bewegungserfahrung durch Kleidung und Spielzeug gefördert, der Bewegungsraum der Mädchen dagegen eher beschränkt. Während Jungen ihren Körper ausprobieren können und ihre körperliche Leistungsfähigkeit und Geschicklichkeit im Spiel fördern, lernen Mädchen eher auf ihren Körper zu achten. Sie achten auf ihn in zweierlei Hinsicht: einmal, weil ihnen vermittelt wird, ihr Körper sei schwach und gefährdet – hier spielt die Angst der Eltern vor möglichen sexuellen Übergriffen eine Rolle, welche den Umgang mit den Töchtern prägt und eine diffuse Ahnung von Gefahr vermittelt – eine zweite Form der Achtsamkeit, die Mädchen früh verinnerlichen, ist das Achten auf Äußerlichkeiten. Mädchen sollen gefallen – und in der Folge wollen sie dies auch. Während Jungen zweckmäßige Latzhosen tragen, bekommen Mädchen schöne Kleider, die sie nicht schmutzig machen dürfen. Während Jungen mit Inbrunst und Stolz ihre körperlichen Möglichkeiten ausprobieren und im Wettkampf mit anderen vergleichen, sind körperliche Äußerungen von Mädchen schon früh mit einem Tabu belegt: peinlich darauf bedacht, nicht unangenehm aufzufallen, nicht abstoßend oder unanständig zu wirken, halten sie körperliche Bedürfnisse zurück und disziplinieren sich.

Paradoxerweise widersprechen sich die Formen der körperbezogenen Achtsamkeit. Mädchen und Frauen achten auf ein angenehmes Äußeres und gefährden sich dadurch in doppelter Hinsicht – zum einen nehmen sie in Kauf, dass sich potentielle Aggressoren angesprochen fühlen und zum anderen fügen sie ihrem vermeintlich schwachen Körper selbst Schaden zu, indem sie versuchen ihn zu verschönern. Doch auch Jungen zahlen für ihr männlich geprägtes Körperverhalten und Körperverständnis einen Preis. Zwar können sie ihre körperlichen Möglichkeiten ausprobieren, doch immer unter den Maßgaben höher, schneller, weiter. Die Konkurrenz zwischen Jungen führt dazu, dass sie keine Schwächen zeigen wollen und früh verlernen, auf körperliche Signale der Überforderung zu reagieren. Während Mädchen ihren Körper funktionalisieren, um zu gefallen, wird er von Jungen genutzt, um die eigene Kraft zu demonstrieren. Überlastungssyndrome, mangelnde Sensibi-

---

10 Ich beziehe mich im folgenden auf die Arbeiten von Bilden (1991), Hageman-White (1984), Maccoby (1998), Macha (1991), Pfister (1991), Tillmann (1995).

lität für das eigene Befinden und eine auffällige Tendenz zu Risikoverhalten, weisen auf das Phänomen mangelnder Körperwahrnehmung bei Männern hin, welches sich nicht zuletzt in der durchschnittlich geringeren Lebenserwartung von Männern im Vergleich zu Frauen niederschlägt.

Im Verlauf der Schulzeit verstärken sich die Unterschiede der Bewegungs- und Körpererfahrung der Geschlechter weiter. Überspitzt ausgedrückt: Jungen machen Sport, Mädchen lernen ein Instrument; Jungen spielen im Wald, Mädchen im Wohnzimmer; Jungen wollen groß und stark, Mädchen wollen schlank und schön werden. Im Erwachsenenalter setzt sich diese Tendenz fort.

5. Normierungen: Der schöne, schwache Frauenkörper

Die gesellschaftlichen Ideale geben ein Leitbild vor, an dem sich die Geschlechter auszurichten haben, wobei Frauen diesem Anpassungsdruck seit jeher stärker unterliegen als Männer. Die Normvorstellungen und Wertungen des weiblichen Körpers entstanden überwiegend aus männlichen Projektionen und sind Ausdruck hierarchischer Machtverhältnisse und der Arbeitsteilung zwischen den Geschlechtern. Sie führen dazu, dass Frauen ihre Körper disziplinieren und modellieren, um dem männlichen Bild der idealen Weiblichkeit zu entsprechen.

Die leidvolle Erfahrung der eigenen Unvollkommenheit und das verbreitete Leiden am eigenen Körper weisen auf die Bedeutsamkeit des Äußeren für den Selbstwert von Frauen hin.[11] Insbesondere die Zunahme der Schönheitsoperationen, der Essstörungen und der Fitnesssüchtigen zeigt die Macht gesellschaftlicher Körperideale. Der Körper ist ein Symbol für Weiblichkeit und Männlichkeit. Er spricht eine eigene Sprache. Geschlecht, Alter, sozialer Status, Erfolg, Leistungsbereitschaft, Kreativität und Selbstdisziplin – über ihr Styling, ihre Haltung und ihre Art, sich zu bewegen, gibt eine Person viel von sich preis. Den meisten Frauen ist diese Funktion des Körpers stärker bewusst als Männern. Sie spüren den Blick der Anderen gleichsam auf sich gerichtet und nehmen ihn in ihrem eigenen Bild von sich selbst schon vorweg. „Was ziehe ich heute an?" – ist für Frauen weniger als für Männer eine Frage der Funktionalität von Kleidung, des eigenen Befindens und der Lust auf ein bestimmtes Kleidungsstück, sondern vielmehr mit Überlegung verbunden wie beispielsweise: „Wer wird mich heute sehen? Wie will ich heute wirken?"

---

11 Die unterschiedlichen Aspekte der normierenden Betrachtung des weiblichen Körpers als „schönem Körper" werden behandelt von Bordo (1993), Callaghan (1994), Drolshagen (1995), Kugelmann (1996), Sobiech (1994).

Die Bedeutung der Mode ist in den letzten Jahren allerdings gesunken. Ihre Funktion der sozialen Distinktion hat mehr und mehr der Körper selbst übernommen. Seit modische Bekleidung auch zu günstigen Preisen zu haben ist und teure Kleidung nicht unbedingt mehr teuer aussieht, ist die Aussagekraft der Hülle zurückgegangen. Das Darunter: der schlanke, straffe und gebräunte Körper also ist das Statussymbol der Zeit. Das Ideal wird von einer mächtigen Industrie gestützt und über die Medien mannigfach verbreitet. Mit der Allgegenwart der Normierungen und Instruktionen wächst der Druck, dem biologischen Alterungsprozess entgegenzuwirken. Während Frauen damit hadern, dass sie sich mit den Jahren zwangsläufig vom jugendlichen Schönheitsideal entfernen, leiden Männer weniger am Verlust ihrer Attraktivität als an der Einschränkung ihrer Leistungsfähigkeit.

Wie dargestellt bezieht sich ein Teil des Netzes aus sozialen Zuschreibungen, welches sich um den Frauenkörper rankt, auf den weiblichen Körper als dem „schönen Körper". Die kulturelle Ästhetisierung von Frauen appelliert an die Selbstdisziplin und Körperkontrolle der Frauen. Die Maßgaben werden durch die Sanktionen der Mitwelt kontrolliert – sei es im beruflichen Bereich, wo ein angenehmes Äußeres den beruflichen Aufstieg begünstigen kann, sei es in der privaten Sphäre, wo nicht zuletzt ein schöner Körper soziale Positionen bestimmt, Kontakte erleichtert und die eigene Weiblichkeit bestätigt.

Ein weiterer Aspekt des sozialen Zugriffes auf den Frauenkörper lässt sich unter dem Stichwort „Pathologisierung" zusammenfassen.[12] Die Auffassung, dass der weibliche Körper kränklicher – ja sogar krankhaft – sei, hat eine lange Tradition und konstituiert sich aus der vergleichenden Betrachtung mit dem männlichen Körper. Die wissenschaftshistorische Gleichsetzung von Mann und Mensch führte dazu, dass die Frau zum abweichenden Prinzip und in der Folge als das Mindere charakterisiert wurde. Physiologischen Funktionen und Vorgängen wie zum Beispiel der Menstruation oder dem Gebären eines Kindes, aber auch der altersbedingten Veränderung des Frauenkörpers wurde ein spezifischer Krankheitswert zugeschrieben. So wurde die harmlose, aber als unattraktive geltende Oberflächenveränderung der Haut, die wir heute Cellulite nennen, bis vor wenigen Jahren noch als „Cellulitis" bezeichnet; wobei die Endung „-itis" im medizinischen Sprachgebrauch eine Entzündung, also ein krankhaftes Geschehen kennzeichnet.

Wenn Frauen das „kranke Geschlecht" sind, so eröffnet diese Festlegung mannigfaltige Möglichkeiten des öffentlichen Zugriffs auf den weiblichen Körper und – davon nicht zu trennen – auf die weibliche Person. Der Körper wird von außen und von innen betrachtet, betastet, vermessen und zerlegt: Organe werden amputiert (zum Beispiel die Gebärmutter), Substanzen substituiert (zum Beispiel Hormone), physiologische Prozesse manipuliert (etwa

---

12 Die normative Verknüpfung von Weiblichkeit und Krankheit ist u.a. Gegenstand der Arbeiten von Maschewsky-Schneider (1996), Stahr et al. (1991).

der Geburtsverlauf) und die eigene Körperwahrnehmung unterminiert (beispielsweise durch häufige Ultraschallkontrollen während der Schwangerschaft). Die Legitimation ärztlichen Eingreifens bezieht sich aus der Festlegung des weiblichen Körpers als schwach und gefährdet. Der weibliche Körper wird zum Gegenstand sachverständiger Kontrolle und dadurch der individuellen Selbstbestimmung entzogen. Die Beurteilung des eigenen Körpers liegt im Zuständigkeitsbereich eines professionell Geschulten und ist nicht mehr Gegenstand der eigenen Wahrnehmung. Dies hat zur Folge, dass sich viele Frauen unsicher fühlen, was ihren Leib-Körper betrifft, dass sie dazu neigen, Expertenurteile einzuholen, wo sie körperliche Signale selbst einschätzen könnten, dass sie physiologische Vorgänge negativ begreifen und schmerzhaft erleben, zu Medikamenten greifen, um dem rasche Abhilfe zu schaffen und, dass sie Eingriffen in ihren Organismus zustimmen, die für sie im Anschluss möglicherweise nur schwer zu verarbeiten sind.

6. Körperbiografien in somatischen Kulturen der Zweigeschlechtlichkeit

Die wesentlichen Elemente biografischer Beschreibung ergeben sich aus der Interdependenz äußerer und innerer Geschichte und dem Erleben ihrer Einheit. Auf den Leib-Körper bezogen besteht die Geschichte aus leiblich-körperlichen Veränderungen, die mit Reifung, Wachstum und Altern zusammenhängen, aus lebensgeschichtlichen Ereignissen und Handlungen, die sich leiblich und körperlich spürbar auf den Organismus auswirken, sowie aus der Verarbeitung von Erlebtem, welches sich in den Leib-Körper einschreibt.

Es kann festgehalten werden, dass individuelle leib-körperliche Identität lebensgeschichtlich zwar das Ergebnis des Zusammenwirkens biologischer, soziokultureller und psychischer Faktoren ist, die Unterschiede im Körpererleben von Frauen und Männern, jedoch stärker von gesellschaftlich vermittelten Bildern abhängen als von der eigenen Physis. Die abendländische Kultur der Moderne hält für Frauen und Männer unterschiedliche Körperwelten bereit. Die daraus folgende geschlechterbezogene Selektion von Körpererfahrung reduziert wesentlich das Spektrum leib-körperlichen Erlebens und birgt für die Frauen die Gefahr einer Fixierung auf ihr Aussehen und auf ihre vermeintliche Anfälligkeit, die zur Folge hat, dass ihr Körper professioneller Überwachung und Hilfe bedarf. Dem männlichen Stereotyp hingegen entspricht auf leib-körperlicher Ebene die Forderung nach Stärke, Unempfindlichkeit und Leistungsvermögen.

Die geschlechtsbezogenen Deutungsmuster der Körper organisieren leib-körperliche Identität über die institutionalisierten Formen des konkreten Umgangs mit dem Körper – beispielsweise über spezifische Spielmöglichkeiten im Kindesalter, über Bewegungsangebote im Sport oder die Einrichtung gesonderter Fachrichtungen der Medizin. Sie konstituiert sich aber auch im Rahmen vorgegebener sprachlicher und symbolischer Strukturen, die Zweigeschlechtlichkeit zur Norm der gegenwärtigen Kultur erheben, sie im Sinne einer unhinterfragbaren Evidenz an den Körper binden und damit naturalisieren. Nur durch die allgegenwärtige Symbolisierung weiblicher und männlicher Körper erfahren Frauen ihren Körper als weiblich und sich leibliche als Frau – ebenso die Männer. Die Polarisierung der Geschlechter bedeutet für das Individuum im Hinblick auf seinen Körper eine Einschränkung in der Weise, als Menschen dasjenige Geschlecht leib-körperlich zu werden und zu bleiben haben, das ihre Physis vorgibt zu sein.

Wären die Grenzen zwischen den Körperwelten durchlässiger, so könnten sich Weiblichkeits- und Männlichkeitszwänge reduzieren. Die positiven Erscheinungen weiblicher leib-körperlicher Identität wie zum Beispiel Sensibilität und das verantwortliche Gesundheitsverhalten und die positiven Aspekte männlicher leib-körperlicher Identität wie die eher gelassene Haltung zum eigenen Körper und seinem Aussehen würden sich positiv ergänzen. Um sich in seinem Körper wohl zu fühlen, ihn anzunehmen und für ihn zu sorgen, wäre es wünschenswert, sich auf die dritte Dimension individueller Leib-Körperlichkeit zu besinnen, die Kraft und die freie Entscheidung der Person. Menschen haben die Macht und die Mittel, die Wirksamkeit normierender gesellschaftlicher Körpervorstellungen für sich zu relativieren und sich in verantwortlicher Weise für den eigenen Körper zu entscheiden. Das Wissen um die Prozesse der leib-körperlichen Identität ist ein erster Schritt in diese Richtung – das Aufdecken von geschlechtsspezifischen Zusammenhängen eine wichtige Aufgabe der Geschlechterforschung.

Literatur

Barkhaus, Annette u.a. (Hrsg.) (1996): Identität, Leiblichkeit, Normativität, Frankfurt a.M.
Bielefeld, Jürgen (Hrsg.) (1991): Körpererfahrung. Grundlage menschlichen Bewegungsverhaltens, Göttingen, 3–33.
Bilden, Helga (1991): Geschlechtsspezifische Sozialisation. In: Hurrelmann, Klaus/Ulich, Dieter (Hrsg.): Neues Handbuch der Sozialisationsforschung, Weinheim/Basel, 281–301.
Boltanski, Luc (1976): Die soziale Verwendung des Körpers. In: Kamper, Dietmar/Rittner, Volker (Hrsg.): Zur Geschichte des Körpers, München/Wien.
Bordo, Susan (1993): Unbearable Weight. Feminism, Western Culture, and the Body, Berkely/Los Angeles/London.
Callaghan, Karen A. (Hrsg.) (1994): Ideals of Feminine Beauty: Philosophical, Social, and Cultural Dimensions, Westport.
Christiansen, Kerrin (1995): Biologische Grundlagen der Geschlechterdifferenz. In: Pasero, Ursula/Braun, Friederike (Hrsg.): Konstruktionen von Geschlecht, Pfaffenweiler, 13–28.
Drolshagen, Ebba D. (1995): Des Körpers neue Kleider: Die Herstellung weiblicher Schönheit, Frankfurt a. M.

Du Bois, Reimar (1990): Körpererleben und psychische Entwicklung, Göttingen.
Elias, Norbert (1993): Über den Prozess der Zivilisation: Soziogenetische und psychogenetische Untersuchungen, Bd.1: Wandlungen des Verhaltens in den weltlichen Oberschichten des Abendlandes, Frankfurt a.M.
Elias, Norbert (1994): Über den Prozess der Zivilisation: Soziogenetische und psychogenetische Untersuchungen, Bd.2: Wandlungen der Gesellschaft. Entwurf zu einer Theorie der Zivilisation, Frankfurt a.M.
Featherstone, Mike/Hepworth, Mike/Turner, Bryan (Hrsg.) (1991): The Body. Social Process and Cultural Theory, London/Newbury Park/New Dehli.
Fischer-Rosenthal, Wolfram (1999): Biographie und Leiblichkeit. Zur biographischen Arbeit und Artikulation des Körpers. In: Alheit, Peter u.a. (Hrsg.): Biographie und Leib, Giessen, 15–43.
Fisher, Seymour/Cleveland, S. E. (1968): Body Image and Personality, New York.
Foucault, Michel (1969): Wahnsinn und Gesellschaft. Eine Geschichte des Wahns im Zeitalter der Vernunft, Frankfurt a.M.
Foucault, Michel (1976): Überwachen und Strafen. Die Geburt des Gefängnisses, Frankfurt a.M.
Foucault, Michel (1977–1986): Sexualität und Wahrheit, 3 Bde., Frankfurt a.M.
Galli, Giuseppe (1998): Psychologie des Körpers. Phänomenologie und Hermeneutik, Wien/Köln/Weimar.
Hagemann-White, Carol (1984): Sozialisation: Weiblich – männlich? Alltag und Biografie von Mädchen, Bd.1., Opladen.
Hurrelmann, Klaus (1995): Einführung in die Sozialisationstheorie. Über den Zusammenhang von Sozialstruktur und Persönlichkeit, Weinheim.
Kamper, Dietmar/Wulf, Christoph (Hrsg.) (1982): Die Wiederkehr des Körpers, Frankfurt a.M.
Keupp, Heiner/Höfer, Renate (Hrsg.) (1997): Identitätsarbeit heute. Klassische und aktuelle Perspektiven der Identitätsforschung, Frankfurt a.M.
Keupp, Heiner u.a. (1999): Identitätskonstruktionen. Das Patchwork der Identitäten in der Spätmoderne, Reinbek.
Kugelmann, Claudia (1996): Starke Mädchen – schöne Frauen? Butzbach-Griedel.
Maccoby, Eleanor (1998): The two Sexes. Growing up apart, coming together, Cambridge u.a.
Macha, Hildegard (1989): Pädagogisch-anthropologische Theorie des Ich, Bad Heilbrunn.
Macha, Hildegard (1991): Mädchen und Jungenerziehung in der Familie: Aspekte einer Anthropologie der Geschlechter. In: Institut Frau und Gesellschaft (Hrsg.): Frauenforschung, Bielefeld, 15–26.
Marcel, Gabriel (1954): Sein und Haben, Paderborn.
Marcel, Gabriel (1986): Leibliche Begegnungen. Notizen aus einem gemeinsamen Gedankengang, bearbeitet von H.A. Fischer-Barnicol. In: Petzold, Hilarion (Hrsg.): Leiblichkeit. Philosophische, gesellschaftliche und therapeutische Perspektiven, Paderborn, 15–46.
Maschewsky-Schneider, Ulrike (Hrsg.) (1996): Frauen – das kranke Geschlecht? Mythos und Wirklichkeit, Opladen.
Mauss, Marcel (1975): Die Techniken des Körpers. In: Ders.: Soziologie und Anthropologie, Bd. 2, München/Wien, 199–220.
Merleau-Ponty, Maurice (1966): Phänomenologie der Wahrnehmung, Berlin.
Paulus, Peter (1982): Zur Erfahrung des eigenen Körpers, Weinheim/Basel.
Petzold, Hilarion (Hrsg.) (1992): Die neuen Körpertherapien, München.
Pfister, Gertrud (1991): Mädchenspiele – Zum Zusammenhang von Raumaneignung, Körperlichkeit und Bewegungskultur. In: *Sportunterricht 40*, 165–175.

Plessner, Helmut (1965): Die Stufen des Organischen und der Mensch. Einleitung in die philosophische Anthropologie, Berlin.
Rittner, Volker (1991): Körper und Körpererfahrung in kulturhistorisch-gesellschaftlicher Sicht. In: Bielefeld, Jürgen (Hrsg.): Körpererfahrung. Grundlagen menschlichen Bewegungsverhaltens, Göttingen, 125–155.
Schaufler, Birgit (2002): ‚Schöne Frauen – Starke Männer'. Zur Konstruktion von Leib, Körper und Geschlecht, Opladen.
Schilder, Paul (1935): The Image and Appearance of the Human Body, New York.
Sobiech, Gabriele (1994): Grenzüberschreitungen. Körperstrategien von Frauen in modernen Gesellschaften, Opladen.
Stahr, Ingeborg/Jungk, Sabine/Schulz, Elke (Hrsg.) (1991): Frauengesundheitsbildung, Weinheim/München.
Tillmann, Klaus-Jürgen (1995): Sozialisationstheorien, Reinbek b. Hamburg.

Körperbilder in historischer Perspektive:
Der Körper in der Geschichte

Veit Rosenberger

Die schöne Leiche.
Lucretia und der römische Mythos von der Vertreibung der Könige

Als am 15. April 1485 bei Bauarbeiten in Rom auf dem Gelände des Klosters Santa Maria nuova in der Nähe der via Appia der wohl im 1. oder 2. Jh. n.Chr. einbalsamierte Körper eines etwa fünfzehnjähigen Mädchens gefunden wurde, rief dies großes Aufsehen hervor. Nach der Aussage eines Zeitgenossen handelte es sich um eine außergewöhnlich schöne junge Frau. Ihr Gesicht war so gut erhalten, dass es schien, als sei sie erst am Tag zuvor verstorben; die Augenlider ließen sich bewegen, die Nasenflügel waren so unversehrt und so weich, dass man sie mit dem Finger zudrücken konnte, selbst die Zunge soll noch so elastisch gewesen sein, dass sie sich ein Stück herausziehen ließ und dann wieder von alleine zurückzog. Eine Zeichnung hat sich erhalten, auf der das Mädchen nackt vor dem Sarkophag aufgebahrt liegt. Noch am Tage der Entdeckung sollen 20.000 Menschen zusammengeströmt sein. Zwei Tage danach wurde der Leichnam unter einem gewaltigen Menschenauflauf zum Konservatorenpalast auf das Kapitol überführt, wo zahlreiche Besucher den Leichnam betrachteten. Der Körper war mit einer dicken wohlriechenden Substanz überzogen; wurde die Substanz an einer Stelle abgewaschen, so verfärbte sie sich in weniger als einer Stunde schwarz. Einige Zeit später wurde der Leichnam auf Veranlassung von Papst Innozenz VIII. des Nachts an unbekanntem Ort verscharrt; andere Versionen behaupten, die Leiche sei in den Tiber geworfen worden. Der Humanist Conrad Celtis (1459–1508), der zwei Jahre später zum *poeta laureatus* des Reichs gekrönt werden sollte, verfasste ein Epigramm, in dem das Mädchen über den Verfall Roms und die üblen Sitten der Zeitgenossen von Celtis klagt. Die Gegenwart sei so schlecht, dass in hundert Jahren nichts mehr von Roms Glanz übrig sein werde[1].

---

1 R. Lanciani, Pagan and Christian Rome, Cambridge 1892, 294–301 sammelt die zeitgenössischen Zeugnisse; D.B. Counts, Regum Externorum Consuetudine: The Nature and Function of Embalming in Rome. In: Classical Antiquity 15, 1996, 189–202; L. Forster, Selections from Conrad Celtis (1459–1508), Cambridge 1948, Abbildung auf pl. II.

Wenn Celtis seine Klage über die Zeitläufte und seine Forderung nach Änderungen mit dem Leichnam einer schönen jungen Frau verknüpfte, so stand er damit in einer langen Tradition. In diesem Beitrag soll untersucht werden, mit welchen Vorstellungen der Leichnam einer anderen schönen jungen Frau, Lucretia, in der antiken Überlieferung verbunden war.

Tarquinius Superbus, dem verhassten letzten König Roms, soll gegen Ende seiner 25jährigen Herrschaftszeit ein unheilverkündendes Zeichen erschienen sein: Ein Schwarm Geier stürzte sich auf einen Adlerhorst im Garten des Königspalastes, zerstörte das Nest, tötete die Jungvögel und verjagte die Eltern[2]. Dieses im nachhinein konstruierte Vorzeichen lässt sich unschwer deuten. Der Adler steht für den Monarchen, der von einem Schwarm anderer mächtiger Raubvögel vertrieben wird, wobei die Geier die Senatoren symbolisieren. Auch wenn, wie es heißt, der König sich von dieser Stunde an in besonderem Maße vor Aufrührern hütete, sollte es bis zu seinem Sturz nicht mehr lange dauern. Den Anlass zur Vertreibung des Königs aus Rom lieferte Lucretia, die sich das Leben nahm, nachdem sie vom Sohn des Königs vergewaltigt worden war. Kaum eine Gestalt aus der römischen Geschichte übt eine größere Anziehungskraft auf die Phantasie der Nachwelt aus als Lucretia. Maler wie Dürer, Cranach und Tizian nahmen sich des Themas an, die Verarbeitungen und Abwandlungen des Stoffes in der Literatur sind zahllos[3].

Die Geschichte selbst ist schnell erzählt: Als einigen römischen Adligen bei der Belagerung von Ardea, einem Ort etwa 30 km südlich von Rom, abends beim Zechen die Zeit zu lang wird, wetteifern sie, wer die tüchtigste Ehefrau hat. Sie beschließen, ihren Frauen einen überraschenden Besuch abzustatten, um sie zu prüfen. Bei dieser Prüfung schneidet Lucretia, die Frau des Tarquinius Collatinus, am besten ab. Sie ist noch spät in der Nacht zusammen mit ihren Dienerinnen bei der Arbeit, während ihre Standesgenossinnen es sich gut gehen lassen. Sextus Tarquinius, der Sohn des tyrannischen Königs Tarquinius Superbus, wird von ihrer Anmut entflammt. Er kommt einige Tage später ohne Wissen des Gatten als Gast zurück und findet freundliche Aufnahme. In der Nacht betritt er mit gezogenem Schwert die Kammer der Lucretia und stellt sie vor eine ausweglose Alternative. Entweder ist sie ihm zu Willen oder er tötet sie und legt einen nackten Sklaven zu ihr ins Bett, den er ebenfalls tötet. Dem Ehemann würde er sagen, er habe die

---

2 Dionys von Halikarnass 4,63.
3 H. Galinsky, Der Lucretia-Stoff in der Weltliteratur, Breslau 1932 (grundlegend); I. Donaldson, The Rapes of Lucretia, A Myth and its Transformations, Oxford 1982; R. Klesczewski, Wandlungen des Lucretia-Bildes im lateinischen Mittelalter und in der italienischen Literatur der Renaissance. In: E. Lefèvre u. E. Olshausen (Hrsg.), Livius. Werk und Rezeption, Festschrift für Erich Burck zum 80. Geburtstag, München 1983, 313–335; N. Holzberg, Metamorphosen des römischen Mythos in Antike, Mittelalter und Neuzeit am Beispiel der Lucretia-Legende. In: Symposium Latein 2000, Dillingen 1992, 195–210; M.Th. Fögen, Römische Rechtsgeschichten, Göttingen 2002, 36–55.

beiden beim Ehebruch ertappt und sofort bestraft. Lucretia hat keine Wahl, sie unterwirft sich dem Willen des Sextus Tarquinius; am nächsten Tag ruft sie ihren Mann und ihren Vater zusammen, beschwört sie, die ihr zugefügte Schande zu rächen und erdolcht sich. Die Männer sind empört und beschließen, den tyrannischen König und seine Familie zu vertreiben.

Nach der römischen Tradition musste Tarquinius Superbus im Jahre 509 v.Chr. Rom verlassen, wobei dieses Ereignis in der Forschung zum Teil erst in die Zeit um 470 v.Chr. angesetzt wurde. Datierungsprobleme sollen uns hier nicht beschäftigen, lassen sich aber als Indiz für die Quellenlage verstehen, da die Quellen erst im Abstand von etwa einem halben Jahrtausend verfasst wurden; zu nennen sind die Historiker Livius, Dionys von Halikarnass und Diodor sowie der Dichter Ovid. Aufgrund dieser Situation sollten wir nicht aus den Texten in kriminalistischer Manier verschiedene Schichten der Überlieferung trennen, den historischen Kern herausschälen oder bruchstückhafte Nachrichten älterer Autoren herauspräparieren wollen[4]. Ohnehin bieten die Quellen, durch den großen zeitlichen Abstand bedingt, kaum Fakten, sondern vor allem Fiktionen, Konstruktionen und Mythen, wobei der Begriff Mythos in der Definition von Jan Assmann verwendet wird: Mythos ist ein semantisch aufgeladenes Bild der Vergangenheit[5]. Dies gilt in besonderem Maße für die Lucretia-Geschichte, hatte doch die Vertreibung der Könige für römische Mentalitäten, für das politische Selbstverständnis der Römer eine enorme Bedeutung. An diesem Wendepunkt setzte das republikanische System mit jährlich wechselnden Amtsträgern ein, die paarweise gewählt wurden und sich also gegenseitig kontrollierten. Während der gesamten späteren römischen Geschichte war der Begriff *rex* (= König) verpönt; auch wenn unter Caesar und Augustus die republikanische Staatsform wieder von einem monarchischen System abgelöst wurde, wagte es bis zum Ende des römischen Reiches kein Herrscher, sich als *rex* zu bezeichnen[6]. Allein an diesem Beispiel offenbart sich schlaglichtartig der Stellenwert der Vertreibung des Königs. Wir befinden uns hier an der vielleicht wichtigsten Scharnierstelle der römischen Geschichte – es ist nicht verwunderlich, wenn sich hier Mythen anlagern.

---

4 So z.B. A. Alföldi, Das frühe Rom und die Latiner, Darmstadt 1977, 147f.; wesentlich moderater: T.J. Cornell, The Beginnings of Rome, London u. New York 1995, 215–218.

5 Cf. J. Assmann, Das kulturelle Gedächtnis. Schrift, Erinnerung und politische Identität in frühen Hochkulturen, 2. Aufl. München 1997, 52, 75 und 78f. Zum Problem der Mythen in Rom J.N. Bremmer u. N.M. Horsfall, Roman Myth and Mythography, London 1987; F. Graf (Hrsg.), Mythos in mythenloser Gesellschaft, Stuttgart u. Leipzig 1993; M. Flashar – H.-J. Gehrke – E. Heinrich (Hrsg.), Retrospektive. Konzepte von Vergangenheit in der griechisch-römischen Antike, München 1996.

6 F. Corsaro, La leggenda di Lucrezia e il regifugium in Livio e in Ovidio. In: E. Lefèvre u. E. Olshausen (Hrsg.), Livius. Werk und Rezeption, Festschrift für Erich Burck zum 80. Geburtstag, München 1983, 107–123.

Aus der Fülle der möglichen Aspekte und Interpretationsmöglichkeiten der Lucretia-Episode soll gezeigt werden, wie – zumindest in der Sicht der späteren Autoren – im Fall der Lucretia Geschlechterkonstruktionen und besonders die Leiche einer jungen Frau als Anlass, Katalysator und Legitimation für die Vertreibung der Könige und die Einrichtung der Republik dienten. Dazu sollen in einem ersten Schritt Tugendvorstellungen und ihre Kontrolle, in einem zweiten Schritt die Zeichenhaftigkeit der Leiche untersucht werden.

1. Tugend und Kontrolle

Aufgrund der Quellenlage ist es offensichtlich, dass die Lucretia-Geschichte in hohem Maß ein literarisches Elaborat darstellt. So finden sich in der Darstellung bei Livius tragische Elemente, während sich der Frauenvergleich als Entlehnung aus der Neuen Komödie verstehen lässt[7]. Bei der Betrachtung der Geschlechterrollen, die sich in der Lucretia-Episode niederschlagen, muss es sich daher vor allem um die Diskurse ihrer Abfassungszeit, also der späten Republik und der frühen Kaiserzeit, handeln; die Geschlechterdiskurse des ausgehenden 6. vorchristlichen Jahrhunderts können wir nicht mehr greifen[8]. Der Mann agierte vor allem im Bereich des Draußen, er betätigte sich als Amtsträger oder als Wähler in der Politik und rückte im Bedarfsfall – der recht häufig gegeben war – ins Feld. Er führte ein Leben, das sich als aktiv beschreiben läßt, und besaß ein kriegerisches Konzept von Ehre. Das Leben der Frau dagegen spielte sich hauptsächlich innerhalb des Hauses ab. Typische Frauenarbeit war das Weben und Spinnen. Die Frau gewann gesellschaftliches Ansehen durch Demut, Gehorsam und Reinheit – kurz, sie nahm eine eher passive Rolle ein. Besonders geeignet für das Verständnis der Qualitäten Lucretias ist der Text einer kaiserzeitlichen Grabinschrift aus Rom. In diesem Epigramm preist der Ehemann seine verstorbene Gattin mit den folgenden Eigenschaften: Wolle spinnend, fromm, züchtig, ordentlich, rein und im Hause weilend[9]. Diese grob skizzierten Ehrenkodizes treffen nur für die Angehörigen der Schicht zu, deren Männer genügend Vermögen besaßen, um ihre militärische Ausrüstung selbst zu finanzieren, also auf die Bürger. Doch auch innerhalb dieser Gruppe ist wohl zwischen Stadt und Land zu differen-

---

7   W. Schubert, Herodot, Livius und die Geschichte des Collatinus in der Lucretia-Geschichte. In: Rheinisches Museum 134, 1991, 80–96; A. Feldherr, Livy's Revolution. In: Th. Habinek u. A. Schiesaro, The Roman Cultural Revolution, Cambridge 1997, 136–157.

8   A. Baumann, The Rape of Lucretia, Quod metus causa and the Criminal Law. In: Latomus 52, 1993, 550–566 sieht in der Episode einen Reflex des zeitgenössischen juristischen Diskurses.

9   Corpus Inscriptionum Latinarum VI 11602: hic sita est Amymone Marci optima et pulcherrima / lanifica pia pudica frugi casta domiseda.

Die schöne Leiche 107

zieren. Angehörige der Unterschicht, die nicht genügend Geld aufbringen konnten, um im Heer zu dienen und deshalb kein Bürgerrecht besaßen, mögen ebenso wie versklavte Menschen anderen Tugendidealen gefolgt sein – soziales Ansehen konnten sie allerdings nie in dem Maß wie die Bürger und ihre Frauen erringen. Der Tugendkatalog als Weg, zu Ansehen und Ehre zu kommen, stellt zugleich ein Mittel sozialer Kontrolle dar, dem sich im Blick auf das Staatswesen beide Geschlechter unterwerfen mussten. Bei der Betrachtung der Mikroeinheiten des römischen Staates, bei den *familiae*, wobei dieser Begriff im Gegensatz zu unserer "Familie" alle Angehörigen eines Haushaltes einschließlich der Sklaven umfasst, sind die Männer gegenüber den Frauen in einer Machtposition, es werden vor allem Frauen kontrolliert[10]. Der Aspekt der Kontrolle lässt sich in der Erzählung über Lucretia auf fünf Ebenen aufdecken.

Die passive Rolle der Frau in der römischen Gesellschaftsordnung

Dies äußert sich unter anderem darin, dass die Figur der Lucretia geradezu von Stimmlosigkeit geprägt ist. Beim Besuch der Männer, die ihre Frauen prüfen wollen, sagt sie kein Wort, ihr Mann lädt die Gäste zum Verweilen ein. Als einige Tage später Sextus Tarquinius in ihr Schlafgemach eindringt, sind Reden und Schweigen klar verteilt. Livius schreibt über den Königssohn:

> Als er den Eindruck hatte, es sei ringsum hinreichend sicher und alles liege in tiefem Schlaf, trat er, glühend vor Verlangen, mit blankem Schwert zu der schlafenden Lucretia, drückte die Frau mit der linken Hand aufs Bett und sagte: "Still, Lucretia! Ich bin es, Sextus Tarquinius. Ich habe eine Waffe in der Hand. Du stirbst, wenn du einen Laut von dir gibst.
>
> *Amore ardens, postquam satis tuta circa sopitique omnes videbantur, stricto gladio ad dormientem Lucretiam venit sinistraque manu mulieris pectore oppresso "Tace, Lucretia", inquit, "Sextus Tarquinius sum; ferrum in manu est; moriere, si emiseris vocem"* (Livius 1,58,2).

Lucretia wird mit Gewalt zum Verstummen gebracht. Als wollte Livius dies noch unterstreichen sind die ersten beiden Worte, die Sextus Tarquinius an sie richtet: *Tace, Lucretia* – Still, Lucretia[11]. In der Version Ovids ist Lucretia noch schweigsamer[12]. Männer sprechen, Frauen schweigen. Lucretia bricht ihr Schweigen nur, um am Tag nach ihrer Vergewaltigung die Verwandten

---

10 Zu den Geschlechterkonstruktionen in Rom: R.A. Baumann, Women and Politics in Ancient Rome, London 1992; G. Duby u. M. Perrot (Hrsg.), Geschichte der Frauen, Bd. 1 hg. von P. Schmitt Pantel, Frankfurt am Main u. New York 1993.
11 S.R. Joshel, The Body Female and the Body Politic: Livy's Lucretia and Verginia. In: A. Richlin (Hrsg.), Pornography and Representation in Greece & Rome, Oxford 1992, 125–128.
12 C.E. Newlands, Playing with Time. Ovid and the Fasti, Ithaca u. London 1995, 146–174.

herbeizurufen. Zugleich übernimmt sie für eine kurze Zeit eine aktive Rolle, die bis zum Selbstmord führt. Nach antiker Vorstellung begeht der Mann den Selbstmord, indem er sich ins Schwert stürzt, die Frau durch Erhängen[13]. Auch wenn dieses Schema nicht immer aufgeht – Sokrates etwa leert den staatlich verordneten Schierlingsbecher – lohnt sich ein Blick in die Statistik. Aus der römischen Antike sind nur 17 Fälle von Frauen, die sich mit einer Waffe töteten, bekannt; diesen 17 stehen 135 Männer, die mit einer Waffe Selbstmord begingen, gegenüber[14]. Lucretia tötete sich auf eine männliche Weise. Nach Valerius Maximus hatte Lucretia eine männliche Seele, die durch einen unglücklichen Irrtum des Schicksals den Körper einer Frau erlost hatte[15]. Lucretia verfügt über ein solches Ausmaß an Männlichkeit, vor allem an Ehre, dass sie als ein Betriebsunfall der Natur angesehen wird. Eigentlich hätte sie ein Mann werden sollen. Führen wir den Gedankengang des Valerius Maximus weiter, so können wir sagen: Durch den Selbstmord blüht die männliche Seele Lucretias für einen kurzen Moment auf, allerdings um den Preis, dass sie ihren Körper verlassen muss.

Die männliche Kontrolle der Tugend

Im Feldlager vor dem belagerten Ardea sitzen die Söhne des Königs und einige weitere Adlige, unter ihnen auch Tarquinius Collatinus, der Gatte der Lucretia. Sie reden nicht nur über ihre Frauen, sondern kontrollieren sie durch den plötzlichen und unerwarteten Besuch. Als sicherstes Zeichen der Tugend der Frauen gilt das, wie Tarquinius Collatinus erklärt, "was es zu sehen gibt, wenn der Mann unerwartet auftaucht". Das Resultat ist folgendes:

> Sie ritten dann noch weiter nach Collatia, wo sie Lucretia keineswegs so vorfanden wie die Töchter des Königs – diese hatten sie angetroffen, wie sie sich bei Gelage und Spiel mit Gleichgestellten die Zeit vertrieben –, sondern sie saß noch spät in der Nacht, mit der Wolle beschäftigt, im Inneren des Hauses unter ihren bei Lampenlicht arbeitenden Mägden.
>
> *Pergunt inde Collatiam, ubi Lucretiam haudquaquam ut regias nurus, quas in convivio lusuque cum aequalibus viderant tempus terentes, sed nocte sera deditam lanae inter lucubrantes ancillas in medio aedium sedentem inveniunt" (Livius 1,57,9).*

---

13 N. Loraux, Tragic Ways of Killing a Woman, Cambridge (Mass.) u. London 1987, 7–30; cf. J.L. Voisin, Deux archétypes de la mort volontaire: Lucrèce et Horatius Cocles?. In: La Rome des premiers siècles, actes de la table ronde en l'honneur de Massimo Pallottino, Florenz 1992, 257–266.

14 A.J.L. van Hooft, Female Suicide – Between Ancient Fiction and Fact. In: Laverna 3, 1992, 142–172, bes. 149. Siehe auch die Diagramme auf 155, die einen Überblick über die Selbstmorde in der gesamten griechisch-römischen Antike geben: 46% der Männer und 25% der Frauen töten sich mit einer Waffe; 13% der Männer und 34% der Frauen töten sich durch Erhängen.

15 Valerius Maximus 6,1,1; ähnlich Dionys von Halikarnass 4,82,3.

Die schöne Leiche 109

In dieser Darstellung sind die Kontraste unübersehbar. Die Töchter des Königs umgeben sich mit vornehmen Frauen, Lucretia in ihrer Demut sitzt im Haus zusammen mit den niedriger gestellten Dienerinnen; während die Frauen des Königshauses dem Gelage und dem Spiel frönen und buchstäblich die Zeit totschlagen (*tempus terentes*), arbeitet Lucretia. Der Preis für die größte Tugend, durch die Ehemänner entschieden, geht unzweifelhaft an Lucretia.

Die normative Kraft der Tugend

Eine Frau muss sich innerhalb ihrer Familie während ihres Lebens zwei Instanzen gegenüber verantworten. Solange sie unverheiratet ist, dem Vater, nach der Heirat dem Ehemann. Beide Instanzen, das zeigt sich deutlich bei Livius, sprechen Lucretia von der Schuld frei. Damit ist sie gesellschaftlich salviert. Doch Lucretia entzieht sich der Kontrolle. Sie übererfüllt das moralische Soll, das von der Gesellschaft erwartet wird, indem sie sich selbst tötet. Noch bei ihrem Selbstmord denkt sie an die gesellschaftliche Fortwirkung ihrer Tugend:

> Ich kann mich zwar von dem Fehler freisprechen, der Strafe aber will ich mich nicht entziehen; und es soll künftig keine unzüchtige Frau unter Berufung auf Lucretia weiterleben." Damit stieß sie sich ein Messer, das sie unter ihrem Kleid verborgen hatte, ins Herz.
>
> *Ego me etsi peccato absolvo, supplicio non libero; nec ulla deinde impudica Lucretiae exemplo vivet." Cultrum, quem sub veste abditum habebat, eum in corde defigit (Livius 1,58,10–11).*

Lucretia will nicht zum Präzedenzfall werden, durch den die moralischen Kontrollmechanismen Roms umgangen werden können[16]. Im Unterschied zu den Frauen des Königshauses denkt sie an die Zukunft.

Die Perversion der Tugend durch den Königssohn

Sextus Tarquinius wird von der Schönheit Lucretias und von ihrer Tugend angezogen, die er erobern will. Durch seine Drohung, Lucretia im Falle der Abweisung zu töten und einen nackten Sklaven, den er ebenfalls umbringen würde, zu ihr ins Bett zu legen, verkehrt er nicht nur die Tugendvorstellungen, sondern übernimmt die Kontrolle, die eigentlich dem Gatten oder allenfalls dem Vater zusteht. Der Königssohn greift in die Rechte des Ehemanns ein und ist damit für die Leser des Livius eindeutig tyrannisch. Einen Schritt weiter geht Sextus Tarquinius in der Darstellung bei Diodor (10,20) und Dio-

---

16 D.C. Moses, Livy's Lucretia and the Validity of Coerced Consent in Roman Law. In: A.E. Laiou (Hrsg.), Consent and Coercion to Sex and Marriage in Ancient and Medieval Societies, Washington 1993, 39–81.

nys von Halikarnass (4,65) – er bietet Lucretia reiche Geschenke an, will sie heiraten und stellt ihr in Aussicht, Königin zu werden, da er als der älteste Sohn von Natur aus Nachfolger seines Vaters sei. Da Lucretia mit einem anderen Mann, auch wenn es gegen ihren Willen war, Geschlechtsverkehr hatte, ergibt sich noch ein weiterer Verlust der ehelichen Kontrolle. Der Ehemann weiß nicht, ob das nächste Kind von ihm oder von einem anderen kommt – dieser Aspekt mag zunächst banal erscheinen, doch gerade bei der Untersuchung von Mythen erweist sich, dass Vergewaltigungen sehr häufig auch Zeugungsakte sind[17]. Durch ihren Selbstmord tötet Lucretia den Enkel des tyrannischen Königs, der nur Übel in die Welt bringen könnte.

Die uneingeschränkte Herrschaft des Königs

Im Bericht des Livius wird offensichtlich, dass der König und seine Familie nach Dingen gieren, die ihnen nicht zustehen und die sie sich nehmen. Dies gilt bereits für den Krieg, in dem man sich gerade befindet. Tarquinius Superbus kämpft gegen Ardea, weil er in der reichen Stadt Beute machen will, um sich die Gunst seiner Untertanen zu erkaufen, die zu Bauarbeiten und Sklavendiensten gezwungen worden waren (Livius 1,57,1–2). Diese Argumentation musste ein römisches Publikum hellhörig machen, spielte doch die Meinung, dass ein Krieg gerecht (*bellum iustum*) sein müsse, eine wichtige Rolle im Selbstverständnis der Römer. Der Sachverhalt eines gerechten Krieges war gegeben, wenn die Feindseligkeiten vom Gegner ausgegangen waren oder wenn man Verbündeten half. Beutegier hingegen machte den Konflikt zu einem ungerechten Krieg und denjenigen, der ihn verursacht hatte, zu einem ungerechten Herrscher. Tyrannische Züge gewinnt Tarquinius Superbus noch dadurch, dass er seine Untertanen zu Sklavendiensten, also zu Arbeiten, die unter ihrer Würde liegen, angetrieben hatte. Die Kontrolle des Königs geht zu weit.

Doch erst mit Lucretias Selbstmord wird es den ihr nahestehenden Männern klar, dass der König und seine Familie in unerträglichem Übermaß Kontrolle ausüben. Die Männer können sich das Verhalten der Königsfamilie nicht bieten lassen, andernfalls verlieren sie ihre Ehre. An der Spitze der Umstürzler stehen Lucius Tarquinius Collatinus und Lucius Iunius Brutus, beide eng mit der Legende um Lucretia verbunden, ersterer ihr Gatte, letzterer ein Verwandter. Diese beiden stellen auch, so will es die Überlieferung, das erste Konsulpaar in der Geschichte Roms. Dass beide auch weitläufig mit dem Königshaus verwandt sind, stört sie in ihrer republikanischen Haltung wenig: Tarquinius Superbus muss weichen.

---

17 G. Doblhofer, Vergewaltigung in der Antike, Stuttgart u. Leipzig 1994, 9–17; J.A. Arieti, Rape and Livy's View of Roman History. In: S. Deacy u. K.F. Pierce (Hrsg.), Rape in Antiquity, London 1997, 212–214.

2. Die Semantik der Leiche

Lucretias Selbstmord wird zumeist als Opfer für das Gemeinwesen interpretiert; vergleichbar mit einem Sündenbock opfert sie sich und befreit sich und den Staat von der Schande[18]. Ein weiterer Aspekt eröffnet sich bei der Untersuchung der Rolle, die der Körper Lucretias spielt. Hier ist vor allem auf die Gleichsetzung von Staatswesen und Körper zu verweisen, die auch in den modernen Sprachen in Begriffen wie "Gesellschaftskörper" und *body politic* Ausdruck findet. Aus der römischen Tradition kennen wir die berühmte Rede des Menenius Agrippa, mit der er das Volk zur Aufgabe der Abspaltung bewegte. Agrippa verglich dabei den Staat mit einem Körper, in dem jedes Teil seine Funktion hat, und der nur dann gesund ist, wenn alle miteinander harmonieren. Eine besonders enge Verbindung zwischen dem Gemeinwesen und dem Körper ergibt sich bei den Vestalinnen: Brach eine dieser Hüterinnen des heiligen Feuers ihr Keuschheitsgelübde, so korrespondierte der Verlust der körperlichen Unversehrtheit mit einer unbedingt zu entsühnenden Versehrung des Staatswesens[19]. Es erweist sich, dass in Rom der Körper der Frau besonders geeignet war, den Staatskörper zu repräsentieren[20].

Unter diesen Voraussetzungen gewinnt der Umgang mit dem Körper der toten Lucretia an Bedeutung. Livius berichtet (1,59,3):

> Sie trugen die Leiche der Lucretia aus dem Haus und brachten sie auf den Marktplatz. Durch die Verwunderung über diese unerhörte Tat und die Empörung darüber zogen sie, wie es zu geschehen pflegt, die Menschen herbei.
>
> *Elatum domo Lucretiae corpus in forum deferunt, concientque miraculo, ut fit, rei novae atque indignitate homines.*

Der Marktplatz (*forum*) ist der zentrale Ort, an dem man Handel betreibt, sich versammelt und an dem Nachrichten ausgetauscht werden. Die Schilderung bei Dionys von Halikarnass, einem Vertreter der sogenannten dramatischen Geschichtsschreibung, gerät noch viel eindrucksvoller: Lucretias Leiche, die in der Version von Dionys von Halikarnass von Collatia nach Rom zu ihrem Vater kommt und sich dort umbringt, wird auf einer Bahre zum Forum getra-

---

18 So P.K. Joplin, Ritual Work on Human Flesh. Livy's Lucretia and the Rape of the Body Politic. In: Helios 17, 1990, 51–70; cf. A.Feldherr, Livy's Revolution. In: Th. Habinek u. A. Schiesaro, The Roman Cultural Revolution, Cambridge 1997, 136–157.
19 Livius 2,32,8–12; M. Douglas, Purity and Danger. An Analysis of Concepts of Pollution and Taboo, London 1966, 122–128; R. Sennett, Fleisch und Stein. Der Körper und die Stadt in der westlichen Zivilisation, Berlin 1994, 31f, cf. 41–188; I. Kajanto, The Body Politic. On the History of a Famous Simile. In: Arctos 29, 1995, 49–80; V. Rosenberger, Gezähmte Götter. Das Prodigienwesen der römischen Republik, Stuttgart 1998, 111f.
20 S.R. Joshel, The Body Female and the Body Politic: Livy's Lucretia and Verginia. In: A. Richlin (Hrsg.), Pornography and Representation in Greece & Rome, Oxford 1992, 112–130.

gen. Blutverschmiert und nur mit einem schwarzem Tuch bedeckt wird Lucretia auf dem Forum an exponierter Stelle, wohl neben der Rednertribüne, aufgebahrt. Sogleich sammelt sich um diese Inszenierung eine ständig anwachsende Menschenmenge, zu der Herolde die Einwohner Roms zusammenrufen. Lucius Iunius Brutus steigt auf die Rednertribüne, hält eine flammende Rede bei der Leiche und schwenkt dabei den noch blutigen Dolch in der Hand, mit dem sich Lucretia ermordet hatte. Brutus bezeichnet Lucretia als eine wundervolle Frau, höchst lobenswert für ihren edlen Entschluß, da für sie ihre Freiheit mehr als das Leben galt; sein Lob gipfelt in dem Aufruf an die Männer, nicht hinter Lucretia zurückzustehen (4,76–82).

Allerdings handelt es sich bei dieser Beschreibung nicht nur um eine lediglich literarische Inszenierung, in der das Opfer präsentiert wird, sondern die Situation lässt sich strukturell noch weiter deuten: Der Anthropologe Arnold van Gennep (1873–1957) führte in den wissenschaftlichen Diskurs den Begriff des Übergangsritus ein. Bahnbrechend war die 1909 in französischer Sprache erschienene Monographie *Les rites de passage*, die aber erst seit 1960 nach der Übersetzung ins Englische breite Resonanz fand. Durchgangsriten werden an den wichtigen Wendepunkten des Lebens praktiziert wie etwa Geburt, Hochzeit und Tod. Van Gennep unterschied drei verschiedene Phasen. Zunächst die Ablösung vom normalen Status (*Segregation*), dann eine Schwellenphase (Liminalität), schließlich die Phase der Angliederung (*Aggregation*). Auf den Tod übertragen ist die erste Phase der Prozess des Sterbens, die zweite Phase der tote, aber noch nicht bestattete Körper, die dritte Phase die Bestattung, durch die der Tote auf den Friedhof kommt und somit unter Gleichen ist[21]. Die Liminalität, das Grenzüberschreitende der Leiche kann, wie der Anthropologe Victor Turner zeigte, einer sozialen Gruppe helfen, die Normen neu zu bewerten, sie entweder wieder herzustellen oder zu modifizieren[22]. Elisabeth Bronfen schreibt in ihrer Untersuchung über die Vorstellungen von Tod, Weiblichkeit und Ästhetik im 19. Jahrhundert über die Leiche:

> Die Übergangsphase, die rituelles Sterben von ritueller Wiedergeburt scheidet, trägt oft weibliche Kodierung (...) Dieses Modell gilt außerdem auch für biologische und soziale Schwellenzustände, so dass die Übergangsphase ebenso einen sozial toten, aber nicht körperlich beigesetzten Körper wie einen verwesenden Leichnam involvieren kann.[23].

Was Bronfen für das 19. Jahrhundert zeigen konnte, lässt sich auf einer anderen Ebene auch bei Livius nachvollziehen: An wichtigen Wendepunkten tre-

---

21 A. van Gennep, Übergangsriten, Frankfurt am Main/New York 1986.
22 V. Turner, The Forest of Symbols. Aspects of Ndembu Ritual, Ithaca u. London 1967, 93–111.
23 E. Bronfen, Nur über ihre Leiche. Tod, Weiblichkeit und Ästhetik, München 1994, 288.

ten oft Frauengestalten auf, Übergänge sind meist weiblich kodiert[24]. Im Fall der Lucretia handelt es sich nicht nur um eine Frau, sondern auch noch um die Leiche, die in ihrem Schwellenzustand präsentiert zum Fanal für die Revolution gerät. Lucretia wird in der Öffentlichkeit vorgeführt und an ihrer Leiche hält Brutus die entscheidende Rede. Befinden sich die römischen Adligen zuvor noch in einem schwankenden Zustand, was die Haltung gegenüber dem König angeht – immerhin hatte er ihnen schon den ungerechten und schwierigen Krieg gegen Ardea aufgehalst – so wird Lucretias Leiche zum Auslöser der Revolution.

Es ist wohl kein Zufall, dass am Ende der Republik wiederum eine Leiche eine besondere Rolle spielt. Die Leichenfeiern für Caesar nutzte der neunzehnjährige Gaius Octavius, der spätere Kaiser Augustus, um der Bevölkerung zu zeigen, dass er und kein anderer der legitime und würdige Nachfolger des Verstorbenen sei. Dass es sich hier um eine männliche Leiche handelt, liegt an den Machtverhältnissen und der außergewöhnlichen Stellung Caesars; bei der Vertreibung der Könige hingegen, bei einem Ereignis der mythischen Frühzeit, lässt sich problemlos eine Frauenfigur konstruieren.

Am Übergang der Herrschaft von Servius Tullius auf Tarquinius Superbus kennt die römische Tradition ebenfalls eine Leiche: Der alte König wird von den Schergen des Tarquinius Superbus ermordet. Tullia, die Gattin des Tarquinius Superbus und Mutter des Vergewaltigers von Lucretia, ist die Tochter des Servius Tullius und hat sich gegen ihren eigenen Vater verschworen. Als in einer engen Gasse die Leiche des Vaters ihr den Weg versperrt, fährt sie mit dem Wagen über den Vater und entzieht sich damit in furchtbarer Weise seiner Kontrolle. 25 Jahre später flieht Tullia im allgemeinen Aufruhr der Vertreibung ihres Gatten aus dem Königspalast und irrt planlos umher. Livius schreibt (1,59,13):

> Wo sie auch auftauchte, verfluchte man sie und rief die Rachegeister der Eltern auf sie herab – dies taten Männer und Frauen.

Am Ende stehen sich also zwei Frauengestalten als Vertreterinnen der unterschiedlichen Herrschaftssysteme gegenüber. Auf der einen Seite Lucretia, die sich in ihrer Tugendhaftigkeit für die freie Republik opfert, von allen gerühmt und betrauert wird und deshalb einen festen Platz besitzt; auf der anderen Seite Tullia als die ziellos irrende Protagonistin der ränkevollen, machtgierigen und höchst unkontrollierbaren Monarchie. Aus römischer Sicht steht die patriotische Lucretia unendlich weit über der verfluchten Tullia.

Männliche Leichen werden zwar ebenfalls inszeniert, doch der Wechsel von einem König zu seinem Nachfolger ist nicht entscheidend genug. Wir kennen noch eine weitere signifikante Leiche aus der römischen Frühzeit.

---

24 Cf. Chr.J. Kraus, Initium turbandi omnia a femina ortum est: Fabia Minor and the Elections of 367 BC. In: Phoenix 45, 1991, 314–325; T.J. Moore, Morality, History, and Livy's Wronged Women. In: Eranos 91, 1993, 38–46.

Keine Bedeutung in diesem Zusammenhang ist etwa der Schwester der Horatier zuzugestehen, die von ihrem Bruder erschlagen wird, weil die den Tod eines der Curiatier betrauert. Ebenso wird die Leiche Tarpeias ignoriert, die den Sabinern eine Pforte geöffnet hatte. Tarpeias Bedingung war gewesen, dass die Belagerer ihr geben, was sie am linken Arm trugen. Tarpeia hoffte auf goldene Armreife, wurde aber grausam getäuscht: Die Männer warfen ihre Schilde über sie und töteten sie[25]. Damit war ihr Leichnam den Blicken entzogen.

Von Bedeutung ist eine andere weibliche Leiche. Die Abfassung des Zwölftafelgesetzes übertrug man einem Zehnmännerkolleg, das unumschränkte Vollmachten erhielt. Auch hier sehen wir, wie die Leiche eine schönen und jungen Frau zum Sturz eines Politikers führt, der tyrannische Züge trägt. Verginia, die Tochter des Lucius Verginius, erregt durch ihre Schönheit und Jugend in dem Decemvirn Appius Claudius den Wunsch, sie für sich zu gewinnen. Da ihm dies auf rechtmäßige Weise nicht gelingt, veranlasst er seinen Klienten Marcus Claudius, sie als seine Sklavin, die Lucius Verginius als Kind untergeschoben worden sei, zu beanspruchen. Der Streitfall wird unter dem Vorsitz des Appius Claudius vor Gericht ausgetragen, wobei Appius Claudius Verginia seinem Klienten zuspricht. Der zur Verhandlung vom Heer zurückgeeilte Vater ersticht darauf seine Tochter unter den Augen des Richters und der Öffentlichkeit, um sie vor der Schande zu bewahren. Ihr Verlobter Icilius und ihr Großvater Numitorius heben das tote Mädchen hoch und zeigen es dem Volk. Sie beklagen die Untat des Appius, die Schönheit der Verginia und die ausweglose Situation des Vaters. Seine Rückkehr zum Heer erregt dort einen Aufstand gegen die Herrschaft der Decemvirn; Appius Claudius bringt sich um. Man kehrt wieder zum republikanischen System zurück. Vater, Großvater und der Verlobte der Verginia werden zu Volkstribunen gewählt[26].

Einmal mehr war die weibliche Leiche das Fanal für eine Veränderung der politischen Lage, für die Rückkehr der Freiheit. Auch wenn wir insgesamt nur wenige Beispiele kennen, so drängt sich die folgende These auf: Werden in der römischen Überlieferung weibliche Leichen ausführlich präsentiert, so stehen sie für die freie Republik; männliche Leichen dagegen, etwa Romulus und Caesar, begegnen in einem monarchischen Kontext. Wie läßt sich dies erklären? Die Leiche eines Monarchen oder eines herausragenden Politikers steht für den Verstorbenen selbst. Die Leiche der Frau hingegen, die keinen politischen Einfluss gewinnen kann – die zumindest keine

---

25 Livius 1,11,5–9.
26 Livius 3,44–49; Diodor 12,24f.; cf. M.Th. Fögen, Römische Rechtsgeschichten, Göttingen 2002, 61–124. Einen Einblick in den Umgang mit den Leichen unbeliebter Zeitgenossen bietet E. Varner, Punishment After Death: Mutilation of Images And Corpse Abuse in Ancient Rome. In: Mortality 6, 2001, 45–64.

Ämter bekleiden kann – hat gerade wegen der politischen Unmündigkeit der Frau die Fähigkeit, für die Allgemeinheit zu stehen.

3. Der Symbolgehalt der weiblichen Leiche

Lucretia ist ein Modell der Keuscheit und zugleich ein Katalysator der Revolution gegen den tyrannischen König Tarquinius Superbus. Der Verlust der Kontrolle über die eigenen Frauen bringt die Männer dazu, erfolgreich gegen die Unterdrückung durch die tyrannische Königsfamilie zu rebellieren. Als besonderer Aufhänger für den Aufstand dient die Leiche der Lucretia, die dem Sohn des Tyrannen zum Opfer gefallen war. Die Leiche ist durch ihren Zwitterzustand – tot, aber noch nicht begraben – semantisch aufgeladen. Aus der Fülle der bedeutenden Leichen späterer Zeit sei auf zwei Ereignisse der letzten Jahre verwiesen. Als im Sommer 1997 Lady Diana in Paris tödlich verunglückte, geriet ihre Beerdigung zu einem Medienereignis von Weltrang[27]. Keine zwei Wochen später verstarb Mutter Teresa; ihre Beerdigung wurde zwar auch in der Öffentlichkeit wahrgenommen, doch blieb die Resonanz weit hinter Dianas Bestattung zurück. Bei der Beerdigung von Lady Diana hörte man die Forderung nach einer wie auch immer gearteten Reformierung der Monarchie in Großbritannien – der toten *queen of hearts* wurde kurzfristig die Rolle einer neuen Lucretia, die den Intrigen des britischen Königshauses zum Opfer gefallen war, im wahrsten Sinne des Wortes auf den Leib geschrieben. Letztlich legt der Vergleich zwischen Lady Diana und Mutter Teresa den Schluss nahe, dass die weibliche Leiche schön und jung sein muss, wenn sie nachhaltigen Eindruck erwecken will – Lucretia erfüllte beide Voraussetzungen. Offen bleibt, inwiefern die Aussage von Aristoteles in unserer Mediengesellschaft noch Gültigkeit besitzt: „Denn von Dingen, die wir in der Wirklichkeit nur ungern erblicken, sehen wir mit Freude möglichst getreue Abbildungen, z.B. Darstellungen von äußerst unansehnlichen Tieren und von Leichen"[28].

Literatur

Assmann, J. (1997): Das kulturelle Gedächtnis. Schrift, Erinnerung und politische Identität in frühen Hochkulturen, 2. Aufl. München 1997.
Arieti, J.A.: Rape and Livy's View of Roman History. In: S. Deacy u. K.F. Pierce (Hrsg.) (1997), Rape in Antiquity, London, 212–214.

---

27 Einen Einblick bietet etwa N. Mirzoeff, An Introduction to Visual Culture, London u. New York 1999, 233–259.
28 Aristoteles, Poetik 1448 b = 4.

Baumann, A. (1993): The Rape of Lucretia, Quod metus causa and the Criminal Law. In: Latomus 52, 550–566.

Bronfen, E. (1994): Nur über ihre Leiche. Tod, Weiblichkeit und Ästhetik, München.

Cornell, J. (1995): The Beginnings of Rome, London u. New York.

Corsaro, F. (1983): La leggenda di Lucrezia e il regifugium in Livio e in Ovidio. In: Lefèvre E. u. Olshausen E. (Hrsg.): Livius. Werk und Rezeption, Festschrift für Erich Burck zum 80. Geburtstag, München, 107–123.

Doblhofer, G. (1994): Vergewaltigung in der Antike, Stuttgart u. Leipzig.

Donaldson (1982): The Rapes of Lucretia, A Myth and its Transformations, Oxford.

Duby G./Perrot, M. (Hrsg.) (1993): Geschichte der Frauen Bd. 1, hrsg. von Schmitt, P. Pantel, Frankfurt am Main/New York.

Flashar, M./Gehrke H.-J./Heinrich, E. (Hrsg.) (1996): Retrospektive. Konzepte von Vergangenheit in der griechisch-römischen Antike, München.

Fögen, M.Th. (2002): Römische Rechtsgeschichten. Über Ursprung und Evolution eines sozialen Systems, Göttingen.

Galinsky, H. (1932): Der Lucretia-Stoff in der Weltliteratur, Breslau.

Gennep, A. van (1986): Übergangsriten, Frankfurt am Main/New York.

Graf, F. (Hrsg.) (1993): Mythos in mythenloser Gesellschaft, Stuttgart/Leipzig.

Holzberg, N. (1992): Metamorphosen des römischen Mythos in Antike, Mittelalter und Neuzeit am Beispiel der Lucretia-Legende. In: Symposium Latein 2000, Dillingen, 195–210.

Hooft, A.J.L. van (1992): Female Suicide – Between Ancient Fiction and Fact. In: Laverna 3, 142–172.

Joplin, P.K. (1990): Ritual Work on Human Flesh. Livy's Lucretia and the Rape of the Body Politic. In: Helios 17, 51–70.

Joshel, S.R. (1992): The Body Female and the Body Politic: Livy's Lucretia and Verginia. In: A. Richlin (Hrsg.): Pornography and Representation in Greece & Rome, Oxford 112–130.

Klesczewski, R. (1983): Wandlungen des Lucretia-Bildes im lateinischen Mittelalter und in der italienischen Literatur des Renaissance. In: E. Lefèvre u. E. Olshausen (Hrsg.): Livius. Werk und Rezeption, Festschrift für Erich Burck zum 80. Geburtstag, München , 313–335.

Lee, A.G. (1953): Ovid's Lucretia. In: Greece and Rome 22, 107–118.

Mirzoeff, N. (1999): An Introduction to Visual Culture, London/New York.

Moses, D.C. (1993): Livy's Lucretia and the Validity of Coerced Consent in Roman Law. In: Laiou, A.E. (Hrsg.): Consent and Coercion to Sex and Marriage in Ancient and Medieval Societies, Washington, 39–81.

Rosenberger, V. (1998): Gezähmte Götter. Das Prodigienwesen der römischen Republik, Stuttgart.

Schubert, W. (1991): Herodot, Livius und die Geschichte des Collatinus in der Lucretia-Geschichte. In: Rheinisches Museum 134, 80–96.

Sennett, R. (1994): Fleisch und Stein. Der Körper und die Stadt in der westlichen Zivilisation, Berlin.

Turner, V. (1967): The Forest of Symbols. Aspects of Ndembu Ritual, Ithaca/London.

Varner, E. (2001): Punishment After Death: Mutilation of Images And Corpse Abuse in Ancient Rome. In: Mortality 6, 45–64.

Voisin, J.L. (1992): Deux archétypes de la mort volontaire: Lucrèce et Horatius Cocles? In: La Rome des premiers siècles, actes de la table ronde en l'honneur de Massimo Pallottino, Florenz, 257–266.

Christine Werkstetter

... da ich mich leider mit meines Meisters Tochter in Puncto Sexti verfehlet.
Überlegungen zur geschlechtsspezifischen Ehre im Zunfthandwerk des 18. Jahrhunderts

I.

Ehre galt in der Gesellschaft der Frühen Neuzeit als zentrale Kategorie, deren Inhalte aufgrund ihrer Komplexität kaum kurz zusammengefasst werden können. Ehre war „das prägende Ordnungs- und Orientierungsmoment im Leben der damaligen Menschen, sie bestimmte, begleitete und normierte das Verhalten sowohl einzelner als auch von Gruppen, sie regelte den täglichen Umgang miteinander".[1] Jeder Stand hatte seine spezifischen Ehrnormen, die zwar nicht als Rechtsnormen fixiert waren, die aber dennoch jeder kannte – und kennen musste, weil die Missachtung dieser Normen bis zur „unwiderruflichen gesellschaftlichen Ausgrenzung reichen und damit den sozialen Tod bedeuten" konnte.[2] Ehre wurde von der Öffentlichkeit kontrolliert, zugebilligt oder abgesprochen. Jeder/jede musste auf einen Angriff auf seine/ihre Ehre reagieren. Dies ermöglichte, dass nicht nur ‚um' Ehre gestritten wurde, sondern auch ‚über' Ehre, das heißt, dass eine Person, die einen Konflikt austragen wollte und vom betroffenen Gegenspieler ignoriert wurde, die Ehre dieses Gegners angreifen und ihn dadurch zwingen konnte, sich auseinanderzusetzen.[3] Ein solcher Angriff auf die Ehre stellte immer Öffentlichkeit her, und das Nichtreagieren auf eine Beschuldigung, welche die Ehre angriff, wäre einem Schuldeingeständnis gleichgekommen.

Den Ausgangspunkt meiner Überlegungen zur geschlechtsspezifischen Ehre soll ein Fallbeispiel bilden, das einen ersten Blick auf die Bedeutung ehrbaren Verhaltens und sexueller Integrität freigibt und mit dem der Verlauf

---

1 S. Alfing, Weibliche Lebenswelten, 26. Vgl. allgemein: K. Schreiner, G. Schwerhoff (Hrsg.), Verletzte Ehre, sowie S. Backmann, H.-J. Künast, S. Ullmann, B.A. Tlusty (Hrsg.), Ehrkonzepte in der Frühen Neuzeit.
2 S. Alfing, Weibliche Lebenswelten, 26.
3 M. Dinges, Der Maurermeister und der Finanzrichter, 414 kommt zu dem Schluss, dass man von Ehre sprach oder diese beanspruchte, „um Interessenkonflikte auf fundamentalere Wertkonflikte hochstufen zu können".

eines Ehrkonfliktes vom Angriff auf die Ehre durch ein ehrverletzendes Gerücht über die Verteidigung der Ehre bis zu deren Wiederherstellung veranschaulicht werden kann. Im Anschluss daran möchte ich in kritischer Auseinandersetzung mit dem bisherigen Forschungsstand zeigen, wie sich reale ‚Sexualdelikte' in Form vorehelichen Geschlechtsverkehrs als Verstöße gegen zeitgenössische Rechtsnormen auf die Ehre des betroffenen Paares auswirkten und welche Konsequenzen insbesondere dem Zunfthandwerk angehörende Delinquenten zu tragen hatten.

Die Basis meiner Untersuchung bildet der sehr umfangreiche Bestand der Handwerkerakten des Augsburger Stadtarchivs, aus dem ich exemplarisch sieben Handwerke ausgewählt habe.[4] Diese chronologisch und berufsspezifisch geordneten Akten geben Einblicke in alle in den Bereich der Handwerksverwaltung fallenden und vom Handwerk bearbeiteten Vorgänge. Dazu gehören interne Organisationsangelegenheiten, die Kommunikation mit den ‚Handwerksbrüdern' anderer Städte, handwerksinterne wie auch gewerbeübergreifende Konfliktfälle, Zulassungsanträge zum Meisterrecht, Supplikationen – also Bittschriften – um die Erlaubnis der Werkstattübergabe an die nachfolgende Generation oder um sonstige Sondergenehmigungen und vieles mehr.

Reichte jemand eine Handwerksangelegenheiten betreffende Supplik ein, wurde diese vom reichsstädtischen Rat an das Kunst-, Gewerb- und Handwerksgericht weitergereicht. Dieses holte die Stellungnahme des jeweils betroffenen Handwerks ein und verfasste dann ein Gutachten mit Entscheidungsvorschlag, das dem Rat vorgelegt wurde, der ein entsprechendes Dekret erließ. Aufgrund der geschilderten Verfahrensweise umfassen die Handwerkerakten nicht nur die Suppliken, die den subjektiven Blick der Betroffenen und ihre zielgerichteten Argumentationsstrategien beinhalten,[5] sondern zugleich auch eine Art ‚Kontrollinstanz' in Form der Äußerungen der aus den Reihen der jeweiligen Meisterschaft zu ihrer Vertretung gewählten Handwerksvorgeher und der Gutachter des Handwerksgerichtes. Dieses Zusammentreffen der Wahrnehmungen und Meinungen dreier Parteien gewährt weitreichende Einblicke in zunfthandwerkliche Lebens- und Arbeitsbedingungen, in vorherrschende Geschlechterverhältnisse und – nicht zuletzt – in Fragen der Ehre.

---

4 Zu den Auswahlkriterien vgl. Ch. Werkstetter, Frauen im Augsburger Zunfthandwerk, 20–28. Untersucht wurden die Handwerke der Bader, Bäcker, Buchbinder, Goldschlager, Schneider, Zimmerleute und Zinngießer.
5 Zur Interpretation von Suppliken von Handwerkern als Ego-Dokumente vgl. Ch. Werkstetter, Frauen im Augsburger Zunfthandwerk, 29–35. Allgemein vgl. O. Ulbricht, Supplikationen als Ego-Dokumente.

II.

Dass in die Welt gesetzte Gerüchte die Ehre von Personen ebenso verletzen konnten wie konkret ausgeübte Delikte, zeigt das folgende Fallbeispiel, anhand dessen zugleich ein weiteres Faktum sichtbar gemacht werden kann, nämlich die im Vergleich zur männlichen besondere Gefährdetheit der weiblichen Geschlechtsehre.

Im Jahr 1727 hatte sich zwischen dem Schneiderlehrling Georg Abraham Paulmayr und seinem Meister Johann Huber ein Konflikt entwickelt, der sich nach einem längeren Vorlauf so explizit auf die Meisterin und deren Ehrbarkeit zuspitzte, dass diese schließlich nicht anders konnte, als offensiv gegen die Anwürfe vorzugehen. Dem von seinem Lehrherren häufig mit einer Peitsche und einem Ochsenfisel geschlagenen und schikanierten Lehrjungen war von seinem Handwerk zwar bereits erlaubt worden, seine Lehrstelle zu wechseln, die ausgestandenen Qualen hatte der Junge aber offenbar noch nicht vergessen. In einer auf den 19. Januar 1728 datierten, schriftlich abgegebenen Erklärung äußerte sich Georg Abraham über seine Erlebnisse und Erfahrungen im Haus seines bisherigen Meisters:

> *Nuhnmehro will ich auch etwas weniges melden von den unzüchtigen Reden so der Meister und der Gesell getrieben in dem der Meister einsmahls zu dem Gesellen gesagt hat, habt ihr einen kalden bauren gemacht [Onanie getrieben, Ch.W.]. auch hat mich der gesell angereizet das ich hab müßen die Hünden heben daß der Hund hat können Junge machen sonsten hab ich wenig guts gesehen und gelernet als daß ich hab mißen dem Huren geschwetz zuhören bin auch öfters so bis 1 Wochen in keine Kürch komen dan in der Wochen hat man gefeyert am Sontag aber und feyertag hergegen gearbeitet und so ist es mir Jietz und kürtzlich bericht gethan bey meinem Meister ergangen.*[6]

Aus einem abschriftlich bei den Schneiderakten liegenden Zucht- und Strafamtsprotokoll vom 24. Januar geht schließlich noch eine Steigerung der Beschuldigungen hervor, die der Junge nun öffentlich gegen seine ehemalige Meisterin vorgebracht hatte, woraufhin sich diese zur Klage veranlasst sah:

> *Magdalena Huberin, praesente marito, Schneider, klagt contra Abraham Paulmair, ihren gewesten Jung, praesente patre, daß der Jung, vor offenem Handwerck sie bezüchtiget, Sodomitische Sachen mit denen Gesellen getrieben zu haben. Bite also Satisfaction.*

Bei seiner sofort erfolgten Vernehmung gab sich der beklagte Junge jedoch unschuldig:

---

6 Stadtarchiv Augsburg (künftig StAA), Handwerkerakten (künftig HWA), Schneider, Fasz. 30, 19.1.1728.

Die Frau habe eben mit denen Gesellen allerhand böse und garstige Reden gethan, so er nachgesaget, sonsten habe Er nichts gethan.[7]

Die ‚sodomitischen Sachen' erweisen sich hier also als bloße Reden, keineswegs als vollzogene Sexualakte zwischen der Meisterin und den Gesellen oder gar mit Tieren, wie es die öffentlich geäußerten Bezichtigungen des Jungen durchaus nahelegten.[8]

Das Zucht- und Strafamt entschied diesen Ehrkonflikt zugunsten der Meisterin: Der Junge sollte mit zwölf Rutenstreichen bestraft werden und musste das Meisterpaar um Verzeihung bitten; die Kläger und der Vater des Lehrjungen mussten einander *Frid geloben,* den Streit also gänzlich einstellen.[9] Das Urteil gegen den Jungen lässt vermuten, dass seine – entweder aus einem Vergeltungsbedürfnis für die erlittene Behandlung erhobenen oder auch aus seiner subjektiven Sicht zutreffenden – Vorwürfe unberechtigt oder zumindest unbewiesen waren.

Analysieren wir die Reaktionen auf seine Anschuldigungen, wird sichtbar, dass die zweite offensichtlich eine andere Qualität hatte als die erste, gegen den Meister gerichtete, bei der es um nicht viel mehr als um vulgäre Männerreden in der Werkstatt ging, wenngleich die Betonung, dass sein Meister ihn nicht regelmäßig zum Gottesdienst gehen ließ, diesen auch als einen seine christlichen Pflichten vernachlässigenden Hausvater desavouieren sollte. Hätte aber der von dem Jungen erhobene Vorwurf die spezifische Geschlechtsehre des Meisters getroffen und ihn eines ‚Sexualdeliktes' verdächtig gemacht, hätte schon dieser beim Zucht- und Strafamt Klage erheben müssen. Da er dies nicht getan hatte, wäre sein Konflikt mit dem Lehrjungen wohl über die Gremien des Handwerks zu regeln gewesen, wogegen seine Frau zur Verteidigung ihrer Ehre das Zucht- und Strafamt, also die Behörde, die für die Untersuchung und Ahndung von Sexualdelikten zuständig war, in Anspruch nahm: Eine Meisterin, die mit den Gesellen ‚sodomitische Sachen getrieben', konnte keine ehrbare Frau sein. In einem solchen Meisterhaus hätte kein ‚ehrlicher' Geselle bleiben können, er hätte nach Handwerksbrauch die Arbeit niederlegen und aus der Werkstatt ziehen müssen, kein anderer Geselle wäre an seine Stelle getreten, was zu einem wirtschaftlichen Schaden geführt hätte. In der Terminologie Pierre Bourdieus heißt dies, dass durch die Verletzung des ‚sozialen Kapitals der Ehre' das ‚ökonomische Kapital' erheblich in Mitleidenschaft gezogen worden wäre.[10] Die Bestrafung des Jungen und die ihm abverlangte Entschuldigung stellten öffentlich die Ehre der

---

7   StAA, HWA, Schneider, Fasz. 30, 24.1.1728.
8   Sodomie umfasste in der hier untersuchten Epoche „sowohl gleichgeschlechtlichen Verkehr zwischen Männern oder zwischen Frauen als auch geschlechtliche Handlungen mit Tieren". I. Hull, Sexualstrafrecht und geschlechtsspezifische Normen, 223.
9   StAA, HWA, Schneider, Fasz. 30, 24.1.1728.
10 Vgl. hierzu P. Bourdieu, Ökonomisches Kapital, kulturelles Kapital, soziales Kapital.

Meisterin wieder her, die sich gerade hinsichtlich der sexuellen Integrität als leichter verletzbar erwies als die männliche Ehre.

III.

In der Forschung gibt es ein hohes Maß an Übereinstimmung darin, dass die Ehre von Frauen in der Frühen Neuzeit weitgehend über ihren Körper definiert, also von sexueller Zurückhaltung und Integrität abhängig gewesen sei, worauf auch das obige Fallbeispiel hinweist. Die Ehre von Männern wird dagegen gewöhnlich als stark gruppenbezogen definiert, sie gilt als „mehr mit dem öffentlichen Leben, mit der Zunft, der Arbeit und mit Status verbunden".[11]

Silke Lesemann kommt zu folgender Feststellung:

> Die Frau war der Dreh- und Angelpunkt des handwerklichen Ehrbegriffs. Ihre moralische Haltung brachte Ansehen oder Schande über Familie und Zunft. [...] Die Konzeptualisierung von Ehre war in der frühneuzeitlichen Gesellschaft auf die monogame und eheliche Sexualität der Frau bezogen. [...] Ähnliche Anordnungen, die sich auf die voreheliche sexuelle Enthaltsamkeit der Männer bezogen, gab es nicht.[12]

Lyndal Roper geht davon aus, dass es zwar auch für Männer einen sexuellen Aspekt von Ehre gegeben habe, der aber nicht so bestimmend wie der für Frauen gewesen sei und zudem inhaltlich das Gegenteil gefordert habe, denn ein Mann habe seine Männlichkeit beweisen müssen: „Während heterosexuelle Erfahrung für die Ehre des vollerwachsenen Mannes unentbehrlich war, war es Keuschheit für die Frau."[13] Wie Roper weist auch Martin Dinges darauf hin, dass die Sexualehre von Männern durchaus darin bestand, „jede mögliche Gelegenheit zur Befriedigung wahrzunehmen".[14]

Zur Ehre von Männern gehörte demnach einerseits sexuelle Betätigung, andererseits war sie korporativ und gruppenbezogen. Martin Dinges und Sabine Alfing verweisen aber auch darauf, dass es bei der zünftigen Handwerkerschaft gegen das Zusammenleben Unverheirateter, gegen vor- und außereheliche Sexualkontakte erhebliche Widerstände gab, und zwar Widerstände,

---

11 L. Roper, „Wille" und „Ehre", 191. Vgl. hierzu auch K. Simon-Muscheid, Frauenarbeit und Männerehre, 14: „Weibliche Ehre definierte sich – im Unterschied zur männlichen Ehre – über Jungfräulichkeit und eheliche Treue. Männliche Ehre hingegen war stark gruppenbezogen." Als „nicht körperlich definiert" sieht auch Ulrike Gleixner die Ehre von Männern und stellt fest, dass sie „zwar vom Gericht für ihr Eheversprechen und den sexuellen Akt zur Verantwortung gezogen [werden], aber das war nicht mit dem Verlust ihrer Geschlechtsehre verbunden". U. Gleixner, „Das Mensch" und „der Kerl", 115.
12 S. Lesemann, Arbeit, Ehre, Geschlechterbeziehungen, 65–66.
13 L. Roper, „Wille" und „Ehre", 193.
14 M. Dinges, Ehre und Geschlecht, 134.

die sich nicht nur gegen die Frauen richteten.[15] Für die Handwerksforschung ist dies an sich nicht neu, eine wirkliche Anknüpfung an die Ehreforschung hat hier aber noch kaum stattgefunden und so kann Dinges nur vermuten,

> daß eine gründlichere sozialgeschichtliche Erforschung der praktischen Handhabung des Ehrkonzeptes die Überzeichnung des einmaligen und endgültigen Verlustes der weiblichen Sexualehre durch Entjungferung oder Schwangerschaft sehr relativieren würde.[16]

Die meinem Beitrag zugrunde liegenden Augsburger Quellen zur Handwerksgeschichte bestätigen diese Einschätzung, denn die zahlreichen Fälle von Gesellen, die nach ihrem ‚Vergehen in Puncto Sexti' – also nach Verstößen gegen das sechste Gebot – die betroffene Frau und das Kind durch die Heirat ‚wieder zu Ehren gebracht' hatten, selbst aber noch durch langjährige Sanktionen im Handwerk benachteiligt waren, sprechen eine klare Sprache. Ich möchte mich im folgenden ausschließlich auf diese Problematik konzentrieren.

Zur Verdeutlichung der Tragweite der verhängten Strafen muss hier zunächst der übliche ‚Karriere'-Weg von Zunfthandwerkern nachgezeichnet werden. Um überhaupt ein Zunfthandwerk erlernen zu dürfen, musste ein Junge nicht nur frei von Leibeigenschaft, sondern auch ehelich geboren sein. Nach dem Abschluss der Lehrzeit, für die die Lernenden Lehrgeld zu bezahlen hatten, mussten die jungen Gesellen in den meisten Handwerken einige Wanderjahre absolvieren. Erst nach einer festgelegten Anzahl von Gesellenjahren konnten sie die sogenannten ‚Ersitzjahre' antreten, meist drei oder vier Jahre, die sie ohne Unterbrechung in höchstens zwei verschiedenen Werkstätten zu leisten hatten. Danach konnten sie sich um das Meisterrecht bewerben, wobei die Meisterprüfung in den meisten Handwerken noch im Ledigenstand abgelegt werden musste, die Ausübung des Meisterrechts aber erst im Ehestand gestattet war.[17] Diese enge Verflechtung von Meisterrecht und Eheschließung verweist auf die wichtige Arbeitsrolle der Ehefrau, der ‚Meisterin', die zusammen mit ihrem Mann ein ‚Arbeitspaar' bildete.[18] Das Meisterpaar war eng mit seiner Zunft verbunden; aus der Reihe der Meister wurden in der Regel im Zweijahresrhythmus die sogenannten Vorgeher und Geschworenen gewählt, die dem Handwerk vorstanden, also Leitungs- und Kontrollfunktionen ausübten und für das Handwerk sprachen. Diese für die

---

15 Vgl. M. Dinges, Ehre und Geschlecht, 137 sowie S. Alfing, Weibliche Lebenswelten, 94–95.
16 M. Dinges, Ehre und Geschlecht, 137, Anm. 29.
17 Vgl. hierzu z.B. R. Reith, Arbeits- und Lebensweise im städtischen Handwerk.
18 Den Begriff des ‚Arbeitspaares' prägte Heide Wunder in ihren diversen Studien zur Rolle von Frauen in der Frühen Neuzeit; vgl. insbesondere H. Wunder, „Er ist die Sonn', sie ist der Mond". Die zahlreichen Arbeitsfelder der Meisterfrauen werden aufgezeigt bei Ch. Werkstetter, Frauen im Augsburger Zunfthandwerk, 54–143.

Handwerke äußerst wichtigen Ämter waren Ehrenämter und durften nur von unbescholtenen Meistern ausgeübt werden.

Welche Strafmaßnahmen sahen die Handwerke über die vom Zucht- und Strafamt verhängten Strafen hinaus vor und welche Einschätzung in bezug auf die Ehre war mit Sexualdelikten verbunden?[19]

Auf der normativen Ebene der Handwerksordnungen finden sich im Rahmen der von mir untersuchten sieben Handwerke konkret formulierte Strafmaßnahmen bei Verstößen gegen die gültigen Sexualnormen, die sexuelle Kontakte ausschließlich im Rahmen der Ehe zuließen, nur bei den Zimmerleuten. So bestimmte ein in ihrer Ordnung von 1746 enthaltenes Dekret aus dem Jahr 1690, dass einem Lehrjungen, der während seiner dreijährigen Lehrzeit eine sexuelle Beziehung einging, die bereits absolvierten Lehrjahre verfallen sollten.[20] In der Praxis wurde diesen Lehrlingen – sofern sie sich ansonsten ‚redlich' verhalten hatten und bereit waren, die betroffene Frau zu heiraten – zwar für gewöhnlich erlaubt, die Lehrzeit noch einmal von vorne zu beginnen, wobei sie aber nicht nur wertvolle Jahre verloren, sondern auch erneut Lehrgeld zu bezahlen hatten und vom geringen Lehrlingslohn ihre Familie ernähren mussten.[21] Dass sich diese Bestimmungen zu ‚Sexualdelikten' schon auf Männer in der Ausbildungsphase bezogen, gründet darauf, dass die Lehrlinge der Bauhandwerke oft älter waren als die anderer Handwerke und dass sie zu den wenigen Berufen gehörten, in denen man im Gesellenstand heiraten durfte.[22]

Während die Handwerksordnungen der Bader und der Bäcker festlegten, dass ‚Sexualdelikte' nicht von den Handwerksvorgehern zu bestrafen, son-

---

19 Für den hier thematisierten Zeitraum liegt eine Auswertung der Augsburger Zucht- und Strafbücher hinsichtlich der verschiedenen Deliktformen und der Bestrafungsmodi vor: G. Brenner, Analyse und Interpretationsansätze von Unzuchtsdelikten in den Zucht- und Strafbüchern der Reichsstadt Augsburg im 18. Jahrhundert. Für weitere Territorien (Baden-Baden, Baden-Durlach und Bayern) vgl. I. Hull, Sexualstrafrecht und geschlechtsspezifische Normen.
20 Vgl. StAA, HWA, Zimmerleute, Fasz. 9, Ordnung von 1746, hier Dekret vom 22.8.1690.
21 So verfielen etwa dem Hieronymus Dillinger wegen der Schwängerung einer Frau, die er in der Folge heiratete, seine bereits geleisteten Lehrjahre; auf seine Supplik hin erlaubte ihm der Rat jedoch, die Lehre noch einmal zu beginnen, wobei ihm das dritte Lehrjahr gegen die Zahlung von drei Gulden nachgelassen werden sollte. Vgl. StAA, HWA, Zimmerleute, Fasz. 4, 10.9.1735.
22 Da in der Frühen Neuzeit eine obrigkeitliche Heiratserlaubnis vom Vorhandensein einer gesicherten ‚Nahrung' abhing, bedurfte es im städtischen Handwerk in der Regel der Meisterschaft, um eine Ehe schließen zu dürfen. Nur in Handwerken, in denen ein besonders hoher Arbeitskräftebedarf bestand, aber nur wenige Meister benötigt wurden, setzten sich Gesellenehen durch. Dies war hauptsächlich bei den Bauhandwerken der Fall, bei einigen im Verlag arbeitenden Textilhandwerken, aber auch etwa bei Buchdruckern und Goldschlagern. Vgl. hierzu J. Ehmer, Heiratsverhalten, Sozialstruktur, ökonomischer Wandel, 185–189.

dern dem Kunst-, Gewerb- und Handwerksgericht anzuzeigen waren, das dann entsprechende Maßnahmen treffen sollte,[23] finden sich in den Ordnungen der Goldschlager, Buchbinder, Schneider und Zinngießer keine Artikel, die auf eine Bestrafung von Vergehen in ‚Puncto Sexti' durch das Handwerk hinweisen würden.[24] Gleichwohl erließ der Augsburger Rat im März 1737 ein warnendes Dekret gegen *das Laster der Unkeuschheit*, das bei den Handwerksgesellen überhand genommen habe, und verdeutlichte in aller Schärfe, welche Strafen die Gesellen für dieses Delikt zu gewärtigen hatten.[25] Dass diese Androhungen auch umgesetzt wurden, belegen die entsprechenden Fälle in den Handwerkerakten. So wurde betroffenen Gesellen bei den Goldschlagern das Meisterrecht zunächst verweigert; bei den Zinngießern, den Badern und den Bäckern wurden sie zwar zugelassen, blieben dann aber oft mehrere Jahre lang, manchmal auch für immer, von der Übernahme eines Ehrenamtes der Zunft ausgeschlossen. In einigen Handwerken mussten sie fünf, sechs Jahre lang und länger die unterste Stelle in der Zunft einnehmen, das heißt, auch wenn bereits neue Jungmeister dazugekommen waren, mussten sie weiterhin die ‚Anfängeraufgaben' erledigen. Ein besonders breites Spektrum an Strafmaßnahmen, das von der Aufnahme in die Meisterschaft unter Verbot der Anstellung von Lehrjungen bis hin zur ‚Ausschaffung' der Delinquenten aus der Stadt – also deren Ausweisung – reicht, findet sich bei den Schneidern. Auch die Buchbinder pflegten eine rigide Bestrafung von ‚Sexualdelikten', die jedoch auch unterschiedliche Maßnahmen beinhalten konnte. Diese verschiedenen Umgangsweisen, die Wahrnehmung der Betroffenen und die Bedeutung der Strafen für Männer und Frauen in bezug auf ihre Ehre sollen im folgenden anhand einiger Fallbeispiele exemplifiziert werden.[26]

Aus der im Oktober 1724 eingereichten Supplik des Goldschlagergesellen Jacob Schröder um die Zulassung zum Meisterrecht erfahren wir vom Einbruch seiner beruflichen Laufbahn vier Jahre vorher: Im Jahr 1720, als ihm nur noch zwei Monate seiner Ersitzjahre fehlten und er *zu denen Meister Rechten Mich bestens qualificiert gemacht* hatte, wurde seine Verlobte

---

23 Vgl. StAA, HWA, Bader, Fasz. 16, Ordnung von 1739, Art. 26; HWA, Bäcker, Fasz. 30, Ordnung von 1763, Art. 7.
24 Vgl. StAA, HWA, Goldschlager, Fasz. 5, Ordnung von 1716; HWA, Buchbinder, Fasz. 7, Ordnung von 1721; HWA, Schneider, Fasz. 35, Ordnung von 1731 sowie Bestand Reichsstadt Zünfte (RZ), Nr. 250, Artikel der Schmiede-Gerechtigkeit 1652–1783 und Nr. 251, Extrakt der Ordnungen und Artikel der in die Schmiedezunft inkorporierten Handwerker o.J. (Zinngießer).
25 StAA, Anschläge und Dekrete, Decretum in Senatu vom 2.3.1737.
26 Eine umfassende Analyse der Ursachen der deutlichen Divergenz der Handwerksstrafen bei ‚Sexualdelikten' sowohl zwischen den einzelnen Handwerken als auch in einigen Fällen innerhalb eines Handwerks kann hier nicht geleistet werden und bleibt einem späteren Beitrag vorbehalten. Das schon angesprochene Ratsdekret gegen das Laster der Unkeuschheit vom März 1737, das ebenfalls das ganze sichtbar gewordene Spektrum an Strafen aufzählt, enthält keine Hinweise darauf, wann welche Strafen verhängt werden sollten.

schwanger und ihm in der Folge das Meisterrecht verweigert. Immerhin arbeitete er in einem Handwerk, das Gesellenehen erlaubte, und so konnte er seine Braut *durch vollzogene Heyrath* [...] *mit Ehren unter die Haube* [bringen] und die Familie vom Gesellenlohn unterhalten. Nun aber, nachdem er *bereits 4. Jahr lang als verheuratheter Gesell gearbeitet und nebst der ertragnen Straff, deß Meister Rechts bißhero um solchen begangnen kleinen Fehlers willen, habe entbehren müssen,* bat er eindringlich darum, nicht *auf Lebenslang gestraft* zu werden, so dass er *mithin zu keiner Zeit mehr um nicht compliert 2. einiger Monat willen, Meister werden* dürfte.[27] Da Schröder insgesamt bereits seit 27 Jahren im Handwerk arbeitete, sich bei seinen Arbeitgebern immer *treu und redlich* verhalten hatte und seine Ehefrau eine Augsburger Meistertochter war, bewilligte der Rat schließlich die erbetene Gnade, verordnete aber die Zahlung von acht Gulden, die zur Hälfte in die Gerichtskasse, zur Hälfte in die Handwerkslade gehen sollten.[28] Trotz der vorehelichen Schwangerschaft war also die Tatsache, dass die nunmehr verheiratete Frau eine Meistertochter war, vom Rat als ‚Pluspunkt' in der Urteilsfindung gezählt worden. Dies weist deutlich darauf hin, dass ihr Ehrverlust nicht von Dauer war.

Ein wegen eines doppelten ‚Sexualdeliktes' besonders schwerwiegender Fall findet sich bei den Bäckern: Im September 1758 supplizierte der Bäckergeselle Johann Marcell Schell an den Rat um die Zulassung zum Meisterrecht. Obwohl er alle handwerksspezifischen Erfordernisse erfüllte, stellten sich die Vorgeher der Bäcker gegen seinen Antrag, weil er sich – wie es der Supplikant in seiner Bittschrift selbst darstellte –

schon vor einem Jahr, leyder! mit einer sichern Weibsperson, und dermalen wieder, durch teufelische Verblendung, mit meiner EheVerlobten, Margaretha Urhanerin [...] in Unehren vergangen habe.

Trotzig wies er darauf hin, dass es im Handwerk ja auch schon andere gebe, die trotz eines solchen Deliktes Meister hätten werden dürfen, und dass er die vom Zucht- und Strafamt verhängte Strafe bereits bezahlt habe. Er habe sich

mit meiner ersten impraegnata, vollkommen abgefunden, und die jetzige impraegnatam Urhanerin zu heurathen, und sie, nebst ihrem zu erzeugendem partu, per Subsequens matrimonium, zu legitimiren, [...] resolvirt.[29]

Die vom Handwerksgericht in dieser Sache befragten Vorgeher der Bäcker äußerten sich scharf ablehnend:

weilen sich dieser Schell bereits zweimal in puncto Sexti verfehlet, so wäre ihrem Handwerkh sehr praejudicierlich wan dergleichen Leüthe aufgenohmen werden solten, wolten also gehorsambst gebetten haben, ihne in seinem gesuch abzuweisen.

---

27 StAA, HWA, Goldschlager, Fasz. 3, 12.10.1724.
28 StAA, HWA, Goldschlager, Fasz. 3, 23.12.1724.
29 StAA, HWA, Bäcker, Fasz. 16, 26.9.1758.

Vorsichtshalber aber formulierten sie für den Fall, dass sie Schell doch zulassen müssten, gleich ihre Bedingungen:

> *iedoch wan Supplicant wider Alles verhoffen solte oberherrlich begnadiget werden, so betteten sie, weilen er vermög der Ordnung wegen begangenen Verbrechen keinen Knecht [Gesellen, Ch.W.] vor 3. Jahren halten därffte, solches aber nicht woll möglich seye, daß ein Meister die profession ohne Bekhen Knecht treiben kunte, den Supplicierenden Schell anzuhalten, nebst enthaltung der Lehrjungen 50 fl. in die Meister Laden [...] zu erlegen.*[30]

Mit dieser hohen Summe und dem geforderten Verzicht auf Lehrjungen wollte man Schell empfindlich treffen. Zwar legten die Gerichtsdeputierten dar, dass es aufgrund der Reichsgesetze[31] nicht möglich sei, den Gesellen ganz vom Meisterrecht auszuschließen, wie es die Vorgeher eigentlich forderten, sie verschärften das Strafmaß aber auf andere Weise ganz erheblich. Das Gericht schlug *in betracht seines zweymaligen Vergehens* vor, Schell gegen die Zahlung von 50 Gulden zwar einen Gesellen zu gewähren, er sollte aber neun Jahre lang ohne Lehrjungen arbeiten müssen und zusätzlich neun Jahre *die lezte stelle bey dem Handwerkh zu beklaithen haben*. Der Rat entschied nach diesem Gutachten.[32]

Dadurch, dass Johann Marcell Schell seine schwangere Verlobte heiratete, konnte er sie nach seiner Darstellung ‚legitimieren'. Was damit genau gemeint war, formulierten die Gerichtsdeputierten in ihrem bereits zitierten Bericht noch deutlicher als sie schrieben, dass Schell die *geschwechte* durch die Heirat *zu ehren zu sezen gedenkhe*. Durch die Eheschließung wurde die Ehre der Frau wiederhergestellt, sie und das Kind wurden legitimiert. Ihr Mann dagegen wurde neun Jahre lang bei jeder Handwerkszusammenkunft mit seinem ‚Delikt' konfrontiert, da er in der Rangfolge der Meister so lange den untersten Rang einzunehmen hatte. Seine Ehre blieb angetastet.

Auch der Schneidergeselle Johann Michael Reichhardt konnte

> *vorzustellen nicht umhin, welcher gestalten mir von Meister Johann Müller auf seine Tochter die Ersitz Jahr gegeben und eingeschrieben worden, welche auch bereits vollstreckt habe, leider! aber mit derselben durch unzimlich allzufrühzeitige Liebe zu Fall gekommen und sie impraegnirt, auch darum in dem wohllöblichen Geheimen Straffamt die dictirte Straff gehorsam erlegt und bezahlt habe.*

---

30 StAA, HWA, Bäcker, Fasz. 16, 14.10.1758.
31 Die Reichshandwerksordnung von 1731 legte fest, dass Gesellen, die vor ihrer Verehelichung eine sexuelle Beziehung eingegangen waren und die Frau dann geheiratet hatten, nicht vom Handwerk ausgeschlossen werden durften. Vgl. H. Proesler, Das gesamtdeutsche Handwerk im Spiegel der Reichsgesetzgebung, 65* (Quellenteil). Wenngleich die Bestimmungen der Reichshandwerksordnung selten vollständig umgangen wurden – das Handwerksgericht berief sich bei Entscheidungsfindungen häufig auf sie –, konnten die Zünfte ihre Vorstellungen doch oft in Teilen durchsetzen. Zur Reichshandwerksordnung vgl. K. Winzen, Handwerk – Städte – Reich.
32 StAA, HWA, Bäcker, Fasz. 16, 14.10.1758 und 24.10.1758.

Reichhardt hatte sich bereits mit dieser Meistertochter *ad cohonestanda prolem et matrem [...] würcklich verehlichet.*[33] Auch er wurde schließlich gegen eine Gebühr von acht Gulden und der Auflage, mehrere Jahre keinen Lehrjungen anzunehmen, zum Meisterrecht zugelassen.[34]

In so manchem Fall klingt an, dass die Gesellen die doppelte Bestrafung – einmal durch das Zucht- und Strafamt und einmal durch das Handwerk – für nicht gerechtfertigt hielten. Auch der Buchbindergeselle Samuel Chuno sah das so:

> *Nun bin ich layder erst kürzlichen wegen eines mit einer alhiesigen Burgerstochter auß Menschlicher Blödigkeit übersehnen flaischlichen fehlers / deme ich berayths schon viel 1000. mahl gegen Gott mit vergießßung viler Zähren herzinniglich bereuet hab / von dem alhieigen Handtwerckh genzlichen, ungehindert der bey dem Wolloblichen Gehaimben Straffherren alda von mir derentwillen abgelegten gelt-Straff, verstossen worden.*[35]

Eindringlich bat er um die Wiederzulassung zum Handwerk, auch weil er die Frau geheiratet habe, um sie nicht dem Spott auszusetzen, sondern sie und das Kind zu ‚legitimieren'.

Die Buchbinder aber hatten sehr rigide Ehrvorstellungen, sie sprachen von seiner

> *verschertzte[n] Erbarkeit: Gleichwie der Jenige, deme wegen Brand oder sonst eines accidentis ein glid vom Leib abgenommen worden, sich wol zwar, wann er wider curiert ist, für einen gesunden, nit aber für einen ganzen Menschen außgeben kan, sondern ist und bleibet zerstümmelt, so lang als er lebet, also verhält sichs auch mit einem Bürgersmann, führt er unerbarn Wandel, so wird er deßwegen abgestrafft, und bleibt wol auch hernach ein Burger wie andere, ist aber nit mehr so gut wie andere, sondern zu disem und jenem Gewerb oder ambt ganz untüchtig, und nit zu gebrauchen.*

Dass er die von ihm geschwängerte Frau geheiratet habe, sei – so das Handwerk – *seine schuldigkeit gewesen*, es sei aber *nit wenig absurd*, dass er meine, sich deshalb *eine Special Gnad* verdient zu haben.[36] Samuel Chuno blieb von seinem erlernten Handwerk vollständig verstoßen, er durfte seinen Buchbinderberuf nicht mehr ausüben.[37]

Diese Fälle zeigen unbestreitbar, dass auch die Ehre von Männern über ‚körperbezogene Delikte' verletzbar war. Sexuelle Integrität war von Männern ebenso gefordert wie von Frauen. Die in den meisten Fällen von ‚Vergehen in Puncto Sexti' erscheinende Formulierung,

---

33 StAA, HWA, Schneider, Fasz. 11, 8.5.1736.
34 Vgl. StAA, HWA, Schneider, Fasz. 11, 31.7.1736.
35 StAA, HWA, Buchbinder, Fasz. 2, 4.6.1693.
36 StAA, HWA, Buchbinder, Fasz. 2, 23.7.1693.
37 StAA, HWA, Buchbinder, Fasz. 2, 13.3.1694.

daß die leider! zum Fall gebrachte, und nunmehro hochschwangere ... zu Ehren zu machen, und das unschuldige erzeugende Kind per subsequens Matrimonium zu legitimiren mich für schuldig erkennen mußte,[38]

bedeutet nichts anderes, als dass die Ehre dieser Frauen durch die Heirat wiederhergestellt war. Damit verifiziert sich die Vermutung von Martin Dinges, dass eine spätere Heirat „selbst bei vielen Gilden und Zünften als eine nachträgliche Heilung der früheren Ehrverletzung – nota bene: immer der Frau und der unehelich geborenen Kinder, nicht des Mannes" gesehen wurde.[39] Dinges schließt daraus,

daß weibliche Ehre zwar konkret materiell mit der Jungfernschaft verbunden war, diese aber keineswegs ein rein körperliches Konzept war, sondern von der Wahrnehmung durch das soziale Umfeld mit definiert wurde.[40]

Umgekehrt zeigt, wie wir sehen, der Umgang der Handwerke mit den ‚Sexualdelikten' seiner männlichen Mitglieder, dass die Ehre eines Zunfthandwerkers durchaus auch von seiner unverletzten Sexualehre abhing. Wenngleich die Männern zugewiesenen Geschlechtsrollen Beweise ihrer ‚Mannbarkeit' erfordert haben mögen, verlangten die Zünfte außerhalb einer Ehe sexuelle Enthaltsamkeit. Die individuelle Ehre eines Zunfthandwerkers, zu der auch die Sexualehre gehörte, war Teil der Gruppenehre des gesamten Handwerks, und deshalb konnte die über den Körper verletzte Ehre eines Mitglieds auch die Ehre der Zunft schädigen, wenn diese sich nicht vom Delinquenten abgrenzte. Wie stark und wie langfristig die Abgrenzung notwendig war, war davon abhängig, welche Ehrvorstellungen ein Handwerk überregional – meist auf Reichsebene – pflegte. Es war diese Handwerksstrafe, die den ‚zu Fall gekommenen Mann' über lange Jahre an seine verletzte Ehre erinnerte. Durch die stark ritualisierten Formen des Arbeitens und Zusammenkommens in den Zünften boten sich hierfür viele Anlässe. Die Bader gingen sogar so weit, einem ihrer Mitmeister, der trotz eines unehelichen Kindes in die Meisterschaft aufgenommen worden war und dann zur Empörung der Zunft kurz nach der Eheschließung mit der Mutter dieses Kindes bereits ein zweites Kind bekam, wodurch sein doppeltes voreheliches ‚Vergehen' öffentlich sichtbar wurde, nicht nur für sechs Jahre die Ausbildung von Lehrjungen zu verbieten, sondern diesen für ganze sechs Jahre von allen öffentlichen Zusammenkünften seines Handwerkes auszuschließen. Nach Ablauf dieser Jahre, während derer sein Geselle die dem Handwerk zu entrichtenden Gebühren überbringen musste, sollte der Meister weitere sechs Jahre die unterste Stelle im Handwerk einnehmen, wobei er aber nicht einmal die damit verbundenen Aufgaben übernehmen durfte.[41] Eine schmerzlichere Be-

---

38 Vgl. hier StAA, HWA, Buchbinder, Fasz. 3, 20.4.1771.
39 M. Dinges, Ehre und Geschlecht, 137.
40 M. Dinges, Ehre und Geschlecht, 137.
41 Vgl. StAA, HWA, Bader, Fasz. 13, 24.10.1768.

strafung als dieser langjährige Ausschluss vom gesamten sozialen Leben der Zunft, der sicher auch ökonomische Konsequenzen nach sich zog, konnte wohl kaum verhängt werden.

IV.

Die Diskrepanz zwischen meinen Ergebnissen in bezug auf die Langzeitwirkung sexueller ‚Vergehen' gerade für Männer und den oben angesprochenen Forschungsinterpretationen, dass unverheiratete Männer ihre Sexualität sehr viel ungestrafter ausleben konnten und keine langfristigen Konsequenzen zu tragen hatten, ergibt sich aus dem jeweils herangezogenen Quellenbestand: Die Zucht- und Strafbücher sowie die Akten der Ehegerichte gewähren zwar Einblick in die Bewertung und die Bestrafung des Sexualdeliktes durch die unmittelbar dafür zuständige Instanz, sie reichen aber nicht darüber hinaus.[42]

Den sehr knapp gehaltenen Einträgen in die Augsburger Zucht- und Strafbücher des 18. Jahrhunderts kann man entnehmen, dass Männer ‚das Delikt' häufig zunächst ableugneten, dass sie öfter vorgaben, dass die Frau auch andere Sexualkontakte gehabt hätte, sie also nicht zwangsläufig der Vater des erwarteten Kindes sein müssten.[43] Wir lesen alle diese Abwehrreaktionen, die sich so leicht in die Rubrik ‚schäbiges Verhalten' einordnen lassen, und es bleibt der Eindruck haften, dass die Männer sich nach der Erlegung ihrer Geldstrafe außerhalb jeglicher Verantwortung fanden, während die Frauen mit ihrer verletzten Ehre, mit ihrem Kind, ohne Lebensunterhalt und mit äußerst eingeschränkten Heiratschancen als Verliererinnen zurückblieben. Für viele Frauen war dies sicher auch so, und zweifellos konnten sich Männer auch aus der Verantwortung stehlen. Männer aber, die einem Zunfthandwerk angehörten, hatten für ihre Vergehen ‚in Puncto Sexti' die Konsequenzen zu tragen. Diese werden aber erst sichtbar, wenn die Quellenbasis entsprechend erweitert wird und – wie ich es jetzt getan habe – die Handwerkerakten mit herangezogen werden.

Abschließend möchte ich noch einmal auf das erste der angeführten Fallbeispiele zurückkommen, bei dem der dargestellte Konfliktverlauf zeigt, dass sich eine Meisterin gegen die Beschuldigung, sie habe mit den Gesellen ‚sodomitische Sachen getrieben', die sich dann allerdings lediglich als ‚böse und garstige Reden' erwiesen, offensichtlich schärfer zur Wehr setzen musste als ihr Mann, dem ebenfalls das Führen unzüchtiger Reden vorgeworfen

---

42 Tiefgreifende Veränderungen im normativen Diskurs der Reformations- und Ehegerichtsordnungen während der Frühen Neuzeit, die einseitig zu Lasten der Frauen gingen und das Delikt des ‚zu frühen Beischlafs' in der ersten Hälfte des 17. Jahrhunderts überhaupt erst hervorbrachten, zeigt auf: S. Burghartz, Geschlecht – Körper – Ehre.
43 So G. Brenner, Analyse und Interpretationsansätze.

worden war. Tatsächlich konnte die weibliche Ehre – und hier stimme ich durchaus mit der bisherigen Forschung überein – besonders wirkungsvoll über den Körperaspekt angegriffen werden. Weit mehr als das bisher gesehen wurde, war aber auch die Ehre von Männern – zumindest im Zunfthandwerk – über sexuelle Integrität definiert. Davon, dass Männern sexuelle Freizügigkeit zugestanden worden sei, kann keine Rede sein.

Literatur

Alfing, Sabine (1994): Weibliche Lebenswelten und die Normen der Ehre. In: Sabine Alfing und Christine Schedensack: Frauenalltag im frühneuzeitlichen Münster (Münsterische Studien zur Frauen- und Geschlechtergeschichte, Bd. 1), Bielefeld, 17–185.

Backmann, Sibylle/Künast, Hans-Jörg/Ullmann, Sabine/Tlusty, B. Ann (Hrsg.) (1998): Ehrkonzepte in der Frühen Neuzeit. Identitäten und Abgrenzungen. (Colloquia Augustana, Bd. 8), Berlin.

Bourdieu, Pierre (1983): Ökonomisches Kapital, kulturelles Kapital, soziales Kapital. In: Soziale Ungleichheiten, hrsg. von Reinhard Kreckel (Soziale Welt, Sonderband 2), Göttingen, 183–198.

Brenner, Gabriele (1997): Analyse und Interpretationsansätze von Unzuchtsdelikten in den Zucht- und Strafbüchern der Reichsstadt Augsburg im 18. Jahrhundert, Zulassungsarbeit zum Staatsexamen für das Lehramt an Hauptschulen, Augsburg.

Burghartz, Susanna (1995): Geschlecht – Körper – Ehre. Überlegungen zur weiblichen Ehre in der Frühen Neuzeit am Beispiel der Basler Ehegerichtsprotokolle. In: Verletzte Ehre. Ehrkonflikte in Gesellschaften des Mittelalters und der Frühen Neuzeit, hrsg. von Klaus Schreiner und Gerd Schwerhoff, Köln/Weimar, 214–234.

Dinges, Martin (1994): Der Maurermeister und der Finanzrichter. Ehre, Geld und soziale Kontrolle im Paris des 18. Jahrhunderts (Veröffentlichungen des Max-Planck-Instituts für Geschichte, Bd. 105), Göttingen.

Dinges, Martin (1998): Ehre und Geschlecht in der Frühen Neuzeit. In: Ehrkonzepte in der Frühen Neuzeit. Identitäten und Abgrenzungen, hrsg. von Sibylle Backmann, Hans-Jörg Künast, Sabine Ullmann und B. Ann Tlusty (Colloquia Augustana, Bd. 8), Berlin, 123–147.

Ehmer, Josef (1991): Heiratsverhalten, Sozialstruktur, ökonomischer Wandel. England und Mitteleuropa in der Formationsperiode des Kapitalismus (Kritische Studien zur Geschichtswissenschaft, Bd. 92), Göttingen.

Gleixner, Ulrike (1994): ‚Das Mensch' und ‚der Kerl'. Die Konstruktion von Geschlecht in Unzuchtsverfahren der Frühen Neuzeit (1700–1760) (Geschichte und Geschlechter, Bd. 8), Frankfurt/M., New York.

Hull, Isabel V. (1997): Sexualstrafrecht und geschlechtsspezifische Normen in den deutschen Staaten des 17. und 18. Jahrhunderts. In: Frauen in der Geschichte des Rechts. Von der Frühen Neuzeit bis zur Gegenwart, hrsg. von Ute Gerhard, München, 221–234.

Lesemann, Silke (1994): Arbeit, Ehre, Geschlechterbeziehungen. Zur sozialen und wirtschaftlichen Stellung von Frauen im frühneuzeitlichen Hildesheim (Schriftenreihe des Stadtarchivs und der Stadtbibliothek Hildesheim, Bd. 23), Hildesheim.

Proesler, Hans (1954): Das gesamtdeutsche Handwerk im Spiegel der Reichsgesetzgebung von 1530 bis 1806 (Nürnberger Abhandlungen zu den Wirtschafts- und Sozialwissenschaften, Heft 5), Berlin.

Roper, Lyndal (1991): ‚Wille' und ‚Ehre': Sexualität, Sprache und Macht in Augsburger Kriminalprozessen. In: Wandel der Geschlechterbeziehungen zu Beginn der Neuzeit, hrsg. von Heide Wunder und Christina Vanja, Frankfurt/M., 180–197.

Reith, Reinhold (1988): Arbeits- und Lebensweise im städtischen Handwerk. Zur Sozialgeschichte Augsburger Handwerksgesellen im 18. Jahrhundert (1700–1806) (Göttinger Beiträge zur Wirtschafts- und Sozialgeschichte, Bd. 14), Göttingen.

Schreiner, Klaus/Schwerhoff, Gerd (Hrsg.) (1995): Verletzte Ehre. Ehrkonflikte in Gesellschaften des Mittelalters und der Frühen Neuzeit, Köln/Weimar/Wien.

Simon-Muscheid, Katharina (1998): Frauenarbeit und Männerehre. Der Geschlechterdiskurs im Handwerk. In: „Was nützt die Schusterin dem Schmied?". Frauen und Handwerk vor der Industrialisierung, hrsg. von Katharina Simon-Muscheid (Studien zur Historischen Sozialwissenschaft, Bd. 22), Frankfurt/M./New York, 13–33.

Ulbricht, Otto (1996): Supplikationen als Ego-Dokumente. Bittschriften von Leibeigenen aus der ersten Hälfte des 17. Jahrhunderts als Beispiel. In: Ego-Dokumente. Annäherung an den Menschen in der Geschichte, hrsg. von Winfried Schulze (Selbstzeugnisse der Neuzeit, Bd. 2), Berlin, 149–174.

Werkstetter, Christine (2001): Frauen im Augsburger Zunfthandwerk. Arbeit, Arbeitsbeziehungen und Geschlechterverhältnisse im 18. Jahrhundert (Colloquia Augustana, Bd. 14) Berlin.

Winzen, Kristina (2002): Handwerk – Städte – Reich. Die städtische Kurie des Immerwährenden Reichstags und die Anfänge der Reichshandwerksordnung (VSWG Beihefte, Bd. 160), Stuttgart.

Wunder, Heide (1992): ‚Er ist die Sonn', sie ist der Mond'. Frauen in der Frühen Neuzeit, München.

Simone Hess

Die Entfaltung eines gefühlten Ich.
Neue Bildungsanforderungen zwischen Körper, Geschlecht und Biografie

1. Sinnhafte Körperlichkeit in der Spätmoderne

Die Individualisierungsprozesse in der Spätmoderne (vgl. Beck 1986) enthalten ein beträchtliches Risikopotenzial krisenhafter Entwicklungen und gesundheitlicher Beeinträchtigungen bereit. Männer und Frauen bedürfen zunehmend besonderer Anstrengungen für ihre körperliche Unversehrtheit. Die Lebensgestaltung und Sinnerzeugung bleibt den strukturell Überforderten selbst überlassen. Für die Pädagogik bedeutet das: An Menschen in unterschiedlichen Altersgruppen und Lebenslagen wird die Notwendigkeit herangetragen, aus schlechter Befindlichkeit oder ‚nur' äußeren Veränderungen oder aber gar aus Krisen zu lernen. Es stellen sich dabei die grundlegenden Fragen: Woher soll Orientierung genommen werden? Welche Konzepte können als Richtungsweiser dienen? Als eine Antwort wird die zentrale These dieses Beitrags formuliert: Sinnhaftes Leben hat seinen Ausgangspunkt im Körper und diese körpergebundene Sinnhaftigkeit muss individuell aufgespürt werden. In den nachfolgenden Ausführungen wird aber auch aufgezeigt, dass die Hinwendung zum und die Beschäftigung mit dem Körper nicht unbedingt die Entfaltung eines körperlich gefühlten Ich begünstigen *muss*, sondern auch gerade das Gegenteil, eine Entfremdung vom Körper, bewirken kann.

Der traditionelle Bildungsbegriff missachtet den Körper. Es bedarf neuer konzeptioneller Überlegungen, die solche vom Körperlichen ausgehenden Dimensionen menschlicher Erfahrung berücksichtigen. Deshalb werden im Folgenden Theorien und Strategien vorgestellt und diskutiert, die zur Stärkung von Körpergebundenheit und zur Sensibilisierung der Eigenwahrnehmung beitragen. Dabei wird auf die Soziologie für die Beschreibung gesellschaftlicher Entwicklungen zugegriffen und unter Zuhilfenahme historischer (Körper-)Betrachtungen die Problemursachen der Gegenwart aufzuspüren versucht. Schließlich sind unter Verwendung von Ergebnissen der erziehungswissenschaftlichen Bezugsdisziplinen Philosophie und Psychologie neue pädagogische Anforderungen aufzuzeigen, die notwendig sind, um beim Individuum vorwärts gerichtetes gestaltendes Handeln unter Berücksichtigung körperlicher Integrität zu stützen. Der Sprache als Mittel zum Ausdruck von Gedanken und Gefühlen kommt dabei eine entscheidende Bedeutung zu.

Im Kontext von Sozialisations- und Gesellschaftstheorien spielen körperliche Zurichtungen eine wesentliche Rolle. Ein allen gemeinsames Ziel ist der unversehrte Körper, eine mit sinnhaften Momenten erfüllte Seele, eine Entwicklung zu einem gewissenhaften und verantwortungsbewussten Menschen und eine Gesellschaft, die neben Fortschritt auch Akzeptanz und Fürsorge zum Leitbild hat. Zur Förderung einer erlebensfähigen *weiblichen* Körperlichkeit bedarf es besonderer Denkansätze und handlungsweisender Instrumentarien, die den zweifachen Ausdrucksmöglichkeiten von Frauen, ihren intellektuellen und körperlichen Potenzialen zur Entfaltung verhilft. Auch aus einem anderen Blickwinkel ist die spezielle Förderung von Frauen erforderlich: Gesellschaftliche Entwicklungen lassen es mehr denn je notwendig erscheinen, dass Frauen ihre intellektuellen Fähigkeiten in die Öffentlichkeit einbringen. Um dies zu gewährleisten, bedarf es eines feministischen Bildungsansatzes (vgl. dazu auch Macha 2000: 12ff.).

2. Geschlechtliche Körpergebundenheit

Frauen wird eine besondere Körpergebundenheit nachgesagt: Forschungsarbeiten kommen immer wieder zu der Aussage, dass „Frauen eher mit ihrem Körper leben als Männer" und dass „Frauen sensibler und näher ihrem Körper gegenüber sind" und „ihre Empfindungen differenzierter wahrnehmen" (vgl. Vogt/Bormann 1992, Helfferich/Troschke 1994, Maschewsky-Schneider 1998). Diesen Ergebnissen nachfolgend definierten Frauen ihre Gesundheit im Vergleich zu Männern eher über Wohlbefinden und über Körpererleben. Männer hätten ein anderes Gesundheitsverständnis, welches den funktionalen Aspekt des Körpers, den Körper als Leistungsträger stärker betone – allerdings zeigen jüngste sozialwissenschaftliche Ergebnisse (Hurrelmann/Kolip 2002, Böhnisch 2000, Connell 2000) und medizinische Befunde (Brähler/Kupfer 2001) auch, dass Männer zunehmend an ihre körperlichen Belastungsgrenzen stoßen, über schlechtes Befinden klagen und ihre Lebenserwartung noch weiter als bisher hinter der von Frauen zurück tritt. Für die besonders ausgeprägte weibliche Körperwahrnehmung wird je nach Richtung eine psychische, physische oder physiologische Konstitution der Frau und ihre mit der Gebärfähigkeit zusammenhängenden Funktionen als Ursache genannt. Es gibt eine Reihe von Theorien, die versuchen, die Entstehung geschlechtsspezifischer somatischer Kulturen und deren Weitergabe an die nächste Generation zu erklären. Hier lässt sich auf sozialisationstheoretische (Hagemann-White 1984), psychodynamische (Theweleit 1980) und materialistische (Boltanski 1976) Ansätze verweisen. Die den Geschlechtern zugewiesenen Eigenschaften ‚Mann = kognitiv, sachorientiert, außen, Härte' und ‚Frau = emotional, beziehungsorientiert, innen, Weichheit' sind diesen Theorien zufolge als Ergebnis von Strukturierungen und Zurichtungen des Kör-

Die Entfaltung eines gefühlten Ich

pers mittels Erziehung, psychischer Formung oder Wirtschaftsstrukturen bzw. Arbeitsverhältnissen zu verstehen.

Die spezielle weibliche Körpergebundenheit wird durch die Theorien von Judith Butler (1991, 1995) in Frage gestellt. Ihren Auslegungen nach sind es die Zuschreibungen, die Körperlichkeit bestimmen, nicht aber die körperliche Realität selbst. In Folge ist es im auslaufenden zwanzigsten Jahrhundert zu *der* zentralen Frage in der feministischen Theoriebildung geworden, in welcher Weise das Verhältnis von Körper und Diskurs, von Körpererfahrung und kultureller Geschlechtskonstruktion theoretisch zu bestimmen ist. Bei Butler existiert kein Körper außerhalb seiner Bezeichnung mehr, es gibt nichts prädiskursiv Naturhaftes. Körper wird hier zum reinen Text. Die „identifikatorische Konstellation" von „Natur" und „Weiblichkeit" (Gransee 1999), mit dem das traditionelle Geschlechterrollen-Verständnis begründet wurde, ist hier ins Gegenteil verkehrt worden. Doch gibt es nur das ‚*Entweder-oder*', eine naturalistische oder eine kulturalistische Vereinseitigung? Reimut Reiche (1997) macht in seiner psychoanalytisch motivierten Kritik der konstruktivistischen Bestimmung des gender-Begriffs, die den ‚sex' mit einschließt, auf die Gefahr aufmerksam, dass materielle Referenzen ausgeblendet bleiben und dass die notwendige Spannung zwischen den Begriffspolen verloren geht. „Gender kann nicht mit gender erklärt werden. Es lebt von der Kraft, mit der es sich vom sex abstößt" (ebd.: 928). Mit anderen Worten: Denk- und Handlungsmuster von Frauen (ebenso von Männern) sind in einem Zusammenhang mit ihrer biologischen Geschlechtlichkeit zu verstehen.

Die Ergebnisse, die eine besondere Körperwahrnehmung von Frauen konstatieren, werden von einer Entwicklung flankiert, die auf ein Verschwinden dieser Sensibilität hinweist. Im nachfolgenden werden empirische Befunde präsentiert, die auf die Notwendigkeit aufmerksam machen, dass pädagogische Konzepte zu entwickeln sind, die weibliche Körperlichkeit stärken und stützen: Es zeigt sich, dass zeitlich parallel zur Phase der ‚Reinigung' des ‚gender' von ‚sex', die Erwachsenenbildung einen Boom der gesundheitsbezogenen Veranstaltungsangebote zu verzeichnen hat. Der Fachbereich Gesundheitsbildung hat sich innerhalb der letzten fünfzehn Jahre explosionsartig ausgedehnt. Dies belegen die Studien zur Angebotszusammensetzung in der Erwachsenenbildung/Weiterbildung über alle Anbietertypen und Regionen hinweg (vgl. Hess 2002: 17ff.). Eine Gesundheitsbildung, die den Körper im Zentrum des Kursgeschehens hat – das Wachstum begründet sich vor allem durch die Themenfelder Autogenes Training, Yoga, Gymnastik und andere Entspannungs- und Bewegungstechniken – nimmt bis zu einem Drittel im gesamten Erwachsenenbildungsspektrum ein. Die Befunde zeigen ebenso, dass die Teilnehmerschaft sich zu 80 bis 90% aus Frauen zusammensetzt, obwohl die Veranstaltungen größtenteils geschlechtsneutral ausgeschrieben werden. Zudem hat eine Verschiebung von der *Frauen*bildung zur *Gesundheits*bildung stattgefunden.

Die Zusammensetzung des Angebots in der Erwachsenenbildung/Weiterbildung wird in der Geschichte der Erwachsenenbildungsforschung als Indikator für gesellschaftliche Befindlichkeit und deren Transformation in Bildungsprozesse gesehen. Der Aufstieg der Gesundheitsbildung macht deutlich: Die nicht akzeptierte Weiblichkeit hat den Körper erreicht. Der Zeitgeist schreibt das männlich präformierte Neutrum vor, was aber vom Körper nicht akzeptiert zu werden scheint. Der weibliche Körper wird im öffentlich-gesellschaftlichen Raum ausgeblendet und übergangen, er kann nun in den Räumen der Gesundheitsbildung zu einer Ausdehnung gelangen. Frauen sind in Form der konkreten Zuwendung zu ihrem Körper mit Meditationen oder motorisch ausgerichteten Übungen auf der Suche nach ihrem gefühlten Ich, nach ihrem eigenen körperlichen Empfinden, oder wie es mit den Worten von Barbara Duden (1987) ausgedrückt werden kann, nach ihrem „inneren Tastsinn". Wie dieser „innere Tastsinn" die Einstellung zum weiblichen Körper begründet und als Orientierung dient, wird im Nachfolgenden an einem historischen Exkurs näher erläutert.

3. Der ‚innere Tastsinn' als biografischer Wegweiser

Die Untersuchungen zur Geschichte von Körperkonstruktionen, wie die von Duden haben die Historizität von Körpererleben nachgewiesen. Duden hat damit nicht nur den Einschreibungen in die Körper Rechnung getragen, sondern dem Körper selbst wieder zu seinem Recht als biografischem Wegweiser verholfen. Ihre historische Körperanalyse anhand der Niederschriften des Eisenacher Arztes Storch über seine Behandlung von Frauen, die ihn in seiner Praxis aufgesucht haben, steht für eine erlebte Körperlichkeit im 18. Jahrhundert. Aus den Arzt-Patientin-Untersuchungen liest Duden ein tiefes Einverständnis des Arztes mit den Gefühlen der Frauen heraus. Die Anerkennung des Weiblichen erfolgt hier durch ein empathisches Zuhören der Erzählungen der Patientinnen. Der männliche Zuhörer weist deren Worten eine gestaltende Macht zu. Die Klagen der Frauen drückten, so Duden, einen „inneren Tastsinn", das Erlebnis einer Körperbewegung aus. Ihre haptischen Selbstwahrnehmungen des Körpers seien von kinästhetischer Art, d. h., sie bringen Bewegungsgefühle und Muskelempfindungen zum Ausdruck. Sie berichteten über die Wahrnehmung des gerichteten Fließens in ihrem Inneren. Dieses muss nach den Behauptungen der Frauen zum Grunderlebnis ihres Körpers gehört haben.

Die weiblichen Klagen, die Duden den Arztberichten entnommen hat, bezeichnet sie als Erzählung einer „einzigartigen bio-logischen, d. h. Lebenslauf-erzählenden Körpergeschichte" (Duden 1987: 200). Es sind biografische Stationen, die die Frauen schildern. Die Biografien haben ihren Orientierungspunkt im biologischen Körper liegen. Es sind Menstruierende, Schwan-

Die Entfaltung eines gefühlten Ich

gere, Gebärende. Die Klagen und Leiden entstehen aus solchen Themenbereichen, die sich aus ihrem speziellen weiblichen Körperpotenzial ableiten. Die Worte der Frauen sind Explikationen ihrer körperlichen Empfindungen, sie sind Materie-gebunden. Versprachlichte leibliche Materie wird zum biografischen Richtungsgeber.

Mit einer Entwertung weiblicher Körperlichkeit, wie wir sie im Zuge des technologischen Fortschritts in der Spätmoderne bei einem männlichen Teil der Gesellschaft und auch bei Frauen finden können, wenn sie sich diesen Strömungen, welche den Fortschrittsglauben an eine Abwertung von Weiblichkeit koppeln, anschließen, wird der Orientierungsanker weggenommen. Es gibt dann keine Lebensgrundlage für Entwicklung und Lebendigkeit bei Frauen und in allgemein gesellschaftlicher Hinsicht mehr. Streifen Frauen ihre Körperlichkeit ab, dann sind ihre Narrationen ohne gesellschaftliche Kontextualisierung. Ent-körperung bedeutet Ent-sprachlichung und nachfolgend Ent-gesellschaftung.

Doch es wäre zu einfach, zu denken, dass eine Aufwertung weiblicher Körperlichkeit durch eine reine vernunftgesteuerte Behandlung des konkreten Körpers – sei es ausschließlich in Form der oben beschriebenen Gesundheitsbildung oder gar durch die stark im Wachstum begriffenen Schönheitsoperationen – geschehen kann. Eine echte Stabilisierung von Frauen mit ihren weiblich körperlichen Potenzialen vollzieht sich über den Weg, der entlang der Emotionen verläuft, denn Emotionen sind ein Ausdruck leib-seelischer Befindlichkeit. Darauf wird noch ausführlicher einzugehen sein.

In einer späteren Schrift zeigt Duden anhand der Schwangerschaft auf, wie aus dem haptischen Erleben der Frau im 18. Jahrhundert bald dreihundert Jahre später ein optisches Leben der Wissenschaft wird. Die Apparatemedizin, hier speziell die Ultraschalldiagnostik, ersetzt die Interaktionsbeziehung zwischen dem Arzt und der Frau und zieht eine andere Selbstwahrnehmung der Schwangeren nach sich. Die Körperwahrnehmungen verschieben sich von einem ‚Körper-Sein' zu einem ‚Körper-Haben'. Die Bestimmung der Befindlichkeit verändert sich von einer haptisch innengeleiteten Selbstwahrnehmung zu einer optisch äußeren Selbstwahrnehmung. Es habe ein Wandel von einer „haptischen Hexis" zu einer „optischen Hexis" (Duden 1987: 104) stattgefunden. (Und die Medizin ist nur ein Feld, das durch technische Neuerungen die Körperwahrnehmung verändert. Die Mikrosystemtechnik ist in alle Bereiche der Berufs- und Lebenswelt eingedrungen. Die Computereuphorie stellt ein Fluchtmotiv dar, hier werden Körper und Maschine gleichgesetzt. Aus psychoanalytischer Perspektive sind Maschinen ein künstliches Produkt, das anstelle des Gebärens steht.)

Schauen wir uns die Frauen aus der Praxis Doktor Storchs einmal näher an: Ihre Identität war ausschließlich über ihren Körper definiert. Sie waren Mutter und Ehefrau. Ihr Lebensalltag war auf Versorgung und Pflege der Kinder und des Ehemannes ausgerichtet. Wir finden hier Frauen, die über Körperempfindungen sprechen, die sich aus einer körpernahen reproduktiven

Fähigkeit ergeben. Kommunikation und Interaktion im Alltagsgeschehen waren von Themen bestimmt, die ausschließlich diese Bereiche betrafen. Es war eine von der biologischen Konstitution bestimmte Lebensgeschichte. Hier entfällt die strenge Unterscheidung und Gegenüberstellung von ‚Biologie' und ‚Sozialem', d.h. ein Bereich des Seins, der als unwandelbar begriffen wird und all den anderen Bereichen von Gesellschaft und Kultur, den sozialen Setzungen, Deutungen, Prägungen unterworfen ist. Hier gehört der Körper ausschließlich auf die Seite der Natur und Biologie und ist damit gleichzeitig ein soziales Faktum. Das soziale Umfeld der Patientinnen im Jahr 1730 war im Vergleich zu heute durch eine klare Überschaubarkeit und Aufgabenverteilung geprägt. Die Familienmitglieder hatten ihre eindeutig definierte Rolle. Das heißt, die Frauen wussten genau, von wem sie was erwarten konnten oder nicht zu erwarten hatten, an wen sie sich wenden konnten oder mussten mit Problemen, die im Alltag auftraten. Sie besaßen eine genaue Vorstellung ihrer sozialen Umgebung. Und sie kannten ihre biografischen Weichenstellungen genau. Sie gingen den Weg, den ihre Mütter und Großmütter bereits gegangen waren. Dies steht den (scheinbar) vielfältigen Möglichkeiten, den Undurchsichtigkeiten und Unabwägbarkeiten von heute gegenüber. In der Lebenswelt der klagenden Patientinnen existierte noch keine Trennung in innerhalb und außerhalb des häuslichen Bereichs, in ‚System und Lebenswelt'. Diese Aufteilung setzte erst mit Beginn der industriellen Revolution ein. Dies hat entscheidende Auswirkungen auf die Körperwahrnehmung von Frauen. Weiblich-Sein in der Gegenwart heißt, ganz anderen Bedingungen ‚ausgesetzt' zu sein.

Eine Erklärung für die besonders ausgebildete Körperwahrnehmung der Patientinnen im Gegensatz zum heutigen reduzierten Körpererleben ist die verbale Kompetenz dieser Frauen. Damit ist weniger eine rhetorische Fähigkeit gemeint, als vielmehr das Zur-Verfügung-Stehen und die Verwendung von treffenden Formulierungen für ihr Erleben. Für die Erzählungen in der Arztpraxis bedienten sich die Frauen im 18. Jahrhundert einer Vielzahl an Worten, die genau ihre Befindlichkeit ausdrückten. Sie beschrieben damit ein Fließen, ein Reißen, Pochen und Verkrampfen. Die von ihnen verwendeten Begriffe sind in unserem heutigen Wortschatz nicht mehr oder nur stark rudimentär zu finden. Im Zuge der Vernachlässigung unseres haptischen Spürens ist auch die Sprache für unsere körperlichen Wahrnehmungsmöglichkeiten vernachlässigt worden. Der Wortschatz für nichtvisuelles Erleben hat sich verkleinert: Duden (1987) führt als Beispiel den Geruchssinn an, um den zu beschreiben es vor zweihundert Jahren über hundertachtzig Wörter in der Umgangssprache gab, die aber bis heute verloren gegangen sind. Damals scheint eine Art elaborierter Code für diese sinnlichen Wahrnehmungen existiert zu haben, der sehr viel differenzierter auszudrücken vermochte, was Frauen (und ebenso auch Männer) empfunden haben. Der hier hergestellte Zusammenhang zwischen Verbalisierungsfähigkeit und Körpererleben kann zur Erklärung der Suchprozesse, die die Individuen der Gesellschaft der Ge-

Die Entfaltung eines gefühlten Ich

genwart prägen, herangezogen werden. Die heute stets beklagte Orientierungslosigkeit lässt sich auch als ein reduziert vorhandenes Körpererleben und eine damit in Verbindung stehende, nicht ausreichende bzw. unausgeschöpfte sprachliche Kompetenz erklären. Die gegenwärtige Suche nach Erlebnissen und Gefühlen zur Komplettierung des Selbst geht mit einem Bedürfnis nach sprachlicher Artikulation dieser Gefühle, mit Selbsterklärungen und Selbstdeutungen einher. Es geht darum, den eigenen Standpunkt, das eigene Befinden – im doppeldeutigen Sinne[1] – zu erklären. Unsere Erklärungen befinden sich dabei auf einer anderen Ebene als die der Frauen des 18. Jahrhunderts. Unsere Sprache liegt auf einem abstrakteren Niveau, sie ist reflektierter. Sie ist nicht direkt, ja naiv – vergleichbar mit der von kleinen Kindern – sondern abstrahierend und reflexiv beschreibend. Es ist auch eine Form von Körperlichkeit, die sich hinter unserer Sprache versteckt, doch nicht jene konkrete Körperlichkeit, die Storchs Patientinnen ausdrückten. Dem zwischenmenschlichen Aspekt kommt eine entscheidende Bedeutung in der Sprache der Gegenwart zu. Sozialität ist keine Selbstverständlichkeit mehr, wie noch vor dreihundert Jahren, sondern das Herstellen von Sozialität, welches eng mit Verbalisierungskompetenz in Verbindung steht, ist zu einer expliziten Aufgabe geworden. Der nicht-erlebte, weil zugerichtete Körper lässt auf fehlende oder unstimmige soziale Einbindungen schließen. Um zu einem erlebten Körper zu gelangen, muss die soziale Einbindung selbst nach subjektiven Kriterien ausgewählt werden. Es müssen Worte, Selbsterklärungen für die Gefühle in den als wohltuend bzw. unangenehm empfundenen Einbindungsformen gefunden werden. Das ist sowohl der Weg, der zu sprachlicher Kompetenz, als auch zu Körpererleben führt. Ein erlebensfähiger Körper dient wiederum als Richtungsweiser in zwischenmenschlichen Beziehungen; er führt zu Sozialität, und diese stellt letztlich die Grundlage für Gesundheit dar.

4. Aufklärung unter Berücksichtigung des Körpers

Das Thema Gesundheit gewann im öffentlich-gesellschaftlichen Diskurs seit dem auslaufenden zwanzigsten Jahrhundert in verschiedenster Form eine zunehmende Bedeutung[2]. Unsichtbare, sukzessive Veränderungen in der sub-

---

1 Der Begriff des „Sich-Befindens" präsentiert sich in den Ausführungen von Wolfgang Blankenburg (1995) sowohl als ein gesundheitlicher Zustand wie auch als eine Position in der Gesellschaft.
2 Gesetzesänderungen und Reformen – hier seien die einzelnen Stufen der Gesundheitsreform, das neue Psychotherapeutengesetz, die Höhe der Krankenkassenbeiträge, die Streiks der Ärztinnen und Ärzte genannt – lösten in der privaten Lebenswelt und in den betroffenen Berufsgruppen lebhafte Diskussionen aus. Es waren auf der einen Seite die Verteilungskämpfe bei den Professionellen, wodurch Berufslaufbahnen in Gefahr gerieten, und auf der anderen Seite die Ängste der Klientinnen und Klienten

jektiven Erlebenssphäre, in der persönlichen Befindlichkeit, werden von Frauen und von Männern häufig als gesundheitliche Beeinträchtigungen erfahren. Die Erscheinungsformen sind von einer eher diffusen Art; sie sind häufig nur sehr schwer in Worte zu fassen. Eine Versprachlichung der Ursachen steht in der Regel noch aus – sie ist aber unbedingt notwendig, um Besserung zu erzielen. Das bedeutet für Frauen und Männer unterschiedlichen Alters und verschiedener Lebenslagen, mit der Notwendigkeit konfrontiert zu werden, sich mit sich und der Umwelt auseinander setzten zu müssen und Neu- und Umorientierungen vorzunehmen. Dies kann als ein neues, auf Lebensbewältigung abzielendes Lernen bezeichnet werden, das neuer Konzepte bedarf. Die Teilnahme an einer körperorientierten Gesundheitsbildung, wie sie oben beschrieben wurde, kann in Form einer Sensibilisierung für die Wahrnehmung des Körpers, eine Brücke zur Stabilität und Selbstfindung sein, sie *muss* es aber nicht unbedingt. Der Prozess der Entfaltung des eigenen Selbst, als Grundlage für langfristig stabile Gesundheit, sollte zudem gestützt werden durch das Verbalisieren eigener körperlicher Empfindungen. Es ist eine *innere* körperbezogene Aufklärung zu initiieren.

Mit dieser Absicht ist auf das biografische Lernen zu verweisen: In biografischen Lernarrangements wird der Körper zum Bezugsmoment, denn beim Biografischen ist der Übergang zum Körperlichen naheliegend. Innerhalb der Lebensgeschichte tritt der Körper auf unterschiedliche Weise zutage. Es sind unterschiedliche Lebensalter, Lebensphasen, soziale Strukturen und Bezugssysteme, die eine unterschiedliche Einbindung des Körpers und eine verschiedenartige Aufmerksamkeit gegenüber dem Körper fordern. Das weibliche Geschlecht verfügt zudem noch über körperliche Potenziale, welche zur biologischen Reproduktion befähigen – dieser doppelten Weise, durch die Frauen mit ihrem Körper in das Leben eingebunden sind, muss ebenso Rechnung getragen werden.

Biografie und Körper gehören zusammen, ihre Beziehung lässt sich als „strukturelle Kopplung" (Fischer-Rosenthal 1999) beschreiben. Das Bedürfnis oder die Notwendigkeit zu Versprachlichung und Reflexivität für die eigene Biografie und den eigenen Körper kommen dann auf, wenn etwas nicht mehr so funktioniert, wie bisher. Doch beinhaltet das Sprechen über den konkreten Körper nicht viel Potenzial: „Die Rede über den Körper [kann] den Körper allenfalls irritieren, nicht aber den Körper ernähren oder in irgendeinem Sinne produzieren" (Fischer-Rosenthal 1999: 19). Das Thematisieren des konkreten Körpers kann möglicherweise auch gerade diesen aus der Bewusstseinsebene ausblenden, ihn zu einem Ding machen und aus dem inneren Leben herausnehmen. Damit würde das Körper-Haben, nicht aber das Körper-Sein gestützt werden.

---

vor einer Einschränkung der Wahlfreiheit hinsichtlich der von ihnen bevorzugten Heilungsform und der an sie herangetragenen größeren finanziellen Beteiligung.

Dass durch eine spezifische Sprachkultur der Entfremdung vom Körper Vorschub geleistet werden kann, sieht ebenso Agnes Heller. Ihre Ausführungen sind als ein wichtiger Baustein beim Konzept des biografischen, reflexiven Lernens zu betrachten. Denn sie bringt die Emotionen in die Diskussion ein. Diesen kommt in lebensgeschichtlichen Erfahrungen eine ganz entscheidende Funktion zu, wie noch ausführlich dargelegt wird. Heller sagt:

> Es ist möglich, eine kulturelle Sprache zu sprechen, welche die emotionale Sensibilität der menschlichen Person keinesfalls begünstigt, aber trotzdem in der Lage ist, Männer und Frauen in ihrem Alltagsleben zu leiten. Ein Beispiel dafür ist die Sprachkultur zum Thema ‚Gesundheit/Krankheit'. Man kann über Kalorien, Kopfschmerzen, Herzfrequenz und Körperübungen auf dieselbe Weise reden wie andere über Liebe, Freundschaft, die Farbe des Himmels oder den Klang einer Stimme – mit dem einzigen Unterschied, daß ein Gespräch über die Gesundheit nicht dazu beiträgt, unsere Subjektivität zu differenzieren, auch wenn es unseren Beobachtungssinn schärft (d. h. die Beobachtung unseres eigenen Körpers). (...) Der in letzter Zeit so weit verbreitete ‚Diskurs des Körpers' zielt offensichtlich nur zum Teil darauf ab, uns vom Dualismus von Körper und Seele zu befreien. Er ist auch die Spitze eines Speers, der auf das ‚Herz' zielt, das ja eine wohlbekannte Metapher für Emotionen ist. Allerdings kann sich dieser Speer auch in einen Bumerang verkehren. (Heller 1995: 99)

Heller äußert sich hier kritisch dem Deutungsmuster Körper gegenüber, auch wenn es sich um gesundheitliches Befinden handelt. Sie ist skeptisch dahingehend, ob solche das körperliche Symptom oder den konkreten Körper betreffende Darlegungen persönlichkeitsfördernde Momente aufzuweisen haben. Der körperliche Ausdruck oder seine Beschaffenheit als solcher hielten keine individuierenden Potenziale bereit. Die Philosophin sieht geradezu eine Gefahr auf dieser Bestimmungsebene liegen. Diese ziele vielmehr auf Entkörperung als auf eine Stärkung von Körperlichkeit ab. Sie möchte den Blick viel lieber auf die Emotionalität als menschliche Ausdrucksform gelenkt wissen. Denn Emotionen gehen über die optisch-visuelle Repräsentanz des Körperlichen hinaus. In der Emotionenforschung wird Emotionalität als ein psychischer Zustand betrachtet, der sich realisiert durch eine Konfiguration von subjektivem Gefühl, körperlichem Zustand und Ausdruck (vgl. Holodynski/Friedlmeier 1999, auch Ulich/Mayring 1992). Emotionale Erfahrungen sind deshalb immer auch körperliche Erfahrungen. Emotionalität wird von Erfahrungen ausgelöst, die den Leib symbolisch berühren. Die emotionale Ebene in der Verständigung zwischen Menschen formt den Körper unsichtbar und permanent. Nur wenn wir an den Emotionen anknüpfen, gelangen wir an die Wurzel des körperlichen Zustandes. Auf eine Emotionskultur und nicht auf eine Körperkultur zu setzen, lässt differenzierte, erlebensfähige, erotisierte und lebenskluge Körper heranwachsen.

Auf der erlebnisphänomenologischen Erkenntnisebene sind Gefühle Formen des Berührt-Seins. „Eine Gefühlsregung oder ein Gefühl besteht im Innewerden der emotionalen Bedeutung eines Ereignisses" (Ulich/Mayring 1992: 52). Emotionen verweisen auf das Involviert-sein einer Person in eine

Sachlage, in eine Problematik oder in eine zwischenmenschliche Beziehung hin. In der Biografieforschung und dem biografischen Lernen, mittels derer die Erfahrung der Individuen offen gelegt werden und die untersuchen, auf welche Weise Menschen zu Mitgliedern einer Gesellschaft werden, können neben den ‚harten' Daten auch die ebenfalls in Erscheinung tretenden Emotionen Aufmerksamkeit finden. Die Emotionen in den Sozialisationswegen geben Hinweise darauf, ob und wie die Integration von Individuen in die Gesellschaft gelungen ist. Hier zeigt sich, wie der Körper in dieser Biografie geformt wurde. Bestimmte Arten von Gefühlsausprägungen, aber auch das Nicht-vorhanden-Sein von Gefühlen können erkannt und begründet werden. Die in der Sozialisation erworbenen Erfahrungen bewirken, dass Situationen eher mit positiven oder mit negativen Emotionen verbunden sind und entsprechende Handlungen auslösen. „Emotionen sind das Ergebnis der individuellen Verarbeitung von Erlebnissen" (Trommsdorf 1999). Solche emotionalen Erlebnisse, an denen wichtige Entscheidungen für die Entwicklung eines Menschen getroffen werden, müssen ausfindig gemacht werden. Eine erkenntnisleitende Frage ist dabei, wie Ereignisse, Vorstellungen oder Erinnerungen auf welche Art eine Person berührten, wie diese Person in ihrem (Körper-)Erleben geformt oder auch verformt, ja in eine Krankheit geführt wurde. Durch den Bezug auf Emotionen ergeben sich Erklärungsansätze und Lösungen für entwicklungspsychologische, pädagogische und letztlich gesellschaftliche Probleme. Bei dem gegenwärtig beklagten Werteverfall liegt die Antwort in einer Ausrichtung, die auf eine ‚Bildung der Gefühle' abzielt. Mittels neuer Formen von Lernkulturen, die auf (selbst-)reflexiven Ansätzen beruhen, ist ein selbstverantwortlicher Umgang mit den eigenen Emotionen auszubauen. Dies stellt die Basis für die Fähigkeit zur Empathie und angemessenen Reaktion auf die Emotionen anderer dar (vgl. Macha 1984: 236).

Macha hebt im Kontext einer „Emotionalen Erziehung" hervor, dass „Anschauung wichtiger [sei] als die Belehrung" (ebd.). Hier wird die Vorbildfunktion im Erziehungsprozess angesprochen. Um ein Gefühl für sich selbst zu bekommen, sind ‚reale' Erfahrungen mit Personen, die als ‚stimmig' angesehen werden, wichtig. Sie erfüllen damit die Funktion des Halt-Gebens, anstatt dass sie praxeologische Hinweise für ‚richtige' oder ‚falsche' Emotionen liefern. Das Vorbild stellt damit ein gutes Objekt, eine haltende Umwelt im Sinne Winnicotts (1997) dar, die eine Entfaltung ermöglicht. Dieses Objekt muss vom Erziehenden anerkannt und ‚verwendet' werden, wobei ‚verwenden' in diesem Zusammenhang nicht abwerten oder instrumentalisieren heißt, sondern vielmehr in einer kreativen Weise von dieser Person profitieren. Durch das Halt-gebende Vorhandensein eines solchen guten Objektes wird es überhaupt erst möglich, dass der Zögling ein eigenes inneres Erleben erfahren, d.h. sich von Ereignissen symbolisch (und damit leiblich) berühren lassen und sich in eine introspektive Haltung begeben kann und eben nicht am äußerlich stattfindenden Geschehen, beispielsweise an körperlichen Attributen, verhaftet bleiben muss. Nun können in einem nächsten Schritt die Ereignisse verarbeitet werden, indem reflektierende Deutungen über die inneren Empfindungsqualitäten und damit zusammenhängende Erfahrungen geliefert werden. Auf diese Weise wird eine neue Erfahrung in das Selbst integriert. Damit sind Schritte eines emotionalen Lernens nachgezeichnet worden, das einen wesentlichen Prozess von Persönlichkeitsbildung darstellt und im Innenraum des Körpers stattfindet. Doch präsentieren sich Körper auch mit einer Außengerichtetheit.

Und hier stellt die ‚Ästhetisierung des Zeitgeists' vor allem Frauen vor eine neue Aufgabe der Selbstakzeptanz. Dem weiblichen Körper wird, wie bereits bei Freud, Mangelhaftigkeit zugeschrieben – Stichwort: Penisneid –, er muss ein weiteres Mal zurück erobert werden. Der gesunde Frauenkörper wird als krankhaft und hässlich angesehen. „Problemzone Frau" nennt ihn Posch (1999) mit ironischer Treffsicherheit. Neue Zwänge und damit in Verbindung stehende Anforderungen treten in dem Moment auf, wo Frauen mit einer gewachsenen Selbstsicherheit Positionen in der von männlichen Normen geprägten gesellschaftlichen Öffentlichkeit übernehmen. Es bedarf jetzt einer individuell vorzunehmenden (Wieder-)Aneignung weiblicher Körperlichkeit. Doch die Akzeptanzproblematik von weiblicher Körperlichkeit ist keine, die sich auf das Verhältnis zwischen dem weiblichen und männlichen Geschlecht beschränkt. Die Akzeptanz von eigener weiblicher Körperlichkeit gründet nämlich vielmehr primär auf der Akzeptanz der Körperlichkeiten der weiblichen Anderen. Akzeptanz eigener Körperlichkeit geht mit Akzeptanz fremder Körperlichkeit einher. Selbstaufklärung bedarf einer Offenheit und annehmenden Haltung: Frau kann sich nur von den Fesseln, die ihr im Laufe des Geworden-Seins umgelegt wurden, befreien, wenn sie die weiblichen Anderen – auch und gerade diejenigen, die diese Fesseln umgelegt haben – als außerhalb des eigenen Selbst existierende Personen erkennt und akzeptiert. Es ist die „Versöhnung mit dem eigenen Geschlecht" (Gieseke 2001), mittels derer eine Selbstakzeptanz als weiblicher Mensch erreicht wird. Die „verinnerlichte, aber nicht zur Kenntnis genommene Frauenverachtung" von den Frauen selbst wird hier angesprochen. Es ist eine „Flucht vor dem eigenen Geschlecht" und damit gleichsam eine Flucht vor der eigenen Weiblichkeit und Körperlichkeit. Das Akzeptieren des „anderen (weiblichen) Selbst" mittels „biographischer Selbstaufklärung" (Gieseke 2001: 92f.) ist zu einer Bildungsaufgabe von Frauen in der Spätmoderne geworden.

Im Hinblick auf die oben beschriebene wichtige Funktion des Vorbildes bei der emotionalen Erziehung stelle sich jedoch gerade das Verhältnis zwischen den weiblichen Generationen als schwierig dar. Es sei eine Akzeptanzproblematik festzustellen, die die fördernden Potenziale nicht ausschöpfte, die diese Beziehungen hinsichtlich des Ziels als „weibliches Individuum einen aktiveren Part im demokratischen Geschlechterverhältnis zu erreichen" (ebd.) beinhalten. Jüngere Frauen wiesen ältere Frauen ab, es gebe keine „innere Verbindung", wird hier kritisiert. Diese „innere Verbindung" meint ein von positiven Emotionen getragenes In-Beziehung-Stehen, allerdings ein solches – ohne unbedingt alles miteinander teilen zu müssen, bei dem auch und gerade Differenzen wahrgenommen werden, jedoch ohne das diese als Abwehr, als Grund der Nichtakzeptanz der anderen funktionieren.

5. Gesellschaftliche Positionierung

Körpergebundenheit wird durch das Wissen über die Position in der Gesellschaft gestärkt. Die anthropologisch orientierte „Philosophie des Organischen" von Helmut Plessner (1965/1928) kann als Hilfsmittel bei der Positionierung, der Selbstverwurzelung, dienen. Diese Theorie beinhaltet keine geschlechtsspezifischen Aussagen, ist dadurch einerseits offen für geschlechtsübergreifende, daseinsthematische Aspekte menschlicher Entwicklung und unvoreingenommen hinsichtlich einer Vielfalt an Ausprägungen beim Weiblichen und beim Männlichen. Die zentralen begrifflichen Kategorien bei Plessner sind:

1. Doppelaspektivität: Innen und Außen
2. Positionalität
3. Lebendigkeit

Zur näheren Erläuterung: Die „Doppelaspektivität" von Innen und Außen stellt die Basiskategorie in dem Konzept dar. Das Innen mit dem biophysiologischen Körper und dem Geschlechtskörper als Naturkörper; das Außen mit seiner spezifischen Rolle und Maske als Kulturkörper. Der Körper steht bei Plessner am Anfang. Wo Fichte noch sagt, ‚das Ich setzt das Ich'[3], da geht Plessner vom Organischen aus: Bei ihm ist das Sein selbst schon ein „Gesetzt"-sein durch den vorgegebenen Körper. Das Denken entwickelt sich unmittelbar und ungetrennt vom lebendigen Sein, vom Körperlichen ausgehend. Es gibt allerdings keinen direkten Kontakt zwischen dem Innen und

---

3 Fichte (1762–1814) nimmt einen subjektiv-idealistischen Standpunkt ein, der jedoch nicht vom Individuum, sondern von der Idee seinen Anfang nimmt. Er begründet die aktive Subjektivität der vernünftigen Menschheit, indem er das Recht und die Fähigkeit jeder Generation hervorhebt, sich selbst ohne Rücksicht auf bisherige Traditionen und Einrichtungen neu zu bestimmen. Er befürwortet ein radikales Überschreiten der bisherigen Gegebenheiten, da aus der bisherigen Geschichte nichts gelernt werden könne. Mit diesem philosophischen Modell löst er das Denken radikal vom Leib ab, wenn er den Erfahrungen, die sich diesem eingeschrieben haben nicht entsprechend Rechnung trägt. Er zerstört jegliche genealogische Fortschreibungen und verneint letztlich Historizität. (Diese Haltung wird besonders deutlich in: Johann Gottlieb Fichte: Die Bestimmung des Menschen, Erstes Buch. Zweifel, hg. von Fritz Medicus, Hamburg, 2000: 31.)

dem Außen; für die Durchlässigkeit ist das „Element Empfindung"[4] zuständig. Sinnliche Eindrücke in jeder Sinnesmodalität, als Lautvorstellung, taktile Vorstellung oder Gerüche dringen als Empfindung durch die offene Grenze von Außen in das Körperinnere. Innerlichkeit ist damit nichts anderes als Empfindungen, die sich aus den von Außen kommenden Einwirkungen auf den Körper ergeben und mittels neurophysiologischer Vorgänge in Denken verwandelt werden. Empfindungen sind damit Erfahrungen, die ein Mensch im Laufe seiner Lebensgeschichte mit seinem weiblichen oder männlichen Körper, der auf eine spezifische Weise ausgeformt und ausgestaltet ist und sich im Lebenslauf verändert, gemacht hat.

Die spezifische „exzentrische Positionalität" des Menschen – *der* zentrale Begriff bei Plessner – ist dadurch gekennzeichnet, dass es eine doppelte Gerichtetheit gibt: „über sich hinaus" und „zu sich selbst", d. h. eine Art und Weise, in der der Mensch eine Beziehung zur Umgebung aufnimmt und zugleich innerhalb der eigenen Grenze existiert. Durch die Gerichtetheit nach Außen ist das wesentliche Merkmal des Menschseins der Zustand der Offenheit und damit Unbestimmbarkeit. Doch auf der anderen Seite ist eine Situation für eine Person nie unendlich offen, sondern immer an ihren individuellen Körper gebunden.

Durch die Offenheit und gleichzeitige Körpergebundenheit steht der Mensch vor der Aufgabe, sich nach Erfahrungen, die auf das Innere einwirken, stets neu zu positionieren. Diesem Akt kann ein Wesen nicht entfliehen, denn Lebendigkeit braucht eine Stellung, Leben ist mit Position-Beziehen verbunden. Eine ständige Suchbewegung, die ausgehend von den vielzahligen Eindrücken, die auf den Körper einwirken, insbesondere dem Faktum der Pluralität menschlichen Seins – also der Tatsache fortwährender Begegnungen mit Menschen, die sich durch eine Andersartigkeit auszeichnen – aber nie ein Ende und eine endgültige Antwort finden werden. Damit hat Plessners anthropologische Philosophie grundlegende Faktoren von Sozialisation beschrieben. Das Position-Beziehen geschieht mit reflektierenden Gedanken über das Erfahrene, die letztlich Erkennen zum Ziel haben und mittels Sprache, die das Erkannte direkt oder indirekt an die soziale Umgebung transformiert.

---

4   Plessner verwendet den Begriff ‚Empfindung', andere Autoren sprechen von Emotion oder Gefühl. Für diese drei Begriffe gibt es keine einheitliche Definition, sie werden sowohl synonym verwendet, als auch mit einem unterschiedlichen Bedeutungsgehalt benutzt.

6. Verbalisierung eigenleiblicher Empfindungen zur Entfaltung eines gefühlten Ich

Damit ist die Sprache als neues Element innerhalb eines Lernens eingeführt worden, welches sich zur Aufgabe macht, die Körpergebundenheit zu stärken. Auch Ergebnisse der Bindungsforschung weisen der Sprache eine entscheidende Bedeutung bei der menschlichen Entwicklung zu: Grossmann/Grossmann (2001) sehen in der Sprache die „Fortsetzung mütterlicher Feinfühligkeit mit anderen Mitteln". Der sprachliche Diskurs entstehe im Zusammenhang mit dem Versorgungs- und Pflegeverhalten in der ersten Bindungsbeziehung. Das lässt die Schlussfolgerung zu, dass dem kindlichen Körper nicht gerecht werdende Zuwendungen zu ‚falschen' Emotionen führen, entsprechend auch zu ‚falschen' Erkenntnissen und zu ‚falschen' sprachlichen Mitteilungen, die die eigentlichen Bedürfnisse des nun gewachsenen Körpers nicht adäquat erfüllen können.

Nichtbeachtungen oder Überformungen in vielfacher Hinsicht, und eben auch hinsichtlich eines sprachlichen In-Beziehung-tretens zu dem Zögling, führen innerhalb des primären Sozialisationsprozesses zu einem fragmentierten Körpererleben. Plessner (1965: 123) würde dazu sagen, es gebe hier kein „hauthaftes" Verhältnis der Materie zur Gestalt, keine „Auffüllung bis zu den Rändern" –, dies ist bei ihm ein indikatorisches Wesensmerkmal von Lebendigkeit. Paul Federn (1978/1926), der ein vergleichbares Modell aufgestellt hat, das ebenfalls das Körpererleben in Beziehung zum Ausdehnungsfaktor der leiblichen Materie setzt, fügt den Faktor Emotionen hinzu: Die Materie sei von den Erfahrungen abhängig, die auf diese einwirken, und variiere entsprechend ihrem Zustand: Sie ziehe sich bei Schreck, Angst, Enttäuschung und generell leidvollen Erfahrungen zusammen und expandiere bei Freude, Hoffnung und allgemein freundlichen Gefühlen. Sie sei auf ein bestimmtes Objekt als Auslöser der emotionalen Zustände gerichtet. Bei positiven Gefühlszuständen dehne sich die Materie des Körpers in Richtung des Objektes aus. Der Rückzug der Körper-Materie bedeutet gleichzeitig eine Verringerung der emotionalen Nähe der betreffenden Person zum Objekt.

Körperlichkeit, bei der sich die Materie aufgrund von leidvollen Erfahrungen zusammengezogen hat, kann durch verschiedene Mechanismen kompensierend wieder hergestellt werden. Zum einen das Richten der Aufmerksamkeit auf die Vorstellung vom gesamten eigenen Körper – ein Vorgehen, das die humanistischen Therapien kennzeichnet. Dort wird Körpererleben durch das Versichern der Ganzheit des Klienten erreicht. Die gelebte Erfahrung im Augenblick und die menschliche Beziehung werden betont und als existenzielle, tiefe Erfahrung ins Bewusstsein gerückt. Die zweite Methode, die ein Körpererleben bewirkt, sind Sport, generell motorische ausgerichtete Praxen oder meditative Übungen, mittels derer die leibliche Materie zu einer Ausdehnung gelangen kann. Schließlich gibt es eine dritte Variante, die es sich zur Aufgabe macht, eine bleibende Ausdehnung der Materie zu bewirken. Bei dieser werden Erfahrungen und die damit in Verbindung stehenden Empfindungen und leiblich-materiegebundenen Ausprägungen aufgespürt. Es geht hier darum, Empfindungsqualitäten in einer großen Bandbreite für sich zu entdecken und dafür Worte zu finden. Sowohl negative Erlebensformen als auch wohltuende Empfindungen müssen ausfindig gemacht werden und die verantwortlichen Ereignisse, Handlungen und Menschen erkannt und benannt werden.

Das Finden von Worten für die Entdeckung neuer Qualitäten ist wichtig für Selbsterklärungen und für Selbstbeschreibungen. Diese Worte verhelfen dazu, sich selbst in eigener Veränderung und Entwicklung zu verstehen und sich in seiner Umwelt darstellen und erklären zu können. Bewusstmachen und Benennen neuer Eigenschaften und Beschaffenheiten sind ein wesentlicher Bestandteil von biografischer Kompetenz. Sie dienen als Orientierungs- und Interaktionsmittel in sozialen Situationen. Die qualitativen Entdeckungen fördern Individuationsprozesse und ersetzen ältere statische Zugehörigkeitsetiketten.

Bei diesen neuen Bildungsanforderungen geht es um Bewusstseinsprozesse für das eigene Selbst. Unter Bewusstsein wird ein Denken verstanden, bei dem das Individuum sich selbst gesellschaftlich einordnet, sich gegenüber den Mitmenschen zu positionieren weiß und in eine entsprechende Interaktion mit seiner Umwelt treten kann. Wenn wir Damasio (2002) – der die Entstehungs- und Konstitutionsbedingungen von Bewusstsein erforscht – folgen, dann wird die soeben vorgetragene große Bedeutung von Sprache für den Bewusstseinsprozess aber wieder relativiert. Denn aus seinen Ausführungen lässt sich schließen, dass es für eine Veränderung des Bewusstseins nicht unbedingt notwendig ist, dass die ‚neuen Qualitäten' über das Entdecken hinaus noch unbedingt verbalisiert werden müssen, um ins Bewusstsein zu treten. Für Damasio ist Erkennen wesentlich und grundlegend. Mit der Aussage „Ich erkenne" macht er auf das Vorhandensein einer nicht-sprachlichen Vorstellung von Erkennen aufmerksam, „das auf ein Selbst zentriert ist, das dem sprachlichen Ausdruck vorangeht und ihn motiviert" (Damasio 2002: 134). ‚Auf-das-Selbst-zentriert-Sein' heißt vom Körper ausgehend – der Körper ist auch bei Damasio die Grundreferenz (vgl. ausführlich dazu Damasio 1997: 312f.).

Sprache sollte immer in einem Bezug zum Selbst und damit zum Körper stehen. Ein bloßes Defilieren ohne Umweltbezug entbehrt jeglicher gestaltender Kraft. Aber eine Sprache, die aus körperlichen Empfindungen resultiert macht einen individuell-gefühlten Standpunkt klar. Mit einer solchen Sprache werden keine Meinungen und Haltungen unhinterfragt von anderen Menschen übernommen, sondern die Aussagen sind aus den selbst gemachten Erfahrungen in der Umwelt, der eigenen Position im Leben entstanden. Diese Art von Sprache kann in einer zwischenmenschlichen Beziehung emotionale Nähe erzeugen, sie kann anderseits aber auch Distanz herstellen:

> Dass das Nennen beim Namen den Gegenstand unterwerfe, ist eine magische wie gleichermaßen moderne Gewißheit. Hat erst der Berg, der Baum oder der Tiger einen Namen weg, ist der Schritt getan, dass er angesprochen und so womöglich überwunden bzw. in den Dienst für eine ungewisse Stimmung, so haben wir die Beunruhigung ein Stück gemindert, die das schwer Benennbare immer auslöst. Das Wort bannt und es identifiziert. Es ist damit ein Gegner aller Empfindungen, seien es Schrecken, seien es Freuden, die ein Geheimnis voraussetzen. (Sichtermann 1998: 212)

In dieser Passage wird anschaulich dargelegt, dass Sprache auch entzaubern kann, sie kann Gefühle durch Benennen vernichten. Sprache ist auch in der Lage zu ent-erotisieren. Eine Sprache kann gegebenenfalls ‚überrollen'.

Auch Worte ohne ein gemeinsam geteiltes Symbolisierungssystem sind wurzellos. Die Gefahr, die in einer derartigen Setzung von Worten liegt, lässt sich in der späten Moderne häufig finden, beispielsweise in der postmodernen Literatur – hier handelt es sich zwar um geschriebene Sprache, jedoch ist Literatur eine fortwährende (Selbst-)Beschreibung und damit nichts anderes als das mitgeteilte Wort: So kritisiert Fahrenwald (2000), dass dort – hier nennt sie exemplarisch die Schriften des U.S.-Amerikaners Donald Barthelmes (1931–1989) – nur leere Zeichen ohne jeden Realitätsbezug produziert werden, die keine sinnlich wahrnehmbare Wirklichkeit mehr erkennen lassen, da diese von künstlichen Codes überlagert werden. Doch hält sie grundsätzlich an der wichtigen Bedeutung des Setzens von Worten fest, wenn sie sagt: Der „linguistic turn [ist] als eine unumgängliche Konsequenz des modernen Denkens zu begreifen und anzunehmen" (Fahrenwald 2000: 181). Doch aufgrund des Verlusts eines eindeutig rational begründeten Sprachsystems in der literarischen Sprache der Postmoderne bedarf es einer „narrativen Reformulierung" die eine wirklichkeitserzeugende Neukonzeptualisierung bedeutet, um dem Realitätsverlust entgegenzuwirken. Übertragbar ist diese Forderung nach Narrativität auf alle Bereiche, in denen Kommunikation stattfindet. Die narrative Erzählform wird von einem emotionalen Fundament getragen; die Bedeutung von Emotionen wurde vorangehend ausführlich dargelegt.

Abschließend ist zu formulieren: Einer solchen Sprache, die eine Repräsentation eigenleiblicher Empfindungen darstellt, wird in den neuen Bildungsanforderungen eine entscheidende Bedeutung zugewiesen. Diese Sprache ist in der Lage Gemeinsamkeiten herzustellen und Abgrenzungen vorzunehmen. Mit ihr können persönliche Empfindungen ausgetauscht und die dahinter stehenden Erklärungszusammenhänge artikuliert werden. Diese Sprache kann aufdecken und de-konstruieren. Schließlich kann sie Bewusstsein verändern. Ihr wohnt ein politisches Moment inne, das aus feministischer Sicht für die Lebensbewältigung von Frauen in einer von männlichen Normen durchzogenen Welt ein wesentliches Instrument für die Herstellung von Zweigeschlechtlichkeit und für Veränderung darstellt. Eigenleibliche Verbalisierung bedeutet: Natur als gefühlte bio-physische Materie wird in das Kulturprodukt ‚Sprache' umgewandelt mit dem Ziel, Leben(digkeit) aufrecht zu erhalten.

Literatur

Beck, Ulrich (1986): Risikogesellschaft. Auf dem Weg in eine andere Moderne, Frankfurt a.m.

Blankenburg, Wolfgang (1995): Das Sich-Befinden zwischen Leiblichkeit und Gefühl. In: Großheim, Michael (Hrsg.): Leib und Gefühl. Beiträge zur Anthropologie, Berlin, 193–215.

Böhnisch, Lothar (2000): Körperlichkeit und Hegemonialität: Zur Neuverortung des Mannseins in der segmentierten Arbeitsgesellschaft. In: Janshen, Doris: Blickwechsel. Der neue Dialog zwischen Frauen- und Männerforschung, Frankfurt a.m., 106–125.

Boltanski, Luc (1976): Die soziale Verwendung des Körpers. In: Kamper, Dietmar/Rittner, Volker (Hrsg.): Zur Geschichte des Körpers, München/Wien, 138–177.

Butler, Judith (1991): Das Unbehagen der Geschlechter, Frankfurt a.M.

Butler, Judith (1995): Körper von Gewicht, Berlin.

Connell, Robert W. (2000): Globalisierung und Männerkörper – Ein Überblick. In: Feministische Studien, H. 2.

Damasio, Antonio R. (1997): Descartes' Irrtum. Fühlen, Danken und das menschliche Gehirn, München.

Damasio, Antonio R. (2002): Ich fühle, also bin ich. Die Entschlüsselung des Bewusstseins, München.

Duden, Barbara (1987): Geschichte unter der Haut. Ein Eisenacher Arzt und seine Patientinnen um 1730, Stuttgart.

Duden Barbara (1991): Der Frauenleib als öffentlicher Ort. Vom Missbrauch des Begriffs Leben, Hamburg/Zürich.

Fahrenwald, Claudia (2000): Aporien der Sprache. Ludwig Wittgenstein und die Literatur der Moderne, Wien.

Federn, Paul (1978): Ichpsychologie und die Psychosen (Orig. 1926), Frankfurt a.M.

Fischer-Rosenthal, Wolfram (1999): Biographie und Leiblichkeit. Zur biographischen Arbeit und Artikulation des Körpers. In: Alheit, Peter/Dausien, Bettina/Fischer-Rosenthal, Wolfram u.a. (Hrsg.): Biographie und Leib, Giessen, 15–43.

Fischer-Rosenthal, Wolfram/Rosenthal, Gabriele (1997): Warum Biographieanalyse und wie man sie macht. In: Zeitschrift für Sozialisationsforschung und Erziehungssoziologie, 17. Jg., H. 4, 405–427.

Gieseke, Wiltrud (1995): Emotionalität in Bildungsprozessen Erwachsener. In: Faulstich-Wieland, H. u.a. (Hrsg.): Teilnehmer-/innen in der Erwachsenenbildung. Literatur- und Forschungsreport Weiterbildung, Frankfurt a. M, H. 35, 38–46.

Gieseke, Wiltrud (2001): Zur Demokratisierung des Geschlechterverhältnisses. In: Gieseke, Wiltrud (Hrsg.): Handbuch zur Frauenbildung, Opladen, 85–100.

Gransee, Carmen (1999): Grenz-Bestimmungen: Zum Problem identitätslogischer Konstruktionen von „Natur" und „Geschlecht", Tübingen.

Grossmann, Klaus E./Grossmann, Karin E. (2001): Bindungsqualität und Bindungsrepräsentation über den Lebenslauf. In: Röper, Gisela/von Hagen, Cornelia/Noam, Gil G. (Hrsg.): Entwicklung und Risiko. Perspektiven einer klinischen Entwicklungspsychologie. Stuttgart u.a.

Hagemann-White, Carol (1984): Sozialisation: Weiblich – männlich?, Opladen.

Helfferich, Cornelia/von Troschke, Jürgen (1994): Der Beitrag der Frauengesundheitsforschung zu den Gesundheitswissenschaften/Public Health in Deutschland (Schriftenreihe der Koordinierungsstelle Gesundheitswissenschaften, Public Health, Abteilung Medizinische Soziologie, Universität Freiburg), Freiburg.

Heller, Agnes (1995): Ist die Moderne lebensfähig?, Frankfurt a.M./New York.

Hess, Simone (2002): Entkörperungen – Suchbewegungen zur (Wieder-)Aneignung von Körperlichkeit. Eine biografische Analyse, Opladen.

Holodynski, Manfred/Friedlmeier, Wolfgang (1999): Emotionale Entwicklung und Perspektiven ihrer Erforschung. In: Friedlmeier, Wolfgang/Holodynski, Manfred (Hrsg.): Emotionale Entwicklung. Funktion, Regulation und soziokultureller Kontext von Emotionen, Heidelberg/Berlin, 1–26.

Macha, Hildegard (1984): Emotionale Erziehung. Ein erziehungsphilosophischer Beitrag zur Individualitätsentwicklung, Frankfurt a. M.

Macha, Hildegard (2000): Erfolgreiche Frauen. Wie sie wurden, was sie sind, Frankfurt/New York.

Maschewsky-Schneider (1998): Epidemiologische Beiträge zur Frauengesundheitsforschung. In: Arbeitskreis Frauen und Gesundheit im Norddeutschen Forschungsverbund Public Health (Hrsg.): Frauen und Gesundheit(en) in Wissenschaft, Praxis und Politik, Bern u.a., 50 – 62.

Plessner, Helmuth (1965): Die Stufen des Organischen und der Mensch. Einleitung in die philosophische Anthropologie (Orig. 1928), Berlin.

Posch, Waltraud (1999): Körper machen Leute. Der Kult um die Schönheit, Frankfurt/New York.

Reiche, Reimut (1997): Gender ohne Sex. Geschichte, Funktion und Funktionswandel des Begriffs ‚Gender'. In: Psyche. Zeitschrift für Psychoanalyse und ihre Anwendungen, H. 9/10, 11. Jg., 926–958.

Rohde-Dachser, Christa (1990): Brauchen wir eine feministische Psychoanalyse? In: Streeck, Ulrich/Werthmann, Hans-Volker (Hrsg.): Herausforderungen für die Psychoanalyse. Diskurse und Perspektiven, München, 226–243.

Sichtermann, Barbara (1998): Sex im Fernsehen oder Die Leichtigkeit, mit der über Sexualität gesprochen wird. In: Schmidt, Gunter/Strauß, Bernhard (Hrsg.): Sexualität und Spätmoderne, Stuttgart, 212–222.

Theweleit, Klaus (1990): Männerphantasien (Bd. 2). Männerkörper – zur Psychoanalyse des weißen Terrors, Reinbek bei Hamburg.

Trommsdorff, Gisela (1999): Sozialisation von Emotionen – Einführung in den Themenschwerpunkt. In: Zeitschrift für Soziologie der Erziehung und Sozialisation, H. 1, 19. Jg., 3 –19.

Ulich, Dieter/Mayring, Philipp (1992): Psychologie der Emotionen, Stuttgart.

Vogt, Irmgard/Bormann, Monika (Hrsg.) (1992): Frauen – Körper – Last und Lust, Tübingen.

Winnicott, Donald W. (1997): Vom Spiel zur Realität, Stuttgart.

Körperbilder in existenzieller Perspektive:
Der Körper in der Lebenswelt

Petra Strehmel

Wohlbefinden und Gesundheit junger Frauen in verschiedenen Lebensmustern

1. Theoretische Vorüberlegungen

Neue Genderstudien zeigen, dass das Rollenbild der ‚Hausfrau und Mutter' gesellschaftlich an Boden verliert, aber auch der ‚doppelte Lebensentwurf' immer weniger als zentrales Leitbild junger Frauen angesehen werden kann (Keddi, Pfeil, Strehmel & Wittmann 1999). Diese Veränderungen vollziehen sich im Kontext eines sich stark wandelnden Arbeitsmarktes, der für immer mehr Frauen mit neuen Anforderungen und Unsicherheiten, Brüchen und Krisen verbunden ist. Wesentlich langsamer verändern sich die Bedingungen für die Vereinbarkeit von Familie und Beruf, immer noch fehlen familienfreundliche Arbeitsplätze und bedarfsgerechte Kinderbetreuungsangebote.

Die Vereinbarkeit von Familie und Beruf ist in Deutschland immer noch schwieriger als in den meisten anderen europäischen Ländern. Zwar ist die Garantie auf einen Kindergartenplatz ein erster wichtiger Schritt in die richtige Richtung, es fehlen aber nach wie vor bedarfsgerechte Angebote in den Kindergärten, Mangel herrscht weiterhin bei Krippen und Horten und auch Ganztagsschulen sind weiterhin eine Rarität. Die parallele Realisierung von Beruf und Familie wird hierzulande immer noch mit einer ‚Doppelbelastung' assoziiert, häufig vermischt mit einer Mutter-Kind-Ideologie, nach der die Mütter ohnehin besser bei ihren kleinen Kindern zu Hause bleiben. Immer weniger junge Frauen wollen aber ihren Beruf aufgeben – zumal die Familienphase im Kontext der Gesamtbiographie immer kürzer wird. Zahlreiche Befunde aus der Frauengesundheitsforschung zeigen zudem, dass die Verbindung von Familienaufgaben mit einer Erwerbstätigkeit nicht immer als eine ‚Doppelbelastung' erlebt wird, sondern dass Frauen von diesem Lebensmuster durchaus im Hinblick auf ihre Gesundheit und ihr Wohlbefinden profitieren können: „Erwerbstätige Mütter können aus multiplen Rollen in unterschiedlichen Lebensbereichen Bestätigung und Kraft schöpfen, und sie können Belastungen durch die Vielfalt und Unterschiedlichkeit der Erfahrungen besser kompensieren als „Nur-Hausfrauen" (Faltermeier, Mayring, Saup & Strehmel 2002: 113).

Diese Befunde dürfen jedoch nicht darüber hinwegtäuschen, dass die schwierige Vereinbarkeit von Familie und Beruf Herausforderungen impliziert, denen sich junge Frauen oft gar nicht mehr stellen wollen oder denen sie sich nicht gewachsen fühlen. Die beispielsweise durch die fehlende Kinderbetreuungs-Infrastruktur bedingten Probleme schlagen sich auch in den Lebensentwürfen junger Frauen nieder, und immer mehr von ihnen bleiben auf Dauer kinderlos.

Im Hinblick auf Wohlbefinden und Gesundheit erwerbstätiger Mütter finden sich wiederstreitende Hypothesen:

– Die *Doppelbelastungshypothese*: Hier wird unterstellt, dass erwerbstätige Mütter stärker gesundheitlich belastet sind als nicht-erwerbstätige Mütter oder kinderlose erwerbstätige Frauen. Dahinter steht die Annahme, dass die Anforderungen der Erwerbsarbeit und die der Familienarbeit überwiegend als Last erlebt werden und die multiplen Anforderungen aus verschiedenen Lebensbereichen zu Überforderungsgefühlen führen. Mit dieser Hypothese ist also die Vorstellung verbunden, dass Frauen die vielfältigen Aufgaben in Beruf und Familie als Belastung erleben und passiv erdulden.
– Die *Multiple-Role-Hypothese:* Hier wird unterstellt, dass die Anforderungen in den verschiedenen Lebensbereichen positive und negative Elemente für das Wohlbefinden enthalten. Erwerbstätige Mütter können aus multiplen Rollen Bestätigung und Kraft schöpfen, sie erleben die Anforderungen eher als Herausforderung, die sie aktiv bewältigen (vgl. Strehmel 1999).

Die widerstreitenden Hypothesen gehen also nicht nur von unterschiedlichen psychischen und gesundheitlichen Folgen der parallelen Realisierung von Familie und Beruf aus, sie implizieren auch unterschiedliche Frauenbilder. Während die Doppelbelastungshypothese von einem passiven Frauenbild ausgeht, stellt die Multiple-Role-Hypothese in Rechnung, dass Frauen ihre Situation zwischen Beruf und Familie in unterschiedlicher Weise erleben, sie aktiv gestalten und Anforderungen differenziert bewältigen.

Dieser Beitrag geht der Frage nach, inwieweit sich die beiden widerstreitenden Thesen durch empirische Daten belegen lassen. Es geht darum, wie sich Frauen in verschiedenen Lebensmustern im Hinblick auf ihren Gesundheitsstatus unterscheiden. Insbesondere wird untersucht, inwieweit sich Gesundheit und Wohlbefinden von erwerbstätigen und nicht-erwerbstätigen Müttern unterscheiden und wo Problemgruppen identifiziert werden können.

Die Datenlage zur gesundheitlichen Situation von Frauen – differenziert nach ihren Lebenslagen – ist unbefriedigend. Der umfangreiche Frauengesundheitsbericht (BMFSFJ 2001) kommt in der Frage der Bedeutung der Erwerbs-, bzw. der Familien- und Hausarbeit zu dem Schluss, dass die Befunde uneinheitlich sind. Unstrittig ist zwar, dass sozioökonomische Merkmale wie Bildung, Erwerbsstatus und Einkommen beinahe linear mit dem Gesundheitsstatus korrespondieren – sozial benachteiligte Gruppen weisen einen deutlich schlechteren Gesundheitsstatus auf als Gruppen mit einem höheren sozioökonomischen Status (vgl. Statistisches Bundesamt 2000, BMFSFJ 2001). Soziale Ungleichheit hat aber keinen direkten (kausalen) Einfluss auf die Gesundheit, ihre Wirkung ist vielmehr vermittelt durch ein komplexes Geflecht an Ressourcen und Risiken, persönlichen physischen und psychischen Merkmalen, Bewältigungsstrategien und selbstregulativen Prozessen (vgl. Siegrist 1996). Neben sozialen Ressourcen, Stressoren und Gelegenheitsstrukturen spielen auch persönliche Ziele und Potenziale und die Eigenaktivität der Person eine Rolle dabei, wie die soziale Lage in individuelles Erleben und Handeln ,übersetzt' wird. Je nachdem, was einer Person wichtig ist und über welche Handlungs- und Bewältigungskompetenzen sie verfügt, wird sie Anforderungen eher als belastend oder aber als Herausforderung wahrnehmen. Gesundheit und Wohlbefinden sind auch nicht allein ,Auswirkungen' von Lebensmustern, vielmehr gestalten Frauen und Männer ihre eigene Biographie im Kontext ihrer jeweiligen Ressourcen. Ihr Wohlbefinden und ihre Gesundheit sind somit zugleich Voraussetzung und Folge ihrer Lebenssituation.

Erwerbsarbeit wie auch Haus- und Familienarbeit enthalten in ihren Anforderungsstrukturen sowohl gesundheitsförderliche wie auch -belastende Aspekte:

- *Erwerbsarbeit:* Arbeitstätigkeiten fördern Gesundheit und Wohlbefinden, wenn sie Handlungsspielräume enthalten, selbstbestimmtes Arbeiten ermöglichen, Lerngelegenheiten bieten und sozial anerkannt sind. Gesundheitsschädigend wirken Stress durch Zeitdruck, häufige Unterbrechungen, Arbeitsüberlastung, ein schlechtes soziales Klima am Arbeitsplatz, aber auch drohender Arbeitsplatzverlust. Weitere gesundheitsgefährdende Faktoren sind Lärm, Schmutz, Schadstoffe, sowie gefährliche und körperlich anstrengende Arbeiten (Ulich 1991).
- *Haus- und Familienarbeit*: Nach einer Zusammenstellung des Frauengesundheitsberichts werden bei der Haus- und Familienarbeit folgende Punkte als positiv und stärkend empfunden: Das Erleben von Freiräumen, das innerfamiliäre soziale Netz, sinnvolle Arbeitsinhalte, menschliche und ganzheitliche Arbeitsbedingungen, die Anerkennung der eigenen Leistung und das ,andere' Leben mit Kindern. Als belastend werden erlebt: Die Geringschätzung der Arbeit, die materielle und soziale Abhängigkeit, der geringe Zeitspielraum, soziale Isolation, körperliche und psychische Anstrengungen, belastende Arbeitsstrukturen (Endlosigkeit, Unabgeschlossenheit), sinnlose Arbeitsanforderungen (Eintönigkeit, Routine), fehlende Freiräume sowie die Brüchigkeit der eigenen Lebensplanung (BMFSFJ, 2001: 439f.). Die Versorgung und Erziehung kleiner Kinder ist nach arbeitspsychologischen Kriterien gekennzeichnet durch Abwechslung, Ganzheitlichkeit, der Möglichkeit des individuellen Ausgestaltens und durch ein in der Regel positives Feedback durch das Kind. Auf der anderen Seite erfordert insbesondere die Betreuung sehr

kleiner Kinder eine dauernde Aufmerksamkeit, sie ist in ihrem zeitlichen Ablauf wenig selbstbestimmt, sondern abhängig von den physischen Bedürfnissen des Kindes. Die Arbeit ist körperlich anstrengend, z.b. durch das Herumtragen des Kindes und sie erfordert insbesondere bei ganz kleinen Kindern häufig ‚Nachtarbeit', das heißt die ‚Arbeitszeit' ist insgesamt sehr lang, unflexibel und im psychologischen Sinn unkontrollierbar (Strehmel 1999).

Vor diesem Hintergrund stellt sich nun die Frage, inwieweit sich verschiedene Lebensmuster von Frauen, insbesondere von erwerbstätigen und nichterwerbstätigen Müttern, im Hinblick auf ihren Gesundheitsstatus unterscheiden. Die empirischen Befunde dazu sind – wie nach den theoretischen Vorüberlegungen nicht anders zu erwarten – uneinheitlich (BMFSFJ 2001). Im Frauengesundheitsbericht wird gefordert, mit grösseren Stichproben zu arbeiten und die Forschung auf spezielle Gruppen und Lebensphasen zu fokussieren. An diese Forderungen möchte ich anknüpfen und ausgewählte Daten aus dem Bundesgesundheitssurvey, nämlich Daten über Frauen in der Familienphase, reanalysieren. Sprechen die Daten eher für die These der Doppelbelastung, oder belegen sie die Multiple-Role-Hypothese, nach der erwerbstätige Mütter gegenüber Nicht-Erwerbstätigen zumindest keinen gesundheitlichen Nachteil aufweisen?

Quantitative Daten zeigen aber nur grobe Zusammenhänge auf. Fragen, wie Frauen ihre sehr unterschiedlichen Lebenssituationen erfahren, und wie sie ihre Biographie gestalten, muss im Kontext ihrer individuellen Wertpräferenzen und Lebensentwürfe analysiert werden. Wohlbefinden und Gesundheit hängen auch davon ab, ob Individuen das, was sie tun, als sinnvoll erleben und persönliche Ziele realisieren können (vgl. Antonovsky 1997). Die quantitativen Analysen werden daher ergänzt durch die Ergebnisse einer qualiftativen Untersuchung über Lebensthemen junger Frauen.

2.1 Mütterliche Erwerbstätigkeit und Gesundheit: Quantitative Analysen

In den beiden großen repräsentativen Gesundheitsberichten neueren Datums, dem Bundesgesundheitsbericht (hrsg. vom Statistischen Bundesamt) und dem Frauengesundheitsbericht (hrsg. vom BMFSFJ) finden sich eine Fülle von Daten zur gesundheitlichen Lage von Frauen und Männern. Verschiedene Lebensmuster von Frauen wurden jedoch noch nicht auf breiter Basis im Hinblick auf ihre Bedeutung für den Gesundheitsstatus untersucht. Eine wichtige Datenbasis für solche Analysen bietet der 1998 durchgeführte Bundesgesundheitssurvey. Der Datensatz enthält Ansatzpunkte für eine Sekundäranalyse im Hinblick auf die Frage nach den Belastungen mütterlicher Erwerbstätigkeit.

Wohlbefinden und Gesundheit junger Frauen 157

Ziel meiner Sekundäranalyse war es, Daten herauszufiltern, die Informationen über das Wohlbefinden von Frauen in der Familienphase (d.h. im frühen und mittleren Erwachsenenalter) sowie über die Lebensmuster der Frauen enthalten. Der Datensatz enthält einige Indikatoren, die diese Informationen in einem begrenzten Rahmen zur Verfügung stellen. Als allgemeiner Indikator für Gesundheit wurde die Beschwerdenliste nach von Zerssen (1976) zur Erfassung psychosomatischer Belastungen herangezogen. Die Lebensmuster der Frauen und Männer wurden mit folgenden Variablen erfasst: Schulbildung, Berufsausbildung, Erwerbstätigkeit, Elternschaft. Im Hinblick auf die Elternschaft wurden allerdings Schwangerschaften und Geburten nicht eigens erhoben. Es gibt lediglich Informationen, ob im Haushalt der Befragten Kinder leben, dies abgestuft nach Altersgruppen. Es wird nicht deutlich, ob es sich dabei um eigene Kinder handelt. In diesen für die weibliche Gesundheit und weibliche Lebenszusammenhänge sehr bedeutsamen Merkmalen – Schwangerschaften, Geburten und Elternschaft – bleiben die Daten also unscharf. Das Alter wird als Kontrollvariable mit berücksichtigt.

Die Stichprobe des Bundesgesundheitssurveys umfasste 7.200 Personen aus einer bundesweit repräsentativen Einwohnermeldeamts-Stichprobe. Von den 4.181 Fällen, für die auch die Zusatzdaten zur psychischen Gesundheit erhoben wurden (vgl. Wittchen, Müller & Storz 1998), wurden für die Sekundäranalyse wiederum diejenigen Frauen ausgewählt, die unter 55 Jahre alt waren (2/3 der Befragten), dies waren ca. 3.300 Fälle, 1683 von ihnen waren Frauen.

Ergebnisse

Ich werde bei der Darstellung der Ergebnisse in zwei Schritten vorgehen: Zunächst werde ich überprüfen, in welchem Zusammenhang soziodemographische Merkmale mit dem Gesundheitsindikator stehen. Danach werde ich der Frage nachgehen, welche Belege es für die ‚Doppelbelastungsthese' bzw. die ‚Multiple Role'-Hypothese gibt (d.h. in welchem Zusammenhang mütterliche Erwerbstätigkeit oder Nicht-Erwerbstätigkeit mit der Gesundheit stehen).

Soziale Ungleichheit und Gesundheit:

Zunächst ist darauf hinzuweisen, dass das Alter in einem deutlichen Zusammenhang mit den Belastungswerten steht.

Abbildung 1: Alter und psychosomatische Belastung

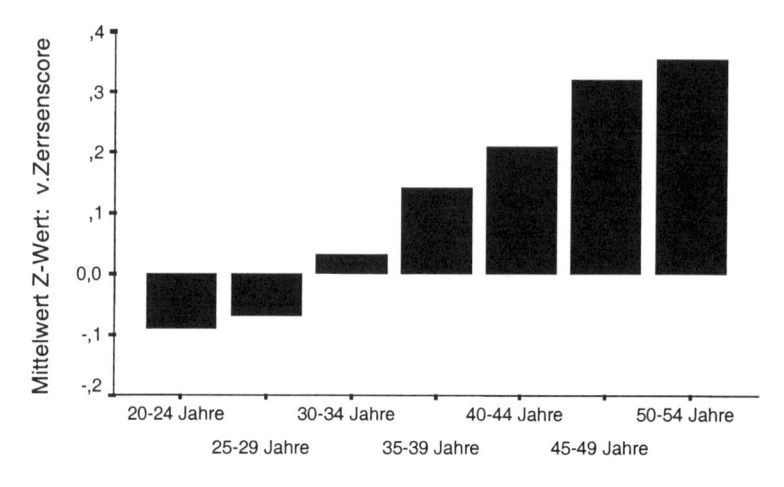

Für die Schulbildung und die Berufsausbildung zeigen sich klare Zusammenhänge, nach denen eine niedrigere Schulbildung und berufliche Qualifizierung mit höheren Belastungswerten einher geht.

Abbildung 2: Schulabschluss und psychosomatische Belastung

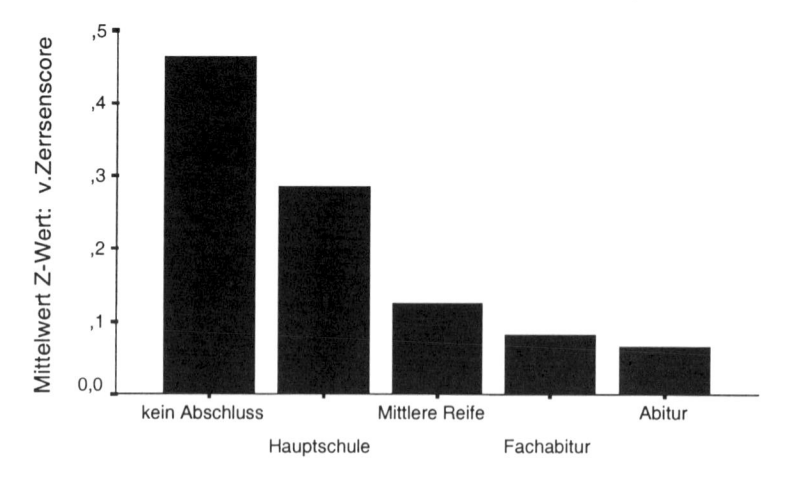

Wohlbefinden und Gesundheit junger Frauen 159

Abbildung 3: Berufsausbildung und psychosomatische Belastung

Mütterliche Erwerbstätigkeit:

Vergleicht man nun Frauen auf verschiedenen Berufsbildungsniveaus mit und ohne Kinder in ihren Belastungswerten, so zeigen sich bei den kinderlosen Frauen kaum Unterschiede. Erst bei Frauen mit Kindern wird der oben bereits gezeigte Zusammenhang zwischen Qualifikation und psychosomatischer Belastung wieder deutlicher. Hochschulabsolventinnen mit Kindern weisen die niedrigsten Belastungswerte auf.

Abbildung 4: Berufsausbildung, Kinder und psychosomatische Belastung

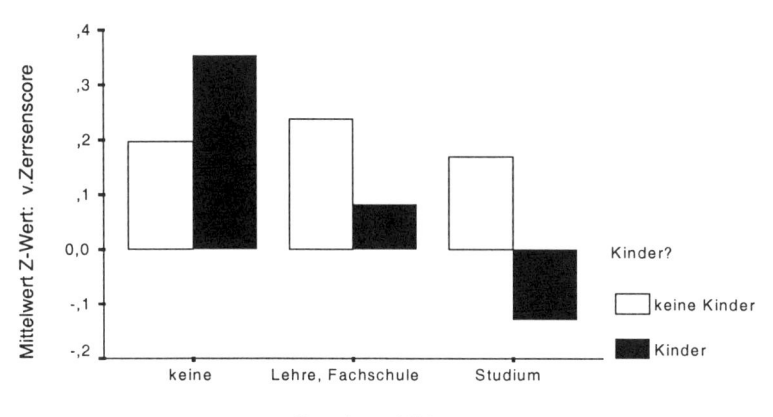

In welchem Zusammenhang steht nun die Erwerbstätigkeit der Mütter mit den psychosomatischen Beschwerden? Die Abbildung zeigt in der Tendenz, dass erwerbstätige niedrigqualifizierte Mütter eher weniger, erwerbstätige höherqualifizierte Mütter hingegen etwas stärker psychosomatisch belastet sind. Diese Effekte sind jedoch statistisch nicht signifikant. Das Befinden variiert bedeutsam nur mit dem Niveau der Berufsausbildung (ähnliche Muster zeigen sich bei der Schulbildung).

Abbildung 5: Berufsausbildung, Erwerbstätigkeit und psychosomatische Belastung

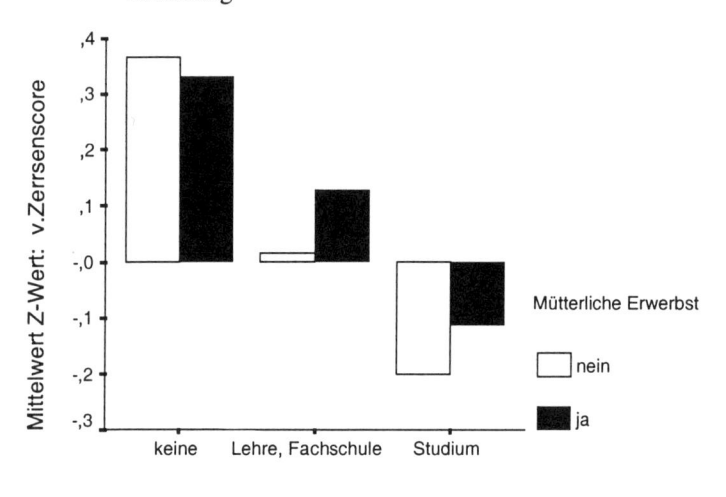

Der Einfluss der Berufsausbildung und der mütterlichen Erwerbstätigkeit auf die psychosomatische Belastung wurde in einer Varianzanalyse überprüft. Dabei zeigt sich, dass der Haupteffekt von der Berufsausbildung der Mütter ausgeht und nicht von der Erwerbstätigkeit. Das bedeutet, dass – auf dieser groben Analyseebene – die Bildungsvoraussetzungen der Frauen bedeutender für das Erleben und Bewältigen der Situation zwischen Beruf und Familie sind als die Tatsache, ob eine Frau mit Kind(ern) erwerbstätig ist oder nicht.

Die Befunde zeigen übereinstimmend, wie wichtig Bildungs- und Berufschancen auch für das psychosoziale Befinden sind. Das Bildungsniveau schlägt sich stärker im Befinden der Frauen nieder als Erwerbstätigkeit oder multiple Anforderungen in verschiedenen Lebensbereichen.

2.2 Lebensthemen junger Frauen: Qualitative Analysen

Wie junge Frauen ihr Leben gestalten und ihre Situation in verschiedenen Lebensmustern erleben und bewältigen ist nur zum Teil Spiegel ihrer Lebenssituation, wie sie durch die soziodemographischen Merkmale beschrieben wird. Auch Lebensentwürfe und die Realisierbarkeit persönlicher Ziele sind von hoher Bedeutung für das Wohlbefinden und die Gesundheit junger Frauen. Keddi, Pfeil, Strehmel & Wittmann (1999) zeigten in einer qualitativen Längsschnittuntersuchung, wie junge Frauen ihre Lebensmuster gemäß ihrer Lebensthemen aktiv gestalten, d.h. eigene Ziele formulieren und umsetzen, aber auch, in welchen Konstellationen sie an Grenzen stoßen, z.B. wenn Gelegenheitsstrukturen zur Realisierung ihrer Lebensentwürfe fehlen. In ihrer Untersuchung wurden 125 junge Frauen aus Ost- und Westdeutschland über einen Zeitraum von sieben Jahren vier Mal in qualitativen Interviews befragt. Aus dem qualitativen Material wurden sieben verschiedene Typen von Lebensthemen herausgearbeitet, drei, bei denen die strukturgebenden Lebensbereiche der jungen Frauen Bezugspunkt waren und vier, bei denen – bereichsunspezifisch – biographische Lebensentwürfe im Mittelpunkt standen:

Tab. 1: Lebensthemen junger Frauen

Bereichsspezifisch	Bereichsunspezifisch
Beruf	Eigener Weg
Familie	Gemeinsamer Weg
Balance zwischen Familie und Beruf	Aufrechterhalten des Status quo
	Suche nach Orientierung

Nur ein Teil der jungen Frauen befasste sich also zentral mit den ‚klassischen' Lebensentwürfen in den Bereichen Familie und Beruf. Es zeigte sich auf der einen Seite, dass auch diejenigen, die den *Beruf* in das Zentrum ihres Lebensentwurfes stellten, häufig einen Kinderwunsch artikulierten und diesen auch bei entsprechenden Gelegenheitsstrukturen (z.B. Unterstützung bei der Kinderbetreuung) realisierten. Auf der anderen Seite gingen auch diejenigen Frauen, die sich in einer Phase ihres Lebens hauptsächlich um die *Familie* kümmerten, von einer lebenslangen Berufstätigkeit aus, wenn auch mit anderen Motiven und Ansprüchen als die berufsorientierten Frauen. Eine weitere Gruppe junger Frauen stellte die *Balance* zwischen den beiden Bereichen Beruf und Familie in den Mittelpunkt, ihnen ging es darum, möglichst gute Kompromisse zwischen beiden Bereichen zu finden.

Ein nicht unerheblicher Teil junger Frauen fokussierte ihre Überlegungen allerdings auf ganz andere Lebensthemen:

- *Eigener Weg*: Thema der jungen Frauen in dieser Gruppe war, die eigenen Möglichkeiten jenseits kollektiver Lebensentwürfe, aber orientiert an eigenen Interessen und Fähigkeiten, zu erproben.
- *Gemeinsamer Weg*: Hier ging es den jungen Frauen primär um die Lebensgestaltung gemeinsam mit einem Partner (aber ohne Kinder).
- *Erhaltung des Status Quo*: Diese Frauen hatten sich auf einem bestimmten Level etabliert, setzten sich keine neuen Ziele, sondern vermieden Veränderungen und damit verbundene Risiken.

Eine weitere Gruppe junger Frauen befand sich über die Jahre, in denen wir sie wiederholt befragten, auf der *Suche nach Orientierung*. Dieses waren vor allem Frauen, die über problematische Sozialisationserfahrungen berichteten oder häufig an chronischen Erkrankungen litten. Diesen Frauen gelang es nicht, einen eigenen Lebensentwurf zu formulieren, geschweige denn zu realisieren. Ihnen fehlten dazu die notwendigen persönlichen, sozialen und auch materiellen Ressourcen, um Lebensveränderungen anpacken und bewältigen zu können. Sie trauten sich oft nicht zu, eine Partnerschaft einzugehen und Kinder zu bekommen – unter den gegebenen schwierigen Bedingungen. Sie blieben in allen Fällen kinderlos.

Die Untersuchung zeigt eine große Bandbreite von Lebensthemen junger Frauen, die weit über den bislang häufig unterstellten ‚doppelten Lebensentwurf' hinausgeht. Wohlbefinden und Gesundheit hängen davon ab, inwieweit junge Frauen ihre Lebensentwürfe realisieren können. Die Lebensmuster der jungen Frauen sind geprägt durch Anforderungen in verschiedenen Bereichen. Wie sie diese erleben, hängt ab von ihrem jeweiligen persönlichen Lebensthema. Gesundheitliche Aspekte zeigen sich dabei nicht nur als Folge der Lebensumstände, sondern – wie die Gruppe junger Frauen ‚auf der Suche nach Orientierung' zeigt – manchmal auch als Handicap für die Entwicklung und Realisierung von Lebensentwürfen.

3. Schlussfolgerungen

In den quantitativen Befunden zeigt sich die hohe Bedeutung sozialer Ungleichheit für das seelische und gesundheitliche Befinden. Psychosomatische Belastungen stehen in einem linearen Zusammenhang mit der Schulbildung und der Berufsausbildung. Wenn Frauen Kinder haben, treten diese Effekte deutlicher auf, d.h. Mütter mit einer höheren Schul- und Berufsausbildung weisen deutlich günstigere Belastungswerte auf als Mütter mit niedriger beruflicher Qualifizierung. Möglicherweise werden die (bildungsbedingten) Ressourcen bei Frauen mit Kindern stärker gefordert und kommen in der Alltagsbewältigung stärker zum Tragen als bei kinderlosen Frauen.

In der Frage, welche der beiden konkurrierenden Hypothesen empirisch belegt werden kann – die Doppelbelastungs-Hypothese oder die Multiple-Role-Hypothese – zeigte sich, dass erwerbstätige Mütter keinesfalls höhere Belastungswerte aufweisen als nicht erwerbstätige Mütter. Somit findet die Doppelbelastungs-Hypothese keine Bestätigung. Nicht die Erwerbstätigkeit, sondern das Niveau der Berufsausbildung ist ausschlaggebend für das Wohlbefinden der Frauen. Dies ist ein bekannter Befund: Becker-Schmidt und Mitarbeiterinnen (Becker-Schmidt, Knapp & Schmidt 1984) stellten in ihrer Studie mit Industriearbeiterinnen fest: „Eines ist zu wenig – beides ist zu viel". Obgleich die Frauen unter schlechten Arbeitsbedingen tätig waren, konnten sie Befriedigung aus ihrer Arbeit schöpfen. Ihnen waren die sozialen Kontakte und das Gefühl, einen eigenen Bereich außerhalb der Familie zu besitzen, wichtig. Dennoch überwog das Gefühl der Überforderung bei der parallelen Realisierung von Familie und Beruf. Bettina Paetzold (1996) untersuchte überwiegend höher qualifizierte Frauen und kommt zu dem Ergebnis: „Eines ist zuwenig – beides macht zufrieden". Die von ihr befragten Frauen fühlten sich – wie die Industriearbeiterinnen auch – durch einen Lebensbereich allein zu wenig ausgelastet. Mit einer besseren Bildung, damit verbunden mehr Autonomie im Beruf und besserer Entlohnung und vermutlich auch günstigeren persönlichen, sozialen und materiellen Ressourcen gelang es ihnen aber eher als den Industriearbeiterinnen, die beiden Lebensbereiche Familie und Beruf auszubalancieren.

Aber auch die Multiple-Role-Hypothese kann mit den vorliegenden Befunden nur bedingt empirisch untermauert werden. Das bessere Befinden der höherqualifizierten Frauen ist vermutlich weniger auf kompensatorische Prozesse zwischen multiplen Rollen zurückzuführen, als vielmehr auf ihr soziales und kulturelles Kapital, das sie in höherem Maße ansammeln konnten als Frauen mit einer Berufsausbildung auf niedrigem Niveau. Letzteren geht es gleichermaßen schlechter, ob sie nun berufstätig sind oder nicht. Vermutlich unterscheiden sich erwerbstätige und nicht-erwerbstätige Mütter in ihren qualitativen Belastungsprofilen, die aber in den vorliegenden Surveydaten nicht erfasst wurden.

Bei den niedrig qualifizierten Frauen muss davon ausgegangen werden, dass bei ihnen ungünstige, eher gesundheitsbelastende Faktoren überwiegen *und kumulieren*: Sie ziehen ihre Kinder überwiegend in schwierigen Wohn- und Einkommensverhältnissen auf, und ihre Arbeitsbedingungen dürften deutlich weniger gesundheitsförderlich sein als die der höherqualifizierten Frauen (Resch & Rummel 1993). Sie stellen daher (weiterhin) eine wichtige Zielgruppe unterstützender frauenpolitischer Maßnahmen dar: Sowohl ihre Arbeitsbedingungen, wie auch ihre Lebensbedingungen bedürfen einer Verbesserung in dem Sinne, dass gesundheitsförderliche Elemente in den verschiedenen Tätigkeitsfeldern stärker zum Tragen kommen. Der Frauengesundheitsbericht zeichnet ein differenziertes Bild der gesundheitlichen Situationen von Frauen in ausgewählten frauentypischen Berufen. Hier werden spezifische Ansatzpunkte für Veränderungen genannt. Aber auch im Hinblick auf die häusliche Situation bedürfen diese Frauen einer Unterstützung durch Maßnahmen, die frauenspezifische und gesundheitsrelevante Aspekte gleichermaßen mit einbeziehen.

Die deutlich positivere Bilanz bei den höher qualifizierten Frauen kann kein Anlass sein, auf frauenpolitische Maßnahmen zu verzichten, die Programme müssen jedoch an anderer Stelle ansetzen. Hochqualifizierte Frauen verzichten oft unfreiwillig auf eine Erwerbstätigkeit, da in vielen Bereichen die Vereinbarkeit von Familie und Beruf immer noch durch unflexible Arbeitszeiten, ein wenig familienfreundliches Arbeitsklima und fehlende oder unzureichende Kinderbetreuungsmöglichkeiten erschwert ist. Wenn sie in ihrem Beruf arbeiten, so müssen sie häufig auf Karrierechancen verzichten und werden weniger gefördert, weil ihnen zum Beispiel unterstellt wird, dass sie sich als Mütter weniger in ihrem Beruf engagieren und andere Priorität setzen – im Wissenschaftsbetrieb zeigt sich dies in eklatanter Weise (Strehmel 1999). Auch hochqualifizierte Frauen haben Probleme bei der Alltagsorganisation, insbesondere an den Schnittstellen zwischen Berufs- und Familienarbeit, auch sie geraten beispielsweise beim Abholen der Kinder von einer Betreuungseinrichtung mit frühen Abholzeiten unter Stress (ebd.). In ihrer Arbeitssituation und auch in der Familie können sie aber im Vergleich zu weniger qualifizierten Frauen von eher gesundheitsförderlichen Bedingungen profitieren (vgl. auch Tiedje u.a. 1990).

Insgesamt zeigen sich in den Befunden die Grenzen einer Sekundäranalyse. Zwar liegt eine grössere Stichprobe vor als in den meisten anderen, oft qualitativen Studien der Frauengesundheitsforschung, doch sind die Daten in mehrfacher Hinsicht lückenhaft. Die relativ groben Kategorien bilden die Lebensmuster der Frauen nur unzureichend ab, die jeweiligen Stressoren und Ressourcen der Frauen bleiben unscharf. Insbesondere fällt auf, dass zentrale Merkmale der körperlichen Entwicklung von Frauen – z.B. Schwangerschaften und Geburten – nicht erfasst wurden und typische Merkmale weiblicher Lebenszusammenhänge, wie etwa das Zusammenleben mit eigenen Kindern, ausgeblendet sind. Auch persönliche Ziele und Lebensentwürfe, die für die Gestaltung der eigenen Biografie und das Erleben und Bewältigen des Alltags von hoher Bedeutung sind, wurden nicht erfasst.

Wichtig ist daher die Ergänzung durch qualitative Studien: Diese verdeutlichen den Stellenwert individueller Wertpräferenzen und Lebensthemen für die persönliche und gesundheitliche Entwicklung von Frauen einerseits und die Bedeutung gesundheitlicher Beeinträchtigungen für die Entwicklung von Lebensthemen und deren Realisierung (oder Verhinderung). So wäre zu vermuten, dass eine Frau mit dem Lebensthema Familie (vgl. Keddi u.a. 1999) die positiven Elemente der Haus- und Familienarbeit in anderer Weise wahrnimmt und verarbeitet als eine Frau mit dem Lebensthema Beruf, die nach der Geburt eines Kindes möglicherweise gezwungenermaßen (z.B. wegen fehlender Kinderbetreuungsmöglichkeiten) ihre Erwerbstätigkeit einschränken muss. Wieder andere Frauen, denen die Balance der Lebensbereiche wichtig ist, sind möglicherweise auch bei schlechten Arbeitsbedingungen mit ihrer Erwerbstätigkeit zufrieden. Und wieder andere, die sich die schwierige Balance zwischen Familie und Beruf nicht zutrauen, beispielsweise weil sie unter einer chronischen Krankheit leiden, verzichten von vornherein auf Kinder.

Quantitative und qualitative Analysen ergänzen sich in der Regel gegenseitig. In der Genderforschung haben eher qualitative Studien Tradition, sie haben jedoch ihre Grenzen in der Verallgemeinerbarkeit der Ergebnisse. Die sehr aufwändigen quantitativen Surveys der Sozial- und Gesundheitsberichterstattung vernachlässigen dagegen spezifische Merkmale weiblicher Lebenszusammenhänge, dennoch bieten sie Ansatzpunkte, Fragen der Genderforschung zu untersuchen und weibliche Lebenszusammenhänge auf einer repräsentativen Basis zu analysieren. GenderforscherInnen müssten sich selbst darum bemühen, dass Indikatoren, die weibliche Lebenszusammenhänge und auch subjektives Erleben differenziert abbilden, in den Untersuchungen platziert werden. Dann wären bessere Voraussetzungen als bisher gegeben, dass Surveys für qualitative Gender-Studien als repräsentative Referenzuntersuchungen dienen können. Wünschenswert bleiben detaillierte Studien, die Lebensentwürfe, Bedingungen für die Vereinbarkeit durch entsprechende Arbeitsbedingungen im Beruf und durch Kinderbetreuungsangebote sowie gesundheitsförderliche und -belastende Elemente der Erwerbs-, der Haus- und der Familienarbeit deutlicher differenzieren, um beispielsweise Zielgruppen für gesundheitspolitische Maßnahmen zu identifizieren.

Fazit:

Es kann davon ausgegangen werden, dass sowohl Bildungsvoraussetzungen und Arbeitsbedingungen, persönliche Ziele wie auch soziale und personale Ressourcen wichtige mitentscheidende Faktoren für das Erleben der Situation zwischen Beruf und Familie und damit für das Wohlbefinden und die Gesundheit von Frauen sind (vgl. Strehmel 1992 u. 1999).

Literatur

Antonovsky, A. (1997): Salutogenese. Zur Entmystifizierung der Gesundheit, Tübingen.
Becker, U. (1989): Frauenerwerbstätigkeit. Eine vergleichende Bestandsaufnahme. *Aus Politik und Zeitgeschichte. Beilage zur Wochenzeitung das Parlament, B 28/89*, 7. Juli 1989, 22–33.
Biernat, M & Wortmann, C. B (1991): Sharing of Home Responsibilities Between Professionally Employed Woman and Their Husbands. *Journal of Personality and Social Psychology, Vol 60, Nr. 6*, 844–860.

Bundesministerium für Familie und Senioren, Frauen und Jugend (2001): Bericht zur gesundheitlichen Situation von Frauen in Deutschland. Eine Bestandsaufnahme unter Berücksichtigung der unterschiedlichen Entwicklung in West- und Ostdeutschland, Stuttgart.

Faltermaier, T., Mayring, P., Saup, W. & Strehmel, P. (2002): Entwicklungspsychologie des Erwachsenenalters. Stuttgart (2. überarbeitete und erweiterte Auflage).

Keddi, B., Pfeil, P., Strehmel, P. & Wittmann, S. (1999): Lebensthemen junger Frauen. Die andere Vielfalt weiblicher Lebensentwürfe, Opladen.

Resch, M. & Rummel, M. (1993): Entwicklungsförderliche Arbeitsbedingungen und weiblicher Lebenszusammenhang. In G. Mohr (Hrsg.): Ausgezählt. Theoretische und empirische Beiträge zur Psychologie der Frauenerwerbslosigkeit, Weinheim, 49–65.

Siegrist, J. (1996): Soziale Krisen und Gesundheit. Eine Theorie der Gesundheitsförderung am Beispiel von Herz-Kreislauf-Risiken im Erwerbsleben, Göttingen.

Statistisches Bundesamt (1998): Gesundheitsbericht für Deutschland, Stuttgart.

Strehmel, P. (1992): Mutterschaft und Berufsbiographieverlauf. In L. Brüderl & B. Paetzold (Hrsg.): Frauenleben zwischen Beruf und Familie. Psychosoziale Konsequenzen für Persönlichkeit und Gesundheit, Weinheim, 69–87.

Strehmel, P. (1999): Karriereplanung mit Familie. Eine Studie über Wissenschaftlerinnen mit Kindern, Bielefeld.

Tiedje, L. B./Wortmann, C. B./Downey, G./Emmons, C./Biernat, M. /Lange, E. (1990): Women with Multiple Roles. Role Compatibility Perceptions, Satisfaction and Mental Health, *Journal of Marriage and the Family, 52*, 63–72.

Ulich, E. (1991): Arbeitspsychologie, Stuttgart.

Wittchen, H.U./Müller, N./Storz, S. (1998): Psychische Störungen: Häufigkeit, psychosoziale Beeinträchtigungen und Zusammenhänge mit körperlichen Erkrankungen. Das Gesundheitswesen, 60, Sonderheft Bundes-Gesundheitssurvey 1997/98, 95–100.

Zerrsen, v. D. (1976): Klinische Selbstbeurteilungsskalen (KSb-S) aus dem Münchner Psychiatrischen Informationssystem (Psychis München), Weinheim.

Carola Merk-Rudolph

Sportgeschichte aus Frauenperspektive. Geschlechtsspezifische Identitätsfindung im Rahmen des Schulsports

1. Koedukation in der Diskussion

Koedukation ist wieder zu einem umstrittenen Begriff geworden, bei feministisch orientierten Pädagoginnen ist sie sogar in Verruf geraten (vgl. Stalmann 1991). Nach Meinung ihrer Befürworter ist Koedukation unverzichtbar, denn das Lernen in gemischten Klassen hat sich grundsätzlich bewährt. Für sie ist koedukatives Unterrichten als Grundlage eines gemeinsamen sozialen Lernprozesses für Jungen und Mädchen eine unverzichtbare Errungenschaft. Auf sie durch die Rückkehr zum getrenntgeschlechtlichen Unterricht zu verzichten, wäre ein „fataler Rückschritt" (Faulstich-Wieland 1991: 35) auf dem Weg zu einem partnerschaftlichen Geschlechterverhältnis und einer echten Chancengleichheit, und dies in erster Linie auf Kosten der Mädchen. Erst die Koedukation hat den Durchbruch zu einer fairen Verteilung der Bildungschancen gebracht. Die Schulpraxis liefert den Beweis hierfür, denn die Mädchen schaffen inzwischen im Schnitt bessere Noten und höhere Schulabschlüsse als Jungen, sie müssen seltener eine Klasse wiederholen, gelten als motivierter, lernen schneller und nehmen häufiger an freiwilligen Arbeitsgemeinschaften teil. Aus diesen Gründen hat es aus Sicht der Befürworter wenig Sinn, die Koedukation grundsätzlich in Frage zu stellen oder für Mädchen in den Schulen „künstliche Schutzzonen" (Knab 1990: 820) oder „Geschlechtsreservate" (ebd.: 821) einzurichten, in denen statt miteinander nebeneinander gelernt wird.

Als Argumente dagegen werden von den Koedukationskritikern vor allem folgende Punkte genannt: Koedukativer Unterricht führt nicht automatisch, wie ursprünglich gedacht, zu mehr Gleichberechtigung und Chancengleichheit. Alteingefahrene Rollenklischees werden nicht von vornherein dadurch beseitigt, dass man Mädchen und Jungen gemeinsam unterrichtet. Durch eine koedukative Erziehung werden Mädchen in eine traditionelle Rolle gedrängt, was vor allem negative Auswirkungen auf ihr Selbstbild, ihr Selbstwertgefühl und ihr Vertrauen in die eigene Leistungsfähigkeit hat.

Als beliebte Beispiele werden hier vor allem der mathematisch-naturwissenschaftliche Lernbereich, aber auch der Sportunterricht genannt. Insbesondere im Sportunterricht werden überlieferte, auch bei den Lehrkräften teilweise noch tief verankerte Rollenbilder und Rollenerwartungen zum Nachteil der Mädchen reproduziert. Technik und Naturwissenschaften, sportliche Aktivitäten und Wettkämpfe, logisches Denken, Abstraktionsvermögen und kühles, klares Analysieren gelten eher als ‚männlich', während Mädchen mit Eigenschaften wie Gefühlsbetontheit, Schönheit, emotionaler Wärme und dem Bedürfnis nach Anschaulichkeit in Verbindung gebracht werden. Diesen Rollenzuweisungen entsprechend ist der Unterricht in koedukativen Schulen, sowohl inhaltlich wie didaktisch, nach wie vor auf die Anlagen, Neigungen und Interessen der Jungen ausgerichtet. Hier wird von einem „heimlichen Lehrplan" gesprochen, der die dominanteren, aggressiveren und zum Teil ‚besserwisserischen' Jungen bevorzugt und die bereits zurückgedrängten Mädchen weiter benachteiligt. Dadurch wird diesen frühzeitig und oft mit lebenslanger Prägung die Lust an Mathematik, Sport und naturwissenschaftlichen sowie technischen Fragestellungen genommen. Deshalb müsse in den Schulen, wenn der gemeinsame Unterricht realistischerweise schon nicht generell abgeschafft werden könne, zumindest „monoedukative Schonräume" (Stalmann 1991: 54) in getrennten Klassen eingerichtet werden, um den Mädchen verbesserte Chancen zur Entwicklung von Selbstbewusstsein und Selbstvertrauen zu eröffnen.

Der gegenwärtige Sportunterricht ist damit ein Teil unseres geschlechtshierarchischen Systems, das Widersprüchlichkeiten und Ambivalenzen für Mädchen und Frauen in besonderem Maße forciert. Die Mädchen müssen in einem von männlichen Orientierungsmustern geprägten Sportunterricht zwei Aufgaben gleichzeitig bewältigen, indem sie einen kompetenten Umgang mit den Attributen der männlichen Rolle bei gleichzeitigem Nachweis der noch vorhandenen Weiblichkeit demonstrieren müssen. Die Diskriminierung von Mädchen und Frauen im Sport lässt sich jedoch nur angemessen erklären, wenn die Geschlechterverhältnisse in den theoretischen Bezugsrahmen des Unterrichts mit einbezogen werden. Bestehende Fehler im Bildungssystem müssen aufgedeckt und Änderungen vorgenommen werden. Wir brauchen Inhalte und Ziele, die Schülerinnen Gelegenheit geben, die Bilder, die sie von sich selbst in Bezug auf Körper und Geschlecht verinnerlicht haben, zu überdenken und falsche Vorbilder in Frage zu stellen. Meiner Meinung nach eignet sich dazu die Ambivalenz der Frauensportgeschichte sehr gut.

2. Geschlechtsspezifische Identitätsfindung als Lernziel

„Eigentlich wäre ich viel lieber ein Junge ...". Diese Äußerung ist heute noch oft von Mädchen zu hören, denn viele von ihnen sind mit ihrer Mädchenrolle auch am Ende des 20. Jahrhunderts recht unzufrieden. Die männliche Rolle wird noch immer als höherwertig eingeschätzt, und während ein Junge aus Sicht der Mädchen fast alles tun darf und ohne Einschränkung seine eigene

Persönlichkeit entfalten kann, erfahren sie selbst vielfältige Begrenzungen. Daher ist es dringend geboten, die Mädchen in ihrer Ich-Identität zu stärken. Das subjektive Empfinden seiner selbst, das den Kern jeder Ich-Identität ausmacht, kann aber nicht losgelöst von bewusster und unbewusster Wahrnehmung, von dem Erleben und Kontrollieren der durch die Eigendynamik des Körpers verursachten Prozesse gesehen werden. In einem Curriculum „Sportgeschichte aus Frauenperspektive", in dem die geschlechtsspezifische Identitätsfindung im Vordergrund stehen soll, muss daher eine Definition der Ich-Identität auf jeden Fall um den Aspekt einer „Körper-Identität" erweitert werden.

Wie notwendig eine Erweiterung der Definition von „Ich-Identität" um den Gesichtspunkt „Körper" ist, sieht man vor allem beim weiblichen Geschlecht, denn dieses ist viel stärker von gesellschaftlichen Schönheitsnormen beeinflusst als das männliche. Aus diesem Grund sinkt die Selbsteinschätzung und das Selbstbewusstsein bei Mädchen und Frauen in dem Maße, in dem sie glauben, die geltenden Vorstellungen von Schönheit nicht erfüllen zu können.

Nur wenigen Mädchen scheint es in der Adoleszenz zu gelingen, ein positives Gefühl für den eigenen Körper zu entwickeln. Sowohl im angloamerikanischen als auch im deutschsprachigen Bereich zeigen empirische Untersuchungen, dass in der Adoleszenz die Beschäftigung mit dem eigenen Körper für Mädchen eine entscheidende Bedeutung gewinnt, diese jedoch zu Verunsicherung, Scham und Angst und nicht zur Entwicklung eines neuen Selbstbewusstseins führt (vgl. Steiner-Adair 1990). In den Vorstellungen von Schönheit, die die Mädchen in diesem Alter haben, ist ihre Nichterfüllbarkeit bereits angelegt. Dies wird besonders deutlich am Körpergewicht. Baur und Miethling (1991) stellten in ihrer Studie über Körperkonzepte von Jugendlichen fest, dass das Körperidealbild der Mädchen das einer untergewichtigen Figur ist, während Jungen normalgewichtige Figuren bevorzugen. Da der allergrößte Teil der Mädchen (ca. 80%) diesem Bild nicht entspricht, wird diese Diskrepanz für sie zu einem großen Problem.

Eigene Kompetenzen scheinen als Fundament für ein positives Selbstbild nicht auszureichen; „eine Frau zu werden" scheint die Mädchen mit einem Schönheitsideal zu konfrontieren, welches das Zentrum von „Weiblichkeit" ausmacht, aber zugleich unerreichbar ist. Daher haben Mädchen in diesem Alter ein deutlich negativeres Körperselbstbild als Jungen. Die Blicke des männlichen Geschlechts gewinnen in diesem Rahmen eine besondere Bedeutung, denn

> wenn es kein eigenes Gefühl für den Wert des Körpers gibt und das gesellschaftlich vorgegebene Schönheitsideal ein prinzipiell unerreichbares ist, kann weibliches Selbstgefühl in starkem Maße abhängig werden von entsprechenden Bestätigungen durch Männer (Flaake 1989: 19).

Besonders für leistungsorientierte Mädchen bringt die Pubertät oft eine starke Verschiebung der Definition von Tüchtigkeit mit sich, denn erfolgreich ist das Mädchen, das am meisten begehrt wird. Für die Jungen bleibt dagegen die Tüchtigkeit, was sie immer war: objektive Leistung und Erfolg bei dem, was man tut. Dabei ist es sicher von Vorteil, gut auszusehen und beliebt zu sein, aber wenn dies nicht der Fall ist, wird die Tüchtigkeit in jedem Fall darüber weghelfen (vgl. Hennig/Jardim 1978).

Damit ist auf subtile Weise eine Abhängigkeit von männlichen Bestätigungen gegeben, denn ein zentraler Punkt der weiblichen Identität ist stark an gesellschaftlich vorgegebene Ideale von Schönheit und Attraktivität gebunden, während eigene Leistungen und Erfolge kaum zur Stärkung dieser Seite der Persönlichkeit beitragen können (vgl. Flaake 1989). Ein Ausweg aus dieser ‚Abhängigkeit' von Männern bei der Bestätigung der Weiblichkeit könnte darin bestehen, dass Mädchen durch die Umsetzung des didaktischen Konzepts einer Frauensportgeschichte lernen, ihren Körper zu akzeptieren und ihn mit anderen Augen zu betrachten, dass sie untereinander eine Form finden, ihrer Weiblichkeit Wert zu verleihen und ihren Körper positiv zu besetzen, um sich damit unabhängiger von männlichen Bewertungen und Wertschätzungen zu machen.

Der Auslöser, mich eingehend mit dieser Aufgabenstellung zu befassen, war folgende Begebenheit: Die Schülerinnen meiner damaligen sechsten Klasse wollten beim jährlichen Fußballturnier eine reine Mädchenmannschaft aufstellen. Verzweifelt kamen sie zu mir und erzählten, die Jungen, die dieses Schulturnier organisierten, hätten ihnen mitgeteilt: Erstens könnten „Weiber" von Natur aus nicht „kicken", und zweitens sei es ihnen verboten, „Männersportarten" zu betreiben. Ganz aufgeregt wollten die Mädchen von mir wissen, inwieweit diese Behauptung stimme und wie die Jungen überhaupt zu einer solchen Äußerung kämen. Ich opferte daraufhin die folgende Unterrichtsstunde und informierte und diskutierte in meiner Klasse über Frauen- und Männersport in früherer und heutiger Zeit. Dabei zeigten sich besonders die Mädchen sehr motiviert. Nach der Stunde fragten mich die Schülerinnen, ob es nicht möglich wäre, mehr zu diesem Themenkomplex zu erfahren, und ich versprach ihnen, mich genauer mit dieser Materie zu beschäftigen. Das Ergebnis dieses Versprechens an die Schülerinnen war die Entwicklung und didaktische Umsetzung eines sportgeschichtlichen Curriculums aus Frauenperspektive im Hinblick auf die Fragestellung, ob dies ein Weg zur geschlechtsspezifischen Identitätsfindung für Mädchen sein könnte.

3. Anlage und Methode der empirischen Untersuchung

Da ich einerseits die Mädchengruppe selbst unterrichtete, andererseits aber auch gleichzeitig ihre wissenschaftliche Begleiterin war, erforderte diese

„Doppelfunktion" ein Forschungsdesign, dem das Forschungsinstrumentarium konzeptionell und methodologisch entsprechen musste (vgl. Stiemert/ Strauß 1991: 323).

Da das frauensportgeschichtliche Curriculum sich in erster Linie auf das Lernziel „Emanzipation" in seiner geschlechtsspezifischen Ausprägung für Mädchen ausrichtete und daher eine präzise Operationalisierung nicht möglich war, wählte ich einerseits ein subjektorientiertes und qualitatives Forschungskonzept, da es, im Gegensatz zu experimentellen, empirisch-analytischen Verfahren, einen umfassenden Zugang zum Forschungsfeld der Alltagswelt der Schülerinnen bietet. Dieses Konzept schafft die Grundlagen zur Erfassung der Komplexität von Lebenserfahrungen mit allen Ambivalenzen und Widersprüchlichkeiten, beachtet den Zusammenhang ihrer Entstehung und nimmt deren subjektive Deutung durch die Beteiligten ernst. Demzufolge ist die methodische Orientierung der Gespräche und Einzelinterviews an den theoretischen Konzepten des *Symbolischen Interaktionismus* und an den phänomenologisch ausgerichteten Sozialwissenschaften günstig. Der *Symbolische Interaktionismus* überbrückt die empirisch-analytisch orientierter Wissenschaft anhaftende Sichtweise von Mensch und Dingen als zwei getrennten Welten und versteht den Prozess der Wahrnehmung und des Handelns als interaktive Vermittlung zwischen ihnen (vgl. Kugelmann 1996: 160). Darüber hinaus erlaubt ein qualitatives Forschungskonzept eine „existenzielle Innensicht" in gewohnte Lebenswelten von Menschen (Hitzler/Honer 1991: 383). Diese ist Voraussetzung, um die Lebenswelten zu verstehen, zu beschreiben und auch, um zu ihrer Veränderung anzuregen. Die Suche nach Definitionen für individuelle Lösungsmöglichkeiten im Umgang mit der weiblichen Rolle ist die Grundlage für die Entwicklung pädagogisch orientierter Veränderungsofferten. Qualitative Forschung stellt die Frage nach der Handlungsfähigkeit der einzelnen Menschen und besitzt daher immer einen Praxisbezug.

Andererseits war es jedoch auch wichtig, eine erste Erhebung der bereits vorhandenen Voreinstellungen und des Vorwissens auf der Basis der quantitativen Forschung durchzuführen. Die herrschenden Vor- bzw. Einstellungen und die Vorurteile zum Lerngegenstand Frauensportgeschichte mussten zunächst erfasst werden, um im weiteren Verlauf an die kognitive Struktur, an die Bedürfnisse und Interessen und das sporthistorische Vorwissen anknüpfen zu können. Mit Hilfe eines Fragebogens sollte vorab geklärt werden, wie die Mädchen und Jungen ihre eigene Rolle beurteilen, aber auch, mit welchen Selbstwertgefühlen, mit welchen Einstellungen zum Körper und zum Sport und mit welchem historischen Vorwissen das bei den Schülerinnen und Schülern vorherrschende weibliche bzw. männliche Rollenverständnis verbunden ist. Ebenfalls galt es herauszufinden, inwieweit sie sich geschlechtsspezifischer Diskriminierungen in gesellschaftlichen und sportlichen Bereichen überhaupt bewusst sind.

Ich habe mich bei dem ‚Projekt Frauensportgeschichte' entschieden, sowohl durch statistische Ergebnisse des Fragebogens als auch durch Gruppengespräche und Einzelinterviews, die theoriegeleitete Thematisierung der Forschungsfragen und zugleich die Aussagen und Meinungen der Schülerinnen – also ihre ‚Innenwelt' – zu erfassen, um daraus anschließend Erkenntnisse, Rückschlüsse und Kriterien für die Projektauswertung zu gewinnen.

4. Die vier Lernsequenzen

In vier Sequenzen versuchte ich, durch das Aufdecken der historischen Voraussetzungen der heutigen Sportsituation, durch das Kennenlernen absurder Ideologien über den Frauensport und durch neue Identifikationsmöglichkeiten emanzipatorische Impulse zu setzen und Widerstandspotentiale bei den Mädchen zu wecken.

23 Mädchen der Klasse 7 (12-14 Jahre) der Realschule Bopfingen führten gemeinsam mit mir das Unterrichtsprojekt ‚Sportgeschichte aus Frauenperspektive' durch. Da koedukativer Unterricht und besonders der Sportunterricht in den Jahren der Adoleszenz eine Fülle von Problemen mit sich bringt, war es sehr wichtig, die Schülerinnen in einer geschlechtshomogenen Gruppe zu unterrichten. Von organisatorischer Seite her gab es keine Schwierigkeiten, da der Sportunterricht in Baden-Württemberg ab Klasse 7 nicht mehr koedukativ unterrichtet werden darf.

4.1 Erste Lernsequenz

Zunächst füllten 152 Mädchen und 150 Jungen der Realschule Bopfingen einen siebenseitigen Fragebogen aus. Diese erste Erhebung bewegte sich auf der Ebene des beobachtbaren Verhaltens und diente der Klärung der in der Versuchsklasse, aber auch in der Schule allgemein herrschenden geschlechtsspezifischen Vorurteile und Geschlechterrollentypisierungen. Diese Voreinstellungen bildeten die Basis für Unterrichtsgespräche und Diskussionen und waren auch gleichzeitig eine Möglichkeit, die Äußerungen der SchülerInnen aufzuarbeiten und im weiteren Verlauf an die kognitive Struktur, an die Bedürfnisse und Interessen und das sporthistorische Vorwissen anzuknüpfen. Fragen wie: „Fürchtest du, in bestimmten Sportarten ‚unweiblich' bzw. ‚unmännlich' zu wirken?"; „Glaubst du, dass es Sportarten gibt, die nur von Frauen bzw. Männern ausgeübt werden können?" oder „Kennst du eine wichtige weibliche Persönlichkeit des Sports in der Vergangenheit?" sollte vorab klären, wie die Mädchen und Jungen ihre eigene Rolle beurteilen.

Sportgeschichte aus Frauenperspektive 173

4.2 Zweite Lernsequenz

In einem nächsten Schritt wurde die normative Orientierung der Geschlechterrolleneinstellungen, Klischees und Stereotype angesprochen. Zunächst erhielten die Schülerinnen einen grobstrukturierten Überblick über das Projekt „Sportgeschichte aus Frauenperspektive". Gemeinsam einigten wir uns darauf, zunächst in einer Art „Sensibilisierungsphase" abzuklären, was unter weiblichen bzw. männlichen Attributen zu verstehen ist, dann über Eigen- und Fremdwahrnehmung zu sprechen und uns anschließend gezielt mit dem Mädchen- und Frauensport früherer Zeiten zu beschäftigen. Exemplarisch sollen im Folgenden zwei Unterrichtsbeispiele zur zweiten Lernsequenz angeführt werden:

4.2.1 Typisch ‚weiblich' – typisch ‚männlich'

Vorurteile haben nicht nur die Funktion, die Komplexität der sozialen Wirklichkeit zu reduzieren, sie haben aufgrund ihrer Ich-stabilisierenden Funktion auch deutliche Auswirkungen auf das Verhalten. Mädchen und Jungen entwickeln früh bestimmte Vorstellungen davon, was für sie typisch ‚weiblich' bzw. ‚männlich' ist. Zum großen Teil werden solche Urteile einfach von der Gesellschaft übernommen, jedoch prägen auch eigene Beobachtungen diese Rollenbilder. Solche Idealvorstellungen von der „typischen Frau" und dem „typischen Mann" verfestigen sich meist unbewußt zu Klischees. Mit diesen wurden die Schülerinnen nun zu Beginn des Projekts konfrontiert. Dabei sollten sie sich ihrer geschlechtsspezifischen Vorurteile und Verhaltensweisen bewusst werden und erkennen, dass zwar Unterschiede zwischen den Geschlechtern vorhanden sind, dass aber Frauen und Männer bei aller Unterschiedlichkeit auch gleiche Bedürfnisse haben. Außerdem sollte ihnen klar werden, daß die Klischees der schönen, aber schwachen Frau und des starken, sportlichen Supermanns einer Korrektur bedürfen.

Für die erste Stunde zu diesem Themenkomplex wurden die Schülerinnen gebeten, zwei verpackte Gegenstände mitzubringen, einen, den sie für typisch weiblich, und einen, den sie für typisch männlich halten würden. Diese Gegenstände wurden auf zwei verschiedene Tische, einen ‚weiblichen' und einen ‚männlichen' gelegt. Anschließend wurden sie gemeinsam ausgepackt. Die Palette der ‚weiblichen' Gegenstände reichte dabei von Barbiepuppen über Schminkutensilien, Haarspangen, Miniröcke, Stöckel- und Plateauschuhen, Schmuck, BHs bis zu Tampons. Die ‚männliche' ging von Taschenmessern, Baseballmützen, Rasierapparaten, Boxershorts, Bierflaschen, Fußbällen, Kondomen, Hanteln bis zu Kampfsportvideos. Die Schülerinnen begründeten danach im Klassengespräch ihre Auswahl, und daraus entwickelte sich eine lebhafte Diskussion über die Frage: „Was ist eigentlich ‚typisch weiblich', was ist ‚typisch männlich', und warum ordne ich das so zu?"

Am Overheadprojektor wurden dann die sogenannten ‚weiblichen' und ‚männlichen' Gegenstände gegenübergestellt und die daraus resultierenden Eigenschaften abgeleitet. In kurzen Szenen, die sie selbst erfanden und in denen die mitgebrachten Gegenstände verwendet werden sollten, spielten die Schülerinnen ‚typisch weibliche' und ‚typisch männliche' Verhaltensweisen nach. Dabei war auffallend, dass die ‚männlichen' Gegenstände und Verhaltensweisen in diesen Rollenspielen von fast allen Schülerinnen gewählt wurden und nur wenige Mädchen ‚typisch weiblich' agieren wollten.

4.2.2 Mein Körper und Barbies Körper

Die gesellschaftlichen Schönheitsanforderungen an Frauen unterscheiden sich auch heute noch wesentlich von vergleichbaren an Männer. Jede Frauenzeitschrift, jede Fernsehwerbung, jeder Kosmetikshop macht das deutlich. Der Leistungsdruck, unter dem die Mädchen und Frauen stehen, ist für manche so groß, dass wir heute Krankheiten kennen, die nur für Frauen typisch sind, z.B. die Magersucht und die Bulimie. Solange man aber Anziehungskraft vor allem mit dem weiblichen Geschlecht assoziiert und Handlungsfähigkeit mit dem männlichen, werden starke Mädchen und Frauen mit Misstrauen und unscheinbare und schwache Männer mit Verachtung bestraft (vgl. Freedmann 1989: 132).

Laut der Herstellerfirma Mattel ist „Barbie" gedacht als pädagogisches Programm, mit dessen Hilfe gelernt werden soll, sich in der Welt der Großen zurechtzufinden. Tatsächlich erfahren die Mädchen dabei jedoch noch viel mehr. Sie lernen beim Spiel mit der Barbiepuppe einen bestimmten Typus des ‚idealen weiblichen Körpers' kennen und verinnerlichen, dem sie nachstreben werden, den sie aber nicht erreichen können. Durch die Problematisierung dieser Thematik sollten die Schülerinnen erkennen, dass geschlechtsspezifische Verhaltensweisen von Kindern früh erspielt und erlernt werden. Sie sollten sich auch die körperlichen Besonderheiten Barbies bewusst machen, welche Beschützerinstinkte sie bei Männern weckt, erkennen, dass ihr Körper nicht so sein kann, und dass sie, solange sie nur als das schöne Geschlecht gelten, auch das schwache Geschlecht bleiben.

Die Schülerinnen nahmen ihre in der letzten Stunde gezeichneten Körperumrisse von der Wand und befestigten sie mit Klebestreifen auf den Fußboden. Daraufhin wurde an die Mädchen eine lebensgroße Barbieschablone aus Papier ausgeteilt. Diese legten sie auf ihren eigenen Umriss und zeichneten in Partnerarbeit die Barbiefigur mit einem farbigen Stift nach. Dann wurde verglichen und die Frage gestellt: Was müsste man alles ‚abschneiden', um aus dir eine ‚Barbie' zu machen? Die Mädchen maßen den Umfang ihrer Taille, ihrer Hüfte, ihrer Oberweite und die Länge ihrer Beine und notierten diese Angaben auf einem Blatt. Daneben setzten sie die Maße der Barbiefigur ein. Mit Hilfe dieses Versuches erkannten die meisten Schülerinnen, daß es für sie unmöglich ist, auch nur zu versuchen, diesem ‚Wunschbild' nahe zu kommen.

Sportgeschichte aus Frauenperspektive

An mitgebrachten Barbiepuppen wurden ihre anatomischen Besonderheiten herausgearbeitet: die Wespentaille, die langen Beine mit den nicht vorhandenen hohen Stöckelschuhen, das gebärfreudige Becken, der zarte, lange Hals, der große Busen, die weitaufgerissenen Augen und das hilfesuchende, aber freundliche Lächeln auf den stark geschminkten Lippen. Die Beantwortung der Fragen aus dem Fragebogen: „Bist du mit deinem Aussehen zufrieden?" und „Würdest du gerne wie eine berühmte Sportlerin oder ein Filmstar aussehen?" und „Achtest du beim Sport auf dein Aussehen?" bildete in diesem Zusammenhang den Anlass zur Diskussion.

4.3 Dritte und vierte Lernsequenz

Die Schülerinnen erfuhren in diesen Lernsequenzen, inwieweit die gesellschaftlichen Strukturen, die Arbeitsteilung und der konkrete Lebenszusammenhang der beiden Geschlechter in der Vergangenheit, aber auch in der Gegenwart zu unterschiedlichen Interpretationen und Bewertungen der Körper und der körperlichen Aktivitäten von Frauen und Männern geführt haben. Bis zum Ende des 19. Jahrhunderts war die körperliche Ertüchtigung zum allergrößten Teil dem männlichen Geschlecht vorbehalten. Die Gründe dafür lagen in zahlreichen Vorurteilen und Weiblichkeitsmythen, aber auch in den Lebensbedingungen der Mädchen und Frauen begründet. Im strikten Gegensatz zum Männlichkeitsideal der Stärke stand der Mythos vom ‚schwachen Geschlecht', der vor allem die bürgerlichen Frauen, eingezwängt in Korsetts und entsprechende Kleidung, zur Bewegungslosigkeit verdammte und sie zu zarten und hilflosen Geschöpfen machte. Auf den männlichen Geschmack ausgerichtete Schönheits- und Körperideale bestimmten daher das Ausmaß und die Form weiblicher Leibesübungen, die aufgrund medizinischer, ästhetischer und moralischer Vorurteile auf ein Minimum reduziert waren. Stellvertretend für viele solcher Äußerungen zum Thema Frauensport stehen die folgenden:

> Die Weiber sind zum Laufen nicht gemacht, wenn sie fliehen, so wollen sie eingeholt werden. Das Laufen ist nicht die einzige Sache, bei der sie sich ungeschickt benehmen, aber es ist die einzige, die sie übel kleidet. (Rousseau 1791: 32).
>
> Die Leibesübungen werden bewirken, dass auf den Wangen der Jungfrauen die Rosen und Lilien der Gesundheit blühen, und ihren zarten Gliederbau die Huldgöttinnen der Schönheit und Anmut schmücken. (Werner 1834: 26).
>
> Das zweite Moment, nach welchem in dem Weibe das innerliche Leben, Bilden und Erhalten, im Manne dagegen das Schaffen und Wirken im Äußeren verwaltet, ist schon darin angedeutet, daß die Eierstöcke im Inneren des Beckens, die Hoden hingegen außerhalb der Rumpfhöhle liegen. (Rodenstein 1926: 53).
>
> Wir müssen damit rechnen, dass die eingehendere körperliche Betätigung (...) die Frau vermännlicht.(...) Das notwendige weibliche Gefühlsleben wird abgestumpft und hart, der Sinn für all die kleinen, manchmal unbedeutend erscheinenden Verrichtungen des

Haushalts geht verloren.(...) Es kommt noch eines hinzu. Eine Frau mit gestörtem Geschlechtscharakter kann keine rein geschlechtlichen Kinder erzeugen! Ihre Kinder werden der Gefahr perverser Anlagen und Neigungen ausgesetzt. (Krieg 1922: 20).

Die Kraftersparnis ist für Mädchen und Frauen besonders wichtig, denn sie dürfen den Kraftrest, der ihnen vom Arbeits- und Genussleben gelassen wird nicht einmal völlig ausgeben.(...) Dieser Kraftvorrat des Mädchens und der Frau gehört aber dem zukünftigen Kinde. Seine vorzeitige Verausgabung widerspricht also der Natur des Mädchens und der Frau. (Müller 1927: 6).

Es gibt keinen weiblich gebauten und arbeitenden Muskel, der in ganz besonderer Weise auf die Anstrengungen durch Leibesübungen antwortet; es gibt kein anders geartetes weibliches Blut, keine weibliche Atmung, die besonders zu schwunghaften Übungen befähigt. Keine der Behauptungen ist wissenschaftlich belegt. So wenig Frauen anders essen als die Männer, um zu Kräften zu kommen, so wenig brauchen sie zu ihrer Kräftigung eine andere Art und einen anderen Betrieb von Leibesübungen.(...) Zu entscheiden was unweiblich ist, ist aber nur die Frau in der Lage. (Profé 1929: 114).

Durch zuviel Sport nach männlichem Muster wird der Frauenkörper direkt vermännlicht. (...) Die weiblichen Unterleibsorgane verwelken und das künstlich gezüchtete Mannweib ist fertig. (Sellheim 1931: 1740).

Es ist erwiesen, dass die Gebärmutter nach einem anstrengenden Sprung mit ziemlich großer Heftigkeit in die Ketten schießt, vielleicht auch nach hinten umkippen kann. (ebd.:1741).

Solange die Frau unter ihresgleichen Rasensport treibt, lediglich aus der Freude an der schönen harmonischen Bewegung (...) so lange darf man kein Wort dagegen sagen. Sobald jedoch die Körperübungen ausgeführt werden, um in Wettkämpfen einen Sieg zu erringen, verliert sich das Schöne, das Ästhetische an der Bewegung. Der Kampf verzerrt das Mädchenantlitz, er gibt der anmutigen weiblichen Bewegung einen harten, männlichen Ton. Er läßt die Grazie verschwinden, mit der das Weib sonst gewohnt ist, alle Bewegungen auszuführen. Der Kampf gebührt dem Manne, der Natur des Weibes ist er wesensfremd. (Vögeli 1943: 61).

Frauen sind für Männer gemacht und nicht für Männersportarten. (Weller 1996).

Einzelne Unterrichtsbeispiele zur dritten und vierten Lernsequenz

Die folgenden Unterrichtsstunden fanden in der Turnhalle statt. In der Kleiderkammer der *Alten Bastei* in Nördlingen hatte ich verschiedene Kostüme aus der Renaissance, der Rokokozeit und dem Biedermeier ausgeliehen. Die Schülerinnen hatten für diese Stunde die Aufgabe erhalten, wenn möglich, selbst auch lange Kleider, Reifröcke von Brautkleidern und Plateauschuhe mitzubringen. Den Mädchen machte es sehr viel Spaß, sich mit Hilfe der Kleidung in ‚frühere Zeiten' zurückzuversetzen. Nach den besprochenen Texten der vorangegangenen Stunde, die ich an der Turnhallenwand befestigte, ‚turnten' wir diese Übungen nach. Die Schülerinnen in ihren langen Kostümen waren mit Feuereifer dabei, die Frei-, Hang- und Stemmübungen vergangener Zeiten, die damals erlaubten – aber auch die verbotenen – nachzumachen. Die Schülerinnen erkannten dabei, dass die meisten Bewegungen,

Sportgeschichte aus Frauenperspektive 177

vor allem solche, bei denen die Beine gehoben oder gespreizt werden müssen, in der langen Kleidung so gut wie unmöglich sind.

Da sie so viel Spaß beim ‚Nachturnen' hatten, beschlossen wir, in der nächsten Stunde die zwölf Figuren der Mädchengymnastik von Clias aus dem Jahre 1829, zu einer Art *Modern Dance* zunächst aneinanderzureihen und dann Variationsmöglichkeiten für diese Figuren zu finden. Als Musik wählten wir von Curtis Stigers *The last time I said good-bye*, und es entstand eine Choreographie, die ganz erstaunlich modern war.

Die Frage: „Kennst du berühmte Persönlichkeiten des Frauensports in der Vergangenheit?" konnte nur von wenigen Mädchen der Realschule beantwortet werden. Ein wichtiger Schritt auf dem Weg zu einer Geschichte des Frauensports stellt aber die Suche nach Frauen dar, die im Verlauf der Sportgeschichte eine Rolle gespielt haben. Mit der Rekonstruktion ihres Lebens und ihres Wirkens werden Frauen ‚sichtbar gemacht', die oft bereits in ihrer Zeit als Ausnahmefrauen galten. Aber gerade dadurch, dass diese Frauen Außergewöhnliches leisteten, boten sie anderen Identifikationsmöglichkeiten und trugen so zu einer Veränderung des Frauenenbildes und zu einer Dekonstruktion von bestehenden Weiblichkeitsmythen bei. Sechs Frauen, denen dieses in der Vergangenheit gelang, lernten die Schülerinnen näher kennen.

- *Gertrud Ederle* (geb. 1906) durchschwamm im August 1926 als erste Frau den Ärmelkanal in einer Zeit von 14 Stunden und 32 Minuten. Sie unterbot dabei den bis dahin besten Mann (C. Todt) um 2 Stunden und 22 Minuten. Die Deutschamerikanerin war in den 20er Jahren die beste Schwimmerin der Welt.
- *Karoline ("Lina") Radke,* geborene Batschauer (1903-1983), wurde im August 1928 in Amsterdam die erste deutsche Olympiasiegerin in einer leichtathletischen Disziplin, als sie den 800-m-Lauf gewann. Die Siegerin Lina Radke und die Zweitplazierte, die Japanerin Kinue Hitomi, sanken nach dem Lauf erschöpft zu Boden. Dies nahm das IOC als Anlass, den 800-m-Lauf für Frauen wieder aus dem olympischen Programm zu streichen, da die Ermattung der Läuferinnen gezeigt habe, dass Frauen auf solchen Distanzen überfordert seien. Bis 1960 blieben daraufhin Mittelstreckenläufe aus dem olympischen Frauenprogramm gestrichen.
- Fast ebenso spektakulär wie die Überquerung des Kanals und der olympische Mittelstreckensieg war der Gewinn der Goldmedaille bei den Spielen 1928 im Florettfechten durch *Helene Mayer.* Geboren am 20. Dezember 1910 in Offenbach, war die blonde „He" Ende der 20er Jahre schon als Teenager ein Idol der deutschen Sportjugend. Blond und mit langen Zöpfen, die sie beim Fechten unter ein breites weißes Stirnband steckte, war sie damals „allein dem Aussehen nach eine Werbung für den Frauensport." (Umminger 1990: 342) Helene Mayer wurde 1925 bereits als 14jährige deutsche Meisterin und gewann 1929 und 1931 die Europameisterschaften.

- Während G. Ederle, L. Radke und H. Mayer männliche Domänen eroberten, wurde *Suzanne Lenglen* (1899–1938) in einer Sportart ein ‚Superstar', die für Frauen seit vielen Jahrzehnten akzeptiert war. Die „göttliche Suzanne" läutete jedoch mit ihrem präzisen und schnellen Spiel eine neue Ära im Frauentennis ein. Sie galt als die beste Tennisspielerin aller Zeiten, da sie von 1919 bis 1925 sechsmal den Titel in Wimbledon gewann.
- Der olympische Sommer 1932 gehörte der damals 18jährigen *Mildred Didriksen* aus Texas. Die Tochter eines norwegischen Seemannes gewann am 4. Juli 1932 in zweieinhalb Stunden fünf amerikanische Leichtathletiktitel und qualifizierte sich in drei Disziplinen für die Olympischen Spiele.
- Das Leben der Norwegerin *Sonja Henie* (1912–1969) wurde von ihrem Vater bis ins letzte Detail vorgeplant. Wenn auch nicht die jüngste Olympiateilnehmerin aller Zeiten, so war Sonja doch erst elf Jahre alt, als sie 1924 Letzte der olympischen Eislauf-Konkurrenz in Chamonix wurde. Danach gewann sie aber 1928, 1932 und 1936 die Goldmedaillen.

In Vierergruppen versuchten die Schülerinnen anschließend die folgenden Fragen zu beantworten:

- Was haben diese Frauen geleistet?
- Welche Bedeutung hatten sie für die Weiterentwicklung des Frauensports?
- Wodurch wurden sie zu Vorbildern für andere Frauen?
- Beeinflusste die sportliche Leistung dieser Frauen vielleicht die öffentliche Meinung darüber, was „weiblich" ist und was nicht?
- Seid ihr der Meinung, dass diese Frauen das Frauenbild und das Frauenideal der Männer veränderten?
- Was imponiert euch besonders an diesen Frauen?

In der nächsten Doppelstunde hatten wir zwei Großmütter von Mädchen aus der Projektgruppe bei uns zu Gast. Die beiden Frauen, 76- und 83-jährig, erzählten sehr anschaulich und humorvoll von ihrem Alltagsleben und wie sie in ihrer Jugend Sport getrieben haben. Die Mädchen nahmen am Leben und den Erfahrungen der alten Damen teil und erlebten hautnah, dass ‚Geschichte' in Wirklichkeit aus vielen einzelnen ‚Geschichten' besteht. Einzelne Schicksale und der Alltag von Menschen standen dabei im Mittelpunkt und das Leben jedes Einzelnen wirkte weder banal noch belanglos. Die Schülerinnen zeigten sich äußerst interessiert an den Erlebnissen der Zeitzeuginnen und stellten Fragen über Fragen.

5. Resümee

Durch das Projekt lernten die Schülerinnen neue Lerninhalte, andere Lehr- und Lernmethoden kennen und diese zu reflektieren. Lernen wurde nicht allein als eine Sache des Kopfes verstanden, da keine Trennung von kognitivem, sozialem und emotionalem Bereich vorhanden war. Der Versuch bestätigte erneut, wie wichtig es ist, dass die Schülerin, der Schüler als ganze Person lernt, und je mehr Sinne dabei beteiligt sind, desto erfolgreicher geschieht dies. Das schulische Lernen sollte daher, wenn möglich, mit sinnlicher Erfahrung verbunden werden, so dass die Möglichkeit für die SchülerInnen besteht, sich die Lerninhalte handlungsorientiert anzueignen. Theorien in ihren Handlungszusammenhang zu stellen bedeutet aber auch gleichzeitig die Notwendigkeit, Fachgrenzen zu überwinden und mit anderen Fächern zusammenzuarbeiten. Eine erfolgreiche Identitätsfindung und Selbstbildentwicklung für Mädchen kann sich nicht auf einen Fachbereich beschränken. Fächerübergreifender Unterricht auf unterschiedlichen Ebenen ist notwendig, um dieses Ziel zu erreichen, speziell bei Unterrichtsphasen und -versuchen, in denen die Geschlechterproblematik ausdrücklich thematisiert wird. Ein Curriculum der Sportgeschichte aus Frauenperspektive kann allein nur wenig ausrichten, wenn das Ziel einer geschlechtsspezifischen Identitätsfindung nicht zugleich in den übrigen Unterrichtsfächern angestrebt wird und im ganzen Bereich des Schullebens zum Tragen kommt.

Weitere neue Formen müssen daher im alltäglichen Umgang miteinander gefunden werden, was eine Loslösung von Rollenfixierungen erfordert, individuelle Entwicklungsprozesse fördert und zu ‚Grenzüberschreitungen' ermutigt. Gefordert sind in allen Fächern Unterrichtsbeispiele, die der Lebenswelt der Mädchen entstammen und die ihr Interessenspektrum berücksichtigen. Notwendig ist dabei eine Berücksichtigung der eher vernetzten und kontextorientierten Herangehensweise von Mädchen an Fachproblematiken. Mädchen hinterfragen Nutzen und Wirkungen von Unterrichtsstoffen stets bezüglich ihres eigenen und auch des gesellschaftlichen Lebens. Zusammenhang. Interesse zu wecken, bedeutet, sie dort abzuholen, wo sie stehen. Auch das Leben von Mädchen hat sehr viel mit Sport, Geschichte und Politik zu tun. Der Schulunterricht muss nur die Verbindungen herstellen und sichtbar machen. Wichtig bei der Art der Wissensvermittlung ist, dass von Anfang an durch den Bezug zur Lebenswelt und der Herangehensweise von Mädchen deren Interessen und Motivation geweckt werden.

Das setzt jedoch voraus, dass auch Lehrerinnen und Lehrer bereit sind, sich auf identitätsnahe Themen einzulassen und sich mit ihnen auseinanderzusetzen. Dies ist zugegebenermaßen ein schwieriges Terrain denn die eigene Person steht dabei sehr stark im Mittelpunkt. Um glaubwürdig zu sein, muss man bereit sein, sich mit den Schülerinnen auf einen gleichberechtigten Dialog einzulassen und auch eigene Werte und Ansichten zur Diskussion zu stellen. Gerade die Geschlechterthematik ist ein sehr sensibles Thema, denn hier gehen Konflikte sehr viel tiefer als bei anderen Themen. In der ‚Lehrerrolle' Nähe und Distanz auszubalancieren und den Mädchen und Jungen nicht die eigenen Werte und Normen ‚überzustülpen', sondern ihnen vielmehr zu helfen, ihre eigenen zu finden, ist sicher eine der schwierigsten Aufgaben des Lehrberufes.

Die Ziellinie liegt jedoch für die Schülerinnen noch in weiter Ferne. Von fundamentaler Bedeutung bei diesem Unterrichtsprojekt war für die Schülerinnen zunächst die Erkenntnis, dass sie bei aller gesellschaftlichen Benachteiligung nicht nur Opfer, sondern im Rahmen ihrer Möglichkeiten und Interessen vor allem auch selbständig Handelnde sein müssen. Auffallend war, dass die Mädchen im Laufe des Projekts immer sicherer wurden, ihre eigenen Bedürfnisse zu erkennen und auch zu artikulieren. Ohne Zweifel sind sie selbstbewusster geworden, stehen mehr zu ihren eigenen Bedürfnissen und vertreten diese auch. Sie sind mutiger geworden und trauen sich mehr zu, wurden sensibler für Geschlechterstereotype und wissen jetzt um ihre Geschichte, besonders im Bereich Körper und Sport. Sie nehmen mehr Rücksicht aufeinander, helfen und ermutigen sich gegenseitig stärker. Doch dieses in der geschlechtshomogenen Gruppe gelernte neue Problembewußtsein, die Einstellungs- und Verhaltensänderungen, die zu einer Erweiterung des eigenen Rollenkonzeptes beigetragen haben, müssen in einem nächsten Schritt in den ‚normalen' koedukativen Unterricht eingebracht und dort täglich neu erprobt und gefestigt werden. Nur durch langfristige Gewöhnungs- und Einübungsprozesse, die unter ‚Realbedingungen' stattfinden und nicht in einem geschlechtersegregierten ‚Schonraum', ist eine erfolgreiche geschlechtsspezifische Identitätsfindung und Selbstbildentwicklung auf die Dauer bei den Schülerinnen möglich.

Aber auch die Fragen: Wie kann man nach der Trennungsphase die neuen Erfahrungen austauschen und darüber reden, so dass es möglich ist, dass Mädchen *und* Jungen davon profitieren? Wie kann der Lern- und Erfahrungszuwachs aus der eigenen Geschlechtergruppe für ein gemeinsames Lernen genützt werden? Welche Bedingungen müssen geschaffen werden, damit Veränderungen, die in diesen Bereichen langfristig stattfinden, tatsächlich gemessen und festgestellt werden können?, müssen nicht nur alle erst noch beantwortet werden, sondern die Hauptaufgabe wird darin bestehen, diese neuen Erkenntnisse, die durch die Beantwortung der Fragen gewonnen werden, in den Unterricht zu integrieren und dort Möglichkeiten zu finden, diese gewinnbringend umzusetzen. Doch stellt dieses Unterrichtsmodell trotz solcher bis jetzt unbeantworteter Fragen einen kleinen, aber wichtigen Schritt in eine neue ‚Unterrichtszukunft' dar. Sportgeschichte aus Frauenperspektive kann mit dazu beitragen, den Mädchen im Unterricht neue Perspektiven anzubieten, die sie in ihrer Suche nach neuen Wegen unterstützen, damit sie möglichst viel Freiheit für ihre Entwicklung gewinnen. Entscheidend ist dabei nicht so sehr, dass sie auch Fußballprofis und Automechanikerinnen werden können, sondern vor allem, daß sie bei allen Tätigkeiten emotional und rational, selbstbewusst und handlungsfähig, weiblich und menschlich sind. Der Weg für Mädchen dorthin wird immer wieder schwierig und ständig bedroht sein, denn der Emanzipationsprozess ist als eine ständige und unabgeschlossene Herausforderung zu betrachten, die immer noch gegen viele Widerstände anzukämpfen hat. Sein Erfolg wird davon abhängen, wie mutig und selbstbewusst, hartnäckig und ungeduldig, stur, solidarisch und frech Mädchen lernen, für sich und ihre Rechte einzutreten. Sie brauchen den Mut, sich einzumischen, ohne Idealisierungen und Allmachtsphantasien, aber auch ohne zurückzuschrecken und zu kapitulieren vor den bestehenden Verhältnissen, die historisch gewachsen und somit auch veränderbar sind.

Literatur

Baur, J./Miethling, W.-D. (1991): Die Körperkarriere im Lebenslauf. In: *Zeitschrift für Sozialisationsforschung und Erziehungssoziologie* 2: 165–188.
Clias, Ph. H.(1829): Kalisthenie oder Uebungen zur Schönheit und Kraft für Mädchen, Bern.
Driscoll, K./McFarland, J. (1989): The Impact of a Feminist Perspective on Research Methodologies: Social Sciences. In: Tomm, W. (Hrsg.): The Effects of Feminist Approaches on Research Methodologies , Waterloo: 198–205.
Fasting, K. (1992): Frauenforschung – Methoden und theoretische Ansätze. In: Kröner, S., Pfister, G. (Hrsg.): Körper und Identität im Sport. Pfaffenweiler: 9–18.
Faulstich-Wieland, H. (1991): Koedukation – Enttäuschte Hoffnungen, Darmstadt.
Flaake, K. (1989): Erst der männliche Blick macht attraktiv. In: *Psychologie heute*, Nr. 11.
Freedmann, R. (1989): Die Opfer der Venus. Vom Zwang, schön zu sein, Zürich.
Hennig, M./Jardim, A. (1978): Frau und Karriere. Reinbek bei Hamburg.
Hitzler, R./Honer, A. (1991): Qualitative Verfahren zur Lebensweltanalyse. In: Flick, U. u.a. (Hrsg.): Handbuch Qualitative Forschung, München: 382–384.
Horstkemper, M. (1988): Schule, Geschlecht und Selbstvertrauen. Eine Längsschnitt-studie über Mädchensozialisation in der Schule, Weinheim/München.
Knab; D. (1990): Koedukationskritik als erster Schritt zur Koedukation. In: *Universitas*, Heft 9: 819–822.
Krieg, J. (1922): Turnen und Sport für das weibliche Geschlecht. Hamburg.
Kugelmann, C. (1996): Starke Mädchen – schöne Frauen. Weiblichkeitszwang und Sport im Alltag, Butzbach-Griedel.
Merk-Rudolph, C. (1999): Sportgeschichte aus Frauenperspektive, Frankfurt a.M.
Müller, J. (1927): Eignung der Frauen und Mädchen für Leibesübungen, Leipzig.
Pfister G. (1980): Frau und Sport. Frankfurt a.M.
Profé, A. (1980): Unsinn im Mädchenturnen. In: Pfister G.: Frau und Sport, Frankfurt a.M. 1980: 105–109.
Rodenstein, M. (1984): Somatische Kultur und Gebärpolitik. In: Kickbusch, J./Riedmüller, B.: Die armen Frauen, Frankfurt a.M: 103–134.
Rousseau, J.-J. (1970): Emile oder Über die Erziehung, hrsg. von Rang, M, Stuttgart.
Sellheim, H. (1931): Auswertung der Gymnastik der Frau für die ärztliche Praxis. Berlin/Prag/Wien.

Stalmann, F. (1991): Die Schule macht die Mädchen dumm. Die Probleme mit der Koedukation, München/Zürich.
Steiner-Adair, C. (1990): The Body Poltic. Normal Female Adolescent Development and the Development of Eating Disorders. In: Gilligan, C./Lyons, N./Hanmer, T. (Hrsg.): Making Connections. The Relational Worlds of Adolescent Girls at Emma Willard School, Cambridge/London.
Stiemert, S./Strauß, F. (1991): Qualitative Beratungsforschung. In: Flick, U. u.a. (Hrsg.): Handbuch Qualitative Sozialforschung, München: 323–326.
Vögeli, F. (1965): Ziele und Mittel und Aufgaben des Frauenturnens. In: Sportärztlicher Zentralkurs Bern 1943. In: Hoffmann, A.: Frau und Leibesübungen im Wandel der Zeit, Schorndorf: 53–54.
Werner, J.A.L. (1834): Gymnastik für die weibliche Jugend oder weibliche Körperbildung für Gesundheit, Kraft und Anmut, Meißen.
Westkott, M. (1983): Women Studies as a Strategy for Change: Between Criticism and Vision. In: Bowles, G./Duelli Klein, R. (Hrsg.): Theories of Women Studies, London: 210–219.

Marion Speth-Schuhmacher

Geschlechtsspezifische Risikofaktoren bei der Behandlung und Bewältigung von Krankheiten

1. Der Herzinfarkt aus psychosozialer Perspektive

Herzinfarkt gilt in Industrieländern – und zunehmend auch in sogenannten „Schwellenländern" – als Todesursache Nummer eins. Das durchschnittliche Alter bei Männern, an koronaren Symptomen zu erkranken, liegt bei Mitte fünfzig und bei Frauen Mitte sechzig. Die heutige sozialepidemiologische Herzinfarkt-Forschung widerlegt die frühere Auffassung von Herzinfarkt als sogenannter „Managerkrankheit". Es hat sich gezeigt, dass das Risiko für koronare Herzerkrankungen in den unteren Sozialschichten deutlich höher ist und weiter zunimmt. Das Risiko ist außerdem höher bei geringer Schul- und Berufsausbildung, bei Männern mit zunehmendem Alter und bei zunehmender Industrialisierung. Der erhöhte Stress in westlichen Industriegesellschaften im Zusammenhang mit ungenügenden „Coping-Ressourcen" persönlicher und sozialer Art hat wahrscheinlich zwei Folgen:

1. Eine deutliche Steigerung psychischer Befindlichkeitsstörungen und
2. eine Epidemie von Zivilisationskrankheiten wie Hypertonie, Myokardinfarkt etc.

In der Bundesrepublik Deutschland erleiden, sofern man den sich ständig wechselnden Statistiken Glauben schenken darf, täglich ca. 1.000 Bürger einen Herzinfarkt. Nach Angaben des Spiegel von 1994 ereilte 260.000 Bundesbürger ein Herzinfarkt, 170.000 überlebten ihn nicht. Waren es 1948 noch 2.600 Herzinfarkt-Tote, so schätzte man ihre Zahl 1989 auf 85.000 bis 100.000 pro Jahr. Im Verlauf eines Jahres liegt die Sterblichkeit bei ca. 10–18%, nach fünf Jahren leben noch 55–75% der Herzinfarkt-Patienten. Trotz Fortschritten in der Behandlung ist die Mortalität bei Überlebenden eines akuten Herzinfarktes noch hoch – ca. 10% im ersten Jahr und 5% in jedem weiteren Jahr danach. Ca. 40% aller Herzinfarkt-Opfer überleben den Herzinfarkt nicht länger als 28 Tage. Im Allgemeinen sterben Männer früher und häufiger an einem Herzinfarkt. Die Mortalitätsrate nach einem akuten Myokardinfarkt ist bei Frauen größer als bei Männern. Selbst in hochindustrialisierten Gesellschaften wie der Bundesrepublik Deutschland mit zahlreichen und hochentwickelten Versorgungseinrichtungen liegt die Langzeitbewältigung einer chronischen Krankheit und einer Krankheit wie Herzinfarkt primär in den Händen der Betroffenen und ihrer nächsten Angehörigen.Trotz medizinischer Fortschritte bleiben koronare Herzerkrankungen damit ein weltweites, öffentliches Gesundheitsproblem, das beide Geschlechter betrifft.

2. Risikofaktoren für Herzinfarkt

Rauchen

Immer mehr und immer jüngere Frauen rauchen in Deutschland. Rauchende Frauen haben ein vierfach erhöhtes Risiko, an einem Herzinfarkt zu erkranken. Raucherinnen nach dem 35. Lebensjahr sollten keine Antibabypille mehr einnehmen. Ihr Risiko, einen tödlichen Herzinfarkt zu erleiden, ist elfmal höher als bei Nichtraucherinnen.

Übergewicht/Essverhalten

Übergewicht allein scheint kein ausreichender Risikofaktor für Herzinfarkt zu sein. Erst in Verbindung mit anderen Risikofaktoren wie z.b. Diabetes, Fettstoffwechselstörungen oder Hypertonie kommt es meist zum Infarkt.

Hypertonie (Bluthochdruck)

Arterielle Hypertonie gehört neben Hypercholesterinämie und Zigarettenrauchen zu den drei wichtigsten Risikofaktoren für einen Herzinfarkt.

Fettstoffwechselstörungen

Hier spielen ein hoher Cholesterinspiegel und Triglyzeride (Neutralfette) eine Rolle. Aber die Erkenntnisse hierzu sind noch nicht endgültig geklärt.

Diabetes (Zuckerkrankheit)

Diabetiker sind stark gefährdet, einen Herzinfarkt zu entwickeln. Frauen mit Diabetes sind meist gefährdeter als Männer. Was das Risiko hierfür noch erhöht ist, dass DiabetikerInnen in der Mehrzahl der Fälle übergewichtig sind.

Hyperurikämie (erhöhter Harnsäurespiegel im Blut)

Ob es sich hierbei um einen eindeutigen Risikofaktor handelt, ist noch nicht geklärt.

Bewegungsmangel

In den meisten Studien über koronare Herzerkrankungen hat man festgestellt, dass Menschen mit wenig Bewegung eher eine solche Krankheit entwickeln als Menschen, die regelmäßig Sport treiben.

Antibabypille

Sind einer oder mehrere der genannten Risikofaktoren vorhanden und wird die Pille regelmäßig eingenommen, so erhöht sich das Risiko einer Erkrankung.

Erbliche Veranlagung

Die moderne Medizin geht davon aus, dass Menschen, bei denen im engeren Familien- und/oder Verwandtenkreis Herzinfarkte (gehäuft) auftraten, eine Prädisposition besitzen, ebenfalls daran zu erkranken.

Typ A Verhalten

Mitte der 70er Jahre stellten die beiden Amerikaner Friedman und Rosenman (1974) einen sog. ‚neuen' Risikofaktor bei Männern fest: Das ‚Typ A Verhalten'. Hauptmerkmale des Typ A Verhaltens sind chronischer zeitdruck, Leistungszwang, exzessiver Konkurrenzdrang und Feindseligkeit. Das Typ A Verhalten stellt eine Reaktion dar, die auftritt, wenn einzelne Charakterzüge eines Individuums durch bestimmte Umweltfaktoren herausgefordert werden. Die meisten Untersuchungen zum Typ A Verhalten wurden nur mit Männern gemacht.

3. Belastung und Bewältigung bei Herzinfarkt:

Croog (vgl. Croog, S.H. & Shapiro & D.S. & Levine, S. 1971) fanden heraus, dass der Herzinfarkt von Männern anfangs häufig geleugnet wird. Dieses Verleugnen am Anfang kann kurzfristig eine gute Bewältigung eines Herzinfarktes darstellen, langfristig hat es sich jedoch als ineffektiv erwiesen. Ein weiteres Ergebnis dieser Studie ist, dass Männer an ein bestimmtes Maß an ‚Versorgtwerden' gewöhnt sind, es erwarten und voraussetzen. Wer hier ‚versorgt' und ‚verwöhnt', sind natürlich die Frauen.

Belastung und Bewältigung bei Herzinfarkt wurden in der Bundesrepublik in der sog. „Oldenburger Longitudinalstudie" untersucht. Ein Ergebnis war z.b., dass Patienten mit ausreichender sozialer Unterstützung geringere Stressreaktionen und negative Emotionen aufwiesen als Individuen ohne diese Schutzfaktoren. Patienten, die auf einen Herzinfarkt depressiv reagieren, haben grundsätzlich einen ungünstigeren Genesungsverlauf. Depressive Herzinfarkt-Patienten zeichnen sich im Durchschnitt durch höhere Morbidität und Mortalität aus. Verheiratete Patienten erholen sich schneller. Die Rehabilitation liegt in den Händen der Betroffenen selbst. Für Frauen werden Rehabilitationsmaßnahmen seltener durchgeführt.

In der den Herzinfarkt betreffenden ‚Coping-Forschung' herrscht ein eklatanter Mangel an Studien, die Frauen mit einbeziehen. Frauen erkranken immer noch seltener an Herzinfarkt (*aber*: Tendenz steigend), also untersuchen die meisten Studien nur Männer. Wenn Frauen in Untersuchungen mit einbezogen werden, so sind sie in der Regel in der Minderzahl. Meist wird auf Frauen verzichtet, da sich das Untersuchungsdesign komplizierter gestaltet und derartige Untersuchungen zu teuer sind. Mir ist keine Studie bekannt, die gezielt den Herzinfarkt bei Frauen untersucht.

4. Krankheitsbelastung und -bewältigung bei Frauen

4.1 Die Vernachlässigung von Frauen im Forschungskontext

In der psychologischen Forschung werden Frauen häufig einseitig und unzureichend berücksichtigt. Bamberg & Mohr (1982) sprechen gar von „Stiefkindern psychologischer Forschung". Frauen nehmen meist an Studien teil, die nur frauenspezifische Problembereiche betreffen, z.B. Familienleben oder Kindererziehung. Auch in psychologischen Standardwerken finden Frauen in der Regel wenig Beachtung.

Für diese Bevorzugung von Männern in Untersuchungen werden folgende Gründe angeführt:

- Männer sind leicht zu erreichen.
- Da eine größere Stabilität von Persönlichkeitsmerkmalen bei Männer vermutet wird, sind ihre Reaktionen leichter vorhersehbar.
- Es bestehen günstige Bedingungen zum Vergleich mit anderen Studien, die ebenfalls unter Berücksichtigung nur eines Geschlechtes durchgeführt wurden.

Geschlechtsspezifische Risikofaktoren 187

– Es bestehen günstige experimentelle Bedingungen, weil die Testinstrumente bereits an Stichproben desselben Geschlechtes erprobt wurden.
– Von Geschlechterdifferenzen auszugehen, hätte zu einer nicht leistbaren Expansion der Untersuchungsvariablen geführt.

Die Begrenzung der Forschungsmittel führt meist zu Einschränkungen in der Fragestellung. Bei der Forschung über Frauen und ihre Situation besteht zudem häufig ein Mangel im Hinblick auf die Praxisrelevanz.

4.2 Die besondere Lage von Frauen

Das in Deutschland verfassungsmäßig garantierte Recht auf Gleichberechtigung konnte bislang die soziale Benachteiligung der Frauen nicht aufheben. Gehen Frauen keiner außerhäuslichen Erwerbstätigkeit nach, so sind sie von ihrem Ehemann abhängig. Diese Abhängigkeit gilt auch in Bezug auf die Partizipation an Gesundheits- und Sozialleistungen. In unserer Gesellschaft sollen Frauen tendenziell Aggressionen und sexuelle Bedürfnisse unterdrücken, sie sollen passiv, attraktiv, anderen gegenüber freundlich und hilfsbereit sein. Im Gegensatz dazu wird von Männern erwartet, dass sie sexuell eher aggressiv und unabhängig sind und starke Emotionen, insbesondere Angst, unterdrücken.

Im Großen und Ganzen herrscht heute noch die traditionelle Rollenverteilung in der Familie vor. Frauen arbeiten meist in Berufen mit niederem Status, was ihre Position in Ehe und Familie nicht gerade stärkt. Zudem erhalten Frauen bei gleicher Qualifikation meist weniger Gehalt als Männer. Die verschiedenen Rollen schlagen sich auch im Krankheitsfall nieder. Sind der Mann oder die Kinder krank, so übernimmt gewöhnlich die Mutter die Pflege. Ist aber die Frau einmal krank, dann hat das viel nachhaltigere Konsequenzen für die Familie. Wer kümmert sich dann um die Frau? Meistens sie selbst.

Fazit: Frauen werden in den Sozialwissenschaften unzureichend, häufig auch einseitig berücksichtigt.

4.3 Frauen und Beruf

Insgesamt finden Frauen in der arbeitspsychologischen Forschung weniger Beachtung. Studien zur Erwerbstätigkeit von Frauen fokussieren meist die reproduktiven Aufgaben von Frauen: Untersucht wird z.B. die Auswirkung weiblicher Erwerbstätigkeit auf die Familie oder auf die Kinder, selten die Auswirkungen von Arbeitsbedingungen und Mehrfachbelastung auf die Frauen selbst. Arbeit und Haushalt/Familie führen bei vielen Frauen zu einer Doppelbelastung. Gesundheit-Surveys haben konstant höhere Raten von berichteter Krankheit bei Hausfrauen im Vergleich zu berufstätigen Frauen gefunden. Die positiven Effekte von Berufstätigkeit auf die Gesundheit werden erstens dem Selbstbewusstsein und dem Gefühl von Leistung attribuiert und zweitens den sozialen Kontakten, die berufliche Arbeit zur Verfügung stellt. Haushaltsführung wird im Allgemeinen als ‚minderwertig' und sozial isolierend beurteilt. Dieser Unterschied führt zu der Prädiktion, dass berufstätige Frauen körperlich und mental gesünder sind als Hausfrauen.

Daher kann festgehalten werden: Die Berufstätigkeit der Frauen kann einen günstigeren Effekt auf ihre Gesundheit haben. Berufstätige Frauen sind in der Regel gesünder als Hausfrauen oder nicht-berufstätige Frauen. Das heißt aber nicht nur, dass Berufstätigkeit positive Effekte auf die Gesundheit von Frauen hat. Es könnte auch so interpretiert werden, dass gesündere Frauen mit größerer Wahrscheinlichkeit berufstätig sind und mit geringerer Wahrscheinlichkeit ihre Berufstätigkeit aufgeben. Postulierte gesundheitsförderliche Effekte der Teilnahme an der Berufswelt involvieren günstige Effekte, die zurückzuführen sind auf erhöhte soziale Unterstützung, Selbstbewusstsein, psychologisches Wohlergehen, Einkommen und Zugang zur Gesundheitsvorsorge. Negative Auswirkungen können dagegen sein: Rollenüberlastung und Rollenkonflikt: Letzterer entsteht, wenn die Erfüllung der Anforderungen einer Rolle mit den Anforderungen einer anderen Rolle interferiert.

Nathanson (1980) stellte fest, dass berufstätige Frauen seltener Krankheitsverhalten zeigten. In dieser Studie an 12.797 Frauen im Alter von 45–64 Jahren war Berufstätigkeit positiv verbunden mit perzipiertem Gesundheitsstatus, aber die Verbindung ist am stärksten ausgeprägt bei Frauen mit dem geringsten Zugang zu sozialer Unterstützung alternativ zur Berufstätigkeit. Frauen mit einer großen Anzahl von Verpflichtungen, definiert z.B. durch die Kombination von Berufstätigkeit und Elternrolle, ein zeigten niedrigeres Niveau an Krankheitsverhalten. Jene nahmen mit relativ größerer Wahrscheinlichkeit Gesundheitsdienste in Anspruch. Nathanson argumentiert nun folgendermaßen: Frauen mit einer großen Anzahl von Rollenverpflichtungen nehmen mit geringerer Wahrscheinlichkeit die Krankenrolle an. Diese Annahme wird insbesondere durch zwei Ergebnisse unterstützt:

- Frauen mit Kindern im Vorschulalter zeigen niedrigere Niveaus an Krankheitsverhalten und
- berufstätige Frauen berichten über weniger Krankheiten als Hausfrauen.

Ergebnisse der Framingham[1]-Studie belegen außerdem: Wurden die Daten dieser Studie nach der Art des Berufes untersucht, dann waren die Inzidenzraten für koronare Herzerkrankung bei Büroangestellten ca. zweimal höher als bei Arbeiterinnen oder Hausfrauen. Büroangestellte mit Kindern hatten

---

1 Framingham ist ein Vorort von Boston, in dem seit 1949 regelmäßig epidemiologische Untersuchungen auf freiwilliger Basis durchgeführt werden.

Geschlechtsspezifische Risikofaktoren 189

ein doppelt so hohes Risiko, eine koronare Herzerkrankung zu entwickeln als solche ohne Kinder. Bei Büroangestellten waren die wichtigsten Prädiktoren für eine koronare Herzerkrankung unterdrückte Feindseligkeit, ein nichtsupportiver Chef und verminderte Mobilität im Beruf.

Eine Theorie, die Arbeitsbedingungen und das Auftreten koronarer Herzerkrankungen verbindet, erhält zunehmende Validierung. So ist nicht unbedingt der ‚Stress' im Beruf ein Risikofaktor für koronare Herzerkrankungen, sondern die Wahrnehmung des Grades an Kontrolle im Beruf, der zum Risiko beiträgt. Stress kann in der Tat den Blutdruck und das Cholesterin-Niveau erhöhen, was zwei größere Risikofaktoren für kardiovaskuläre Erkrankung sind. Die Coping-Verhaltensweisen für übermäßigen Stress schließen oft Zigarettenrauchen, exzessiven Alkoholgenuss und übermäßiges Essen ein – Verhaltensweisen, die ein Individuum für kardiovaskuläre Erkrankungen prädisponieren.

Zusammenfassend kann daher gesagt werden:

1. Berufstätige Frauen verfügen im Allgemeinen über eine bessere Gesundheit als Hausfrauen und nicht berufstätige Frauen. Sie scheinen keinem erhöhten Risiko für kardiovaskuläre Erkrankungen ausgesetzt zu sein. Arbeit hat wohl in der Tat einen günstigen Effekt auf die Gesundheit, oder sie mildert wenigstens die Perzeption von schlechter Gesundheit.
2. Gesundheit kann angegriffen werden bei berufstätigen Frauen, die wahrnehmen, dass sie wenig Kontrolle haben über ihr Leben, sei es zu Hause oder am Arbeitsplatz.
3. Verheiratete berufstätige Frauen scheinen gesünder zu sein als berufstätige Frauen, die geschieden oder verwitwet sind oder getrennt leben.
4. Multiple soziale Rollen (Ehefrau, Mutter und Berufstätigkeit) scheinen die Gesundheit von Frauen sogar zu fördern. Dies wird auch durch eine Untersuchung durch Moen (1992) bestätigt: Es zeigte sich, dass die Möglichkeit, mehrere Rollen auszufüllen, positiv bezogen war auf die Gesundheit und Langlebigkeit. Dies ist gerade im späteren Erwachsenenalter wichtig, wenn eher eine Rollenreduktion als eine Rollenakkumulation zunehmend wichtig wird. Zu starke Intensität in *einer* Rolle kann jedoch der Gesundheit abträglich sein.

Multiple Rollen führen dabei aber nicht immer zwangsläufig zu besseren ‚Outcomes', besonders dann nicht, wenn sie eher Rollenanspannungen verursachen, z.B. bei Rollenüberlastung (Zeit- und Aufgabenzwänge) und Rollenkonflikten (inkompatible Anforderungen). Frauen leiden insgesamt unter größerer Rollenanspannung als Männer, vor allem, wenn sie verheiratet sind und Anspannungen in der Arbeit mit nach Hause bringen und umgekehrt.

Es gibt aber noch zu wenige Studien, die die Gesundheit berufstätiger Frauen untersuchen. Die meisten Untersuchungen über die Signifikanz von psychologischen Arbeitsbedingungen für die kardiovaskuläre Gesundheit wurden bei Männern durchgeführt.

5. Menopause

In unserer Gesellschaft ist Älterwerden für Frauen kein beneidenswertes Ziel. Das fünfte Lebensjahrzehnt ist eine Phase von mehr oder weniger einschneidenden Veränderungen im weiblichen Lebenszyklus. Veränderungen sozialer, physischer und psychischer Art, eine Periode notwendiger Umorientierungen, Veränderungen der bisherigen Lebens- und Erfahrungsbereiche und der Selbstdefinition ergeben sich partiell zwangsläufig. Die Frage nach einer universellen Krise im mittleren Lebensalter ist dagegen eindeutig zu verneinen.

Veränderungen der Frau im fünften Lebensjahrzehnt:

- Körperliche Veränderungen des Älterwerdens, Anfang des Klimakteriums, Ende der Gebärfähigkeit
- *Empty-nest*-Syndrom (Kinder verlassen das Elternhaus)
- Neudefinition der ehelichen Beziehungen
- Altern, Krankheit, oft Tod der Eltern oder Schwiegereltern, häufig verbunden mit emotionalen und auch Arbeitsbelastungen der Frau
- Verschleißerscheinungen durch berufliche und familiäre Arbeit
- Wiedereintritt in den Beruf
- Die von vielen sehnsüchtig erwartete Möglichkeit, nach der Entlastung von familiären Aufgaben mehr Zeit für sich zu haben und selbständiger zu sein.

Frühere Untersuchungen zeigten, dass diese Zeit in hohem Maße problematisch für die Frauen ist. Die vorhandenen Daten unterstützen jedoch auch die Überzeugung, dass sich gesunde Frauen durch diese Phase effektiv hindurch bewegen, statt den Verlust ihrer reproduktiven Kapazität zu betrauern und keine großen Probleme haben, mit den veränderten Konditionen fertig zu werden.

5.1 Der Einfluss der weiblichen Menopause auf den Herzinfarkt

Probleme kardiovaskulärer Erkrankungen treten bei Frauen selten vor der Menopause auf, sondern im Allgemeinen danach. Man vermutet, dass das weibliche Hormon Östrogen Frauen bis zur Menopause vor einem Herzinfarkt schützt. Wie diese Prozesse im Einzelnen wirken, ist noch unklar. Es existiert ein beträchtlicher Satz an Daten, der zeigt, dass Frauen, die in den USA mit einer Östrogen-Ersatz-Therapie behandelt wurden, ein signifikant reduziertes Risiko für einen Herzinfarkt und einen Schlaganfall besitzen im Vergleich zu unbehandelten Frauen. Es scheint, als würden biologische und psychosoziale Faktoren zusammenspielen, um kardiovaskuläre Morbidität und Mortalität nach der Menopause zu verursachen. Eine Beziehung zwischen Menopause und koronarer Herzerkrankung kann nur bei Frauen entdeckt werden, die keine Östrogene nach der Menopause einnehmen. Aber auch derartige Resultate sind bislang spekulativ.

6. Geschlechterunterschiede bei Gesundheit und Krankheit

Die gesundheitliche Lage von Männern und Frauen lässt sich nicht so leicht vergleichen bzw. auf die Dimension ‚besser' oder ‚schlechter' reduzieren. Auf den ersten Blick scheinen sich die Frauen einer besseren Gesundheit zu erfreuen als die Männer, denn sie leben durchschnittlich länger. Die sogenannte ‚Übersterblichkeit' der Männer, die statistisch die kürzere Lebenserwartung evoziert, ist primär auf eine sehr große Mortalität bei Erkrankungen der Herzkranzgefäße (besonders Herzinfarkt), Lungenkrebs, Leberzirrhose und sogenannten ‚unnatürlichen' Todesursachen (Unfälle und Selbstmord) zurückzuführen. Von der Lebenserwartung her betrachtet differieren Frauen und Männer in gesundheitlicher Hinsicht nicht generell. Es scheint aber Einiges dafür zu sprechen, dass Frauen durch die Doppelbelastung von außerhäuslicher Erwerbsarbeit und Hausarbeit früher sterben als Männer. Konkrete Beweise hierfür fehlen aber noch.

Frauen erleben andere Belastungen als Männer und bewältigen Belastungen anders als Männer. Sie reagieren auf Belastungen häufiger psychisch und physisch als Männer. Aus den Daten zum Krankheitsverhalten der Geschlechter lässt sich erkennen, dass Frauen trotz ihrer durchschnittlichen höheren Lebenserwartung im Laufe ihres Lebens öfter erkranken als Männer. Frauen leiden häufiger an funktionalen Beschwerden, an vegetativen Störungen wie niedrigem Blutdruck, Durchblutungsstörungen, Schlafstörungen, Gleichgewichtsstörungen, Herzjagen und Herzstolpern. Frauen leisten im familiären Bereich oft informelle und unbezahlte Gesundheitsarbeit, sie gewähren also primär Hilfe, können aber meist bei ihren eigenen Problemen wenig Hilfe erwarten.

Frauen sind sog. „providers of health" (Faltermaier 1990), sie sollen eine häusliche Situation schaffen, in der die Aufrechterhaltung der Gesundheit der Familienmitglieder garantiert ist. Bei Krankheiten sollen sie für eine möglichst schnelle Genesung sorgen.

Frauen sind auch sogenannte „negotiators of health" (Faltermaier 1990), das heißt sie vermitteln die richtigen Einstellungen und Verhaltensweisen in Bezug auf Gesundheit und Umgang mit Krankheit. Sie sozialisieren auf diese Weise für eine mehr oder weniger gesunde Lebensweise.

Nach Faltermaier sind Frauen im weiteren auch noch „mediators of health", d.h. sie stellen eine Verbindung zum professionellen Gesundheitssystem her: Sie rufen den Arzt an, gehen mit den Kindern zum Arzt und vereinbaren oft Arzttermine für ihre Ehemänner.

Es wurde festgestellt, dass Frauen geringere Sterberaten bei nahezu allen Arten von Krankheiten haben, andererseits weisen sie höhere Morbiditätsraten auf. Frauen leben durchschnittlich länger als Männer, sie werden während ihres Lebens aber häufiger krank und verfügen damit über eine stärker beeinträchtigte Lebensqualität als Männer. Dieser Unterschied in der Erkrankungshäufigkeit von Frauen und Männern liegt in den sozialen und psychischen Besonderheiten der Frauen, in ihrer größeren Bereitschaft, sich als krank zu bezeichnen und Symptome zu benennen, um einen Arzt aufzusuchen, der sie dann als krank definiert.

Frauen sind anders krank als Männer. Ob nun Frauen oder Männer gesünder sind, kann nicht eindeutig beantwortet werden. Zusammenfassend kann jedoch festgehalten werden (vgl. z.B. Maschewski-Schneider, U. & Sonntag, U. & Klesse, R. 1991):

- Frauen leben länger als Männer (im Durchschnitt um ca. 7 Jahre).
- Frauen gehen häufiger zum Arzt.
- Frauen werden mehr Medikamente verschrieben (mit zunehmendem Alter in steigender Tendenz).
- Frauen und Männer haben unterschiedliche Krankheiten. Männer leiden häufiger an Krankheiten, die zu Invalidität führen oder tödlich verlaufen. Befindlichkeitsstörungen werden von Männern anders ausgedrückt. Frauen gehen mit funktionalen Störungen häufiger zum Arzt. Männer beschreiben ihre Krankheitssymptome eher in somatischen Kategorien. Die Kommunikation zwischen Männern und Ärzten scheint besser zu funktionieren als zwischen Frauen und Ärzten, da die männliche Darstellungsweise besser in den naturwissenschaftlichen Symptomatikkatalog der Ärzte passt. Sowohl bei der Diagnose als auch beim Verschreibungsverhalten kann eine geschlechtsspezifische Behandlung durch den Arzt festgestellt werden.
- Insgesamt gelten Frauen als mitteilsamer in Bezug auf ihre gesundheitlichen Probleme.
- In der Ehe leiden Frauen häufiger unter psychischen Beeinträchtigungen als Männer.
- Aus Untersuchungen zur sozialen Unterstützung ergibt sich folgendes Ergebnis: Frauen haben in der Regel ein größeres Netz an vertrauten Personen außerhalb der Familie als Männer.

Frauen werden von Ärzten oft nicht richtig ernst genommen, bekommen aber dennoch Medikamente verschrieben. Sie erzählen von ihren Krankheiten viel detaillierter als Männer. Letztere schreiben ihre Beschwerden eher externalen

Gründen zu. Äußere Umstände werden dafür verantwortlich gemacht, nicht die eigene Person wie bei Frauen.

Ärzte werden bereits in ihrer Ausbildung häufig mit Ansichten konfrontiert, die Frauen als weniger kompetent beschreiben, die ihnen mehr psychosomatische Beschwerden zuordnen und eine hysterische Reaktionsweise. Da Ärzten gelehrt wird, dass die Krankheiten von Frauen häufig emotionalen Ursprungs sind, glauben sie oft, dass deren Beschwerden durch das Verschreiben von psychoaktiven Medikamenten gelöst werden können. Diese Einstellung kann dazu führen, dass Frauen nicht adäquat behandelt werden. Daher kann auch die gut dokumentierte Überverschreibung von sedativen Medikamenten bei Frauen rühren.

Frauen gehen im Allgemeinen öfter zum Arzt, bekommen mehr Medikamente verschrieben, zahlen höhere Kassenbeiträge, suchen öfter Beratungsstellen auf und sind eher bereit, sich in psychotherapeutische Behandlung zu begeben. Frauen werden in der Regel nicht nur als das ‚schwächere‘, sondern auch als das ‚kränkere‘ Geschlecht bewertet. Manchmal werden sie durch Diagnose und Behandlung tatsächlich erst krank und von fremder Hilfe abhängig.

Im Rahmen des medizinischen Denkens sind Befindlichkeitsstörungen von Männern in der Regel kein Thema. Männer erscheinen somit länger beschwerdefrei und werden daher insgesamt als gesünder eingeschätzt als Frauen. Männer kommen durch ihr Verhalten diesen Vorstellungen entgegen: Sie klagen nicht (*Psychologie Heute* 1989: 51). Männer kommen dem Arzt auch bei der Erstellung einer klinischen Diagnose verbal eher entgegen als Frauen, die sich oft einer Sprache bedienen, die die psychosozialen Konsequenzen ihres Leidens betont, eine Sprache, die von Ärzten weniger benutzt wird. Das ist eigentlich erstaunlich, wenn man bedenkt, dass viel mehr Frauen als Männer regelmäßig den Arzt aufsuchen und außerdem höhere Krankenkassenbeiträge bezahlen. Doch ein gestörtes *Allgemein*befinden passt nicht in den naturwissenschaftlich orientierten Kriterienkatalog der Ärzte.

Männer gehen eher über Krankheits-Symptome hinweg oder verleugnen sie sogar. Das kann in manchen Fällen tödlich enden. Bei einem Herzinfarkt kann das Ignorieren der Symptome dazu führen, dass man einen Arzt zu spät aufsucht, und oft geht so kostbare Zeit verloren, die zum Überleben notwendig wäre. Suchen Frauen wegen funktionaler, ‚frauentypischer‘ Störungen den Arzt auf, so werden meist Medikamente verordnet, die Psychopharmaka involvieren.

7. Geschlechterunterschiede und soziale Unterstützung

Allgemein haben Studien gezeigt, dass Nicht-Verheiratete höhere Mortalitätsraten bei fast jeder Todesursache haben. Berücksichtigt werden muss, dass es individuelle und Gruppenunterschiede in Unterstützungsbedürfnissen gibt. Einige Studien zeigen, dass Unterstützungsfunktionen effektive Puffer für Frauen sind, aber nicht für Männer und umgekehrt. Der Inhalt supportiver Interaktionen kann für Männer und Frauen unterschiedlich sein (z.B. können Frauen Zufriedenheit beziehen aus dem Gespräch mit engen Freunden über Gefühle, Probleme und Menschen, wohingegen Männer eher Zufriedenheit beziehen aus gemeinsamen Aktivitäten mit Freunden und aus instrumenteller Leistung).

Frauen suchen mit größerer Wahrscheinlichkeit Hilfe auf, wenn sie fühlen, dass sie diese brauchen. Frauen scheinen auch über ihre Gefühle leichter sprechen zu können. Frauen sprechen in der Regel besser und dabei insbesondere auf emotionale Formen der sozialen Unterstützung an. Das entspricht ihrer traditionellen Rolle als Expertinnen für emotionalen Austausch.

In der Geschichte der Stressforschung wurde bislang Geschlechterunterschieden in der Bewältigung von Stress wenig Beachtung geschenkt. Im Hinblick auf soziale Unterstützung geben Frauen in der Regel mehr als sie bekommen. Studien zeigen, dass die Ehe im Allgemeinen für Männer protektiver ist als für Frauen. Ohne größere Bedeutung scheint dabei zu sein, ob die Ehe gut oder schlecht ist. Sogar eine schlechte Ehe scheint Vorteile für die Gesundheit zu besitzen. Wichtiger als die Qualität der Ehe ist offenbar die Anwesenheit von jemandem, mit dem man sprechen kann.

8. Herzinfarkt bei Frauen

8.1 Typ A Verhalten bei Frauen

Fast die ganze Typ-A-Forschung hat sich bislang auf Männer konzentriert. Bestehende Daten machen deutlich, dass das Typ A Verhalten ein erhöhtes Risiko für koronare Herzerkrankungen bei beiden Geschlechtern besitzt, doch das ist bis jetzt reine Spekulation. Nur ein kleiner Bruchteil der Forschung beschäftigt sich explizit mit dem Typ A Verhalten bei Frauen. Es gibt im Augenblick keinen klaren Beweis für eine Verbindung des Typ A Verhaltens und Herzinfarkt bei Frauen.

8.2 Frauen und Herzinfarkt

Koronare Herzerkrankungen sind eine der Hauptursachen für Todesfälle in den USA und anderen industrialisierten Ländern für Männer wie für Frauen. Männer machen sich aber in der Regel selten Sorgen darüber, dass ihre Frauen einen Herzinfarkt erleiden könnten. Statistisch gesehen ist nur eines von sechs Herzinfarktopfern eine Frau. In den letzten 15 Jahren war jedoch in den

Statistiken ein dramatischer Anstieg von weiblichen herzkranken Patienten zu verbuchen. Ein Herzinfarkt bei Frauen hat meistens schlechtere Prognosen als bei Männern. Frauen, die an einem Herzinfarkt erkranken, werden oft doppelt benachteiligt: Bei Diagnose und Therapie sind die Ärzte häufig sparsamer als bei Männern. Das Problem besteht darin, dass die Ärzte oft gar nicht damit rechnen, dass Frauen einen Herzinfarkt haben oder erleiden könnten. Sie erkennen daher die Symptome nicht oder erst zu spät oder deuten sie falsch mit verheerenden Folgen für die Frauen. Auch die Erforschung der Risikofaktoren bei Frauen befindet sich im Rückstand. Daten und Messwerte werden meistens einfach vom männlichen auf den weiblichen Organismus transferiert. Dabei gibt es durchaus unterschiedliche Reaktionen z.B. auf Medikamente und auf Stress.

Konsequenz: Für Frauen sind bei Operationen oder bei Rehabilitationsmaßnahmen schlechtere Resultate zu verzeichnen. Frauen werden meist trotz Angina-Pectoris-Beschwerden später ins Krankenhaus geschickt. Oft ist es dann schon *zu* spät für schnell erforderliche, lebensrettende Maßnahmen.

Ein sehr großer Unterschied besteht auch im Verlauf des ersten Jahres nach einem Herzinfarkt: 45% der Frauen sterben, aber nur 10% der Männer. Die Prognose für Frauen bei einem Herzinfarkt ist ungünstiger, warum dies so ist, ist noch unklar. Frauen sind beim Auftreten des ersten Herzinfarktes meist 10-15 Jahre älter als Männer, was die höhere Sterberate erklären mag. Sie kommen meist schon mit schweren Schäden auf die Intensivstation, vielleicht, weil man ihren Symptomen zu wenig Beachtung schenkte. Aufwendige Maßnahmen werden bei Frauen sehr viel seltener ergriffen als bei Männern. Frauen bekommen seltener einen ‚Bypass' oder einen Eingriff mit dem ‚Ballonkatheter'. Beim Östrogen gehen die Meinungen der Experten auseinander, da es noch keine Gegenbeweise gibt: Östrogen gilt als mutmaßlicher Schutzfaktor gegen Herzinfarkt.

Die Internationale Tagung über Frauen, Stress und Herzinfarkt im September 1994 brachte erste Teilresultate zu den spezifischen Risikofaktoren von Frauen:

- geringe Bildung, oftmals verbunden mit hohem Zigarettenkonsum
- Verschlechterung der Arbeitsbedingungen
- Mangel an Freizeit, Muße und Entspannung
- Trennung vom Partner
- Probleme und Schwierigkeiten mit den Kindern.

Fazit: Frauen haben deutlich schlechtere Ausgangsdaten als Männer. Sie leiden vermehrt unter zusätzlichen Risiken wie Hypertonie oder Diabetes. Bei der Aufnahme in ein Krankenhaus ist ihr Allgemeinbefinden häufig schlechter. Wegen dieser negativen Ausgangsbedingungen haben Frauen oft auch eine höhere Krankenhaus-Mortalität bei einem Herzinfarkt. Der Forschungsstand über Frauen und ihre Bewältigung eines Herzinfarktes ist insgesamt nicht sehr umfangreich. Meistens muss auf Studien mit männlichen Probanden zurückgegriffen werden. Diese Resultate können jedoch nicht einfach auf Frauen übertragen werden. Wünschenswert wären daher Studien zum Phänomen Herzinfarkt speziell bei Frauen.

Es gibt aber auch erste Anzeichen für eine diesbezügliche Neuorientierung: In den USA z.b. hat die Grundlagenforschung die Zeichen der Zeit erkannt. Die „National Institutes of Health" haben vor nicht allzu langer Zeit davor gewarnt, bald keine Forschungsmittel mehr für Untersuchungen bereit zu stellen, die nicht auch weibliche Probanden mit einbeziehen. Für neue Medikamente sind in den USA bereits getrennte Testreihen für Männer und Frauen vorgeschrieben. Medizinische Forschungsresultate, die ausschließlich aus Versuchen an Männern gewonnen wurden, dürfen nicht mehr unkritisch auf Frauen übertragen werden. Es ist zu hoffen, dass die medizinische Forschung in Deutschland in der Zukunft einen ähnlichen weg einschlagen wird.

Literatur

Apenburg, E. & Dost, J. (1985): Typ-A-Verhalten und Kompetivität. Wuppertaler Psychologische Berichte 1/1985.

Badura, B. & Kaufhold, G. & Lehmann, H. & Pfaff, H. u.a. (1987): Leben mit dem Herzinfarkt. Eine sozialepidemiologische Studie. Berlin/Heidelberg.

Bamber, E. & Mohr, G. (1982): Frauen als Forschungsthema. Ein blinder Fleck in der Psychologie. In: G. Mohr & M. Rummel & D. Rückert (Hrsg.): Frauen, München, 1–19.

Banyard, V.L. & Graham-Bermann, S.A. (1993): Can Women Cope? A Gender Analysis of Theories of Coping with Stress. Psychology of Women Quarterly, 17 (3), 303–318.

Barnett, R.C. & Brennan, R.T. & Raudenbush, S.W. & Marshall, N.L. (1994): Gender and the Relationship between marital Role Quality and psychological Stress. Psychology of Women Quarterly 18 (1), 105–127.

Bryant, F.B. & Yarnold, P.R. (1990): The Impact of Type A Behaviour on Subjective Life Quality. Bad for the heart, Good for the Soul? In: M.J. Strube (Ed.): Type A Behaviour. A Special Issue of the Journal of Social Behaviour and Personality 5 (1), 369–404.

Croog, S.H. & Shapiro, D.S. & Levine, S. (1971): Denial Among Male Heart Patients. Psychosomatic Medicine 33 (5), 385–397.

Dahlke, R. (1990): Herz(ens)probleme. Be-Deutung und Chance von Herz- und Kreislaufsymptomen, München.

Der Spiegel (1994): Die stille Epedemie, Nr. 39, 234–237.

Faltermaier, T. (1990): Qualitative Methoden in Belastungs- und Gesundheitsforschung. Augsburger Berichte zur Entwicklungspsychologie und Pädagogischen Psychologie, 36, Augsburg.

Freudenberger, H. & North, G. (1992): Burn-out bei Frauen, Frankfurt a.M.

Friedman, M. & Rosenman, R.H. (1974): Type A Behaviour and Your Heart, New York.

Füßl, H. S. (1994): Wenn das Herz trauert, Münchner Medizinische Wochenschrift 136 (9), 30–31.

Greenglass, E. R. (1990): Type A Behaviour, Career Aspirations, and Role Conflict in Professional Women. In: M.J. Strube (Ed.): Type A Behaviour. A special Issue of the Journal of Social Behaviour and Personality 5 (1), 307–322.

Humphrey, J. H. (1992): Stress Among Women. In: Modern Society, Springfield/Illinois.

Legato, M. J. (1995): Die Medizin muß begreifen: Frauenkörper funktionieren anders, Psychologie Heute 8, 22. Jahrgang, 44–50.
Maschewski-Schneider, Ulrike & Sonntag, Ute & Klesse, Rosemarie (1992): Lebensbedingungen, Gesundheitskonzepte und Gesundheitshandeln von Frauen. In: Ingeborg Stahr & Sabine Jungk & Elke Schulz (Hrsg.): Frauengesundheitsbildung. Grundlagen und Konzepte, Weinheim, 22–35.
Moen, P. et al. (1992): Successful Aging. A Life-Course Perspective on Women's Multiple Roles and Health, American Journal of Sociology 97 (6), 1612–1238.
Nathanson, C.A. (1980): Social Roles and Health. Status among Women. The Significance of Employment. In: Social Science & Medicine 14A, 463–471.
Psychologie Heute (Hrsg.) (1989): Thema: Körper und Psyche. Frauen und Gesundheit, Weinheim/Basel.
Rodin, J. & Ickovics, J.R. (1990): Women's Health. Review and Research Agenda as we approach the 21st Century, American Psychologist 45 (9), 1018–1034.
Schüßler, G. & Leibing, E. (Hrsg.) (1994): Coping. Verlaufs- und Therapiestudien chronischer Krankheit, Göttingen.
Speth-Schuhmacher, M. (1997): Krankheit Herzinfarkt. Welche Rolle spielen psychosoziale Risiko- und Schutzfaktoren? Bruchköbel.
Wheatley, D. (1991): Stress in Women. In: Stress & Medicine 7 (2), 73–74.
White, H.D. et al. (1994): Keine höhere Mortalität von Frauen beim Myokardinfarkt. In: Münchner Medizinische Wochenschrift 136 (6), 24.

Die Autorinnen und Autoren

Claudia Fahrenwald, Dr. phil., Studium der Philosophie, Vergleichenden und Französischen Literaturwissenschaft sowie Psychologie an den Universitäten Berlin, München und Augsburg, 1992-1995 wissenschaftliche Mitarbeiterin am Lehrstuhl für Vergleichende Literaturwissenschaft, Universität Augsburg, 1998 Promotion über Ludwig Wittgenstein und die Moderne, Lehrtätigkeiten in der Erwachsenenbildung im Bereich Philosophie, Literatur und interkulturelle Pädagogik, seit 2000 Mitarbeiterin am Lehrstuhl für Pädagogik und Erwachsenenbildung, Universität Augsburg. Arbeitsschwerpunkte: Narrative Identität, Bildungstheorie, biographisches Lernen, Dekonstruktion.

Simone Hess, Dr. phil., Studium der Erziehungswissenschaften und Kunstgeschichte in Gießen und Freiburg i.Br., Mitarbeiterin am Lehrstuhl für Pädagogik/Erwachsenenbildung (Prof. R. Tippelt), Universität Freiburg, Promotion an der Humboldt-Universität Berlin über die Rekonstruktion des Zusammenhangs zwischen biographischen Verläufen und der Teilnahme von Frauen an Gesundheitsbildung, Lehrbeauftragte an der Humboldt-Universität Berlin, z. Zt. Forschungsstipendiatin am Lehrstuhl für Erwachsenenbildung, Humboldt-Universität (Prof. W. Gieseke). Forschungsschwerpunkte: Biographieforschung, Genderforschung, Körper-Leib-Diskurs, Gesundheitsbildung, Persönlichkeitsbildung.

Hildegard Macha, Prof. Dr. phil., Studium der Pädagogik, Germanistik und Philosophie in Bonn, Würzburg und Kiel, Lehrstuhl für Pädagogik und Erwachsenenbildung an der Universität Augsburg. Forschungsschwerpunkte: Pädagogische Anthropologie, Familienerziehung, Weiterbildung und E-Learning, Genderforschung.

Carola Merk-Rudolph, Dr. phil., Studium für das Lehramt an Realschulen mit den Schwerpunkten Sport, Englisch, Psychologie und Pädagogik, seit 1978 Unterricht an der Realschule in Bopfingen, 1999 Promotion an der Universität Augsburg.

Die Autorinnen und Autoren

Elisabeth Naurath, Dr. phil., Studium der Evangelischen Theologie in München, Göttingen und Heidelberg, seit 1992 wissenschaftliche Mitarbeiterin am Lehrstuhl für Evangelische Theologie mit Schwerpunkt Religionspädagogik, Universität Augsburg, 1999 Promotion in Praktischer Theologie zum Thema Seelsorge als Leibsorge. Perspektiven einer leiborientierten Krankenhausseelsorge, Habilitationsprojekt im Bereich der Religionspädagogik.

Veit Rosenberger, PD Dr. phil., Studium der Alten Geschichte, Klassischen Philologie und Klassischen Archäologie an den Universitäten Heidelberg, Augsburg, Köln und Oxford, 1992 Promotion in Heidelberg, 1992–1997 wissenschaftlicher Assistent an der Universität Augsburg, 1997 Habilitation, seitdem Privatdozent an der Universität Augsburg, 2001 Austauschdozent in Atlanta.

Birgit Schaufler, Dr. phil., Studium der Psychologie, Soziologie und Erziehungswissenschaft an der Universität Augsburg, 1996–1999 Mitarbeiterin in der Forschungsgruppe Frauen- und Geschlechterforschung, Universität Augsburg, 1998–1999 Stipendiatin im Graduiertenkolleg am Institut für Europäische Kulturgeschichte, Universität Augsburg, seit 1999 wissenschaftliche Mitarbeiterin/Assistentin am Lehrstuhl für Pädagogik und Erwachsenenbildung, Universität Augsburg, 2000 Promotion über die Konstruktion von Leib, Körper und Geschlecht. Forschungsschwerpunkte: Leiblichkeit, Identität, Biographie.

Marion Speth-Schuhmacher, Dr. phil., Studium der Soziologie, Politikwissenschaft und Psychologie an der Universität Augsburg, ab 1988 Forschungsaufenthalt in den USA am Mount Vernon Hospital in Alexandria bei Washington, D.C., seit 1992 wieder in Deutschland als freischaffende Psychologin und Dozentin, 1996 Promotion zum Thema Krankheit Herzinfarkt und die Rolle der psycho-sozialen Risiko- und Schutzfaktoren.

Petra Strehmel, Prof. Dr. phil., Studium der Psychologie, Pädagogik und Soziologie an den Universitäten Bonn und München, wissenschaftliche Mitarbeiterin am Institut für Empirische Pädagogik der Universität München und an der Forschungsstelle für Entwicklungspsychologie und Pädagogische Psychologie der Universität Augsburg, 1993–2002 wissenschaftliche Referentin am Deutschen Jugendinstitut e.V. in München, 1997 Promotion an der Universität München über berufliche Ziele von Wissenschaftlerinnen mit Kindern, seit Sommer 2002 Professorin für Psychologie am Fachbereich Sozialpädagogik der Hochschule für Angewandte Wissenschaften in Hamburg. Forschungsschwerpunkte: Arbeits- und Organisationspsychologie, Gesundheitspsychologie, Genderforschung.

Die Autorinnen und Autoren

Elisabeth Tuider, Dr. phil., Studium der Pädagogik, Psychologie und Soziologie an den Universitäten Wien, Stockholm, Uppsala, Hamburg und Kiel, 2000 Promotion in Kiel, Lehraufträge an verschiedenen Universitäten zu den Themen Geschlechter, Sexualitäten, Identitäten, Körper und Kulturen, Vorstandsmitglied der Gesellschaft für Sexualpädagogik, Mitarbeit in der AG LesBiSchwule Studien/Queer-Studies der Universität Hamburg, seit 2001 wissenschaftliche Assistentin an der Universität Münster.

Christine Werkstetter, Dr. phil., Studium der Neueren und Neuesten Geschichte, der Mittelalterlichen Geschichte und der Pädagogik in München und Augsburg, 1999 Promotion im Fach Geschichte der Frühen Neuzeit über Frauenarbeit und Geschlechterbeziehungen im frühneuzeitlichen Zunfthandwerk, seitdem wissenschaftliche Assistentin am Lehrstuhl für Geschichte der Frühen Neuzeit, Universität Augsburg. Forschungsschwerpunkte: Frühneuzeitliche Geschlechtergeschichte, Körper- und Medizingeschichte, Verfassungsgeschichte.